시켜보니 다 되는
생활밀착형 AI

일러두기

1. 본문 속 생성형 AI의 답변은 매번 달라지므로 책의 결과물과 일치하지 않을 수 있습니다.
2. 생성형 AI 관련 서비스는 지속적으로 업데이트되어 이 책에서 설명된 메뉴 구조나 기능 이름이 실제 화면과 다를 수 있습니다.
3. AI가 생성한 콘텐츠는 저작권, 초상권, 개인정보 보호 등 법적 규제를 받을 수 있습니다.
   상업적 활용이나 배포 전에 반드시 관련 법규를 검토해야 합니다.
4. AI가 제공하는 정보는 참고용이며, 사실 오류나 부정확한 부분이 있을 수 있습니다.
   중요한 의사결정이나 자료 작성 시 반드시 추가 검증 과정을 거쳐야 합니다.
5. 본문에서 언급된 자료나 예시는 아래 자료실(구글 드라이브)에서 내려받을 수 있습니다.

시켜보니 다 되는 생활밀착형 AI

초판 1쇄 발행 2025년 12월 10일

지은이 프롬프트 크리에이터

펴낸이 조기흠
총괄 이수동 / **책임편집** 최진 / **기획편집** 박의성, 유지윤, 이지은
마케팅 박태규, 임은희, 김예인, 김선영 / **제작** 박성우, 김정우
디자인 이슬기

펴낸곳 한빛비즈(주) / **주소** 서울시 서대문구 연희로2길 76 5층
전화 02-325-5506 / **팩스** 02-326-1566
등록 2008년 1월 14일 제 25100-2017-000062호

ISBN 979-11-5784-843-0 13300

이 책에 대한 의견이나 오탈자 및 잘못된 내용은 출판사 홈페이지나 아래 이메일로 알려주십시오.
파본은 구매처에서 교환하실 수 있습니다. 책값은 뒤표지에 표시되어 있습니다.

⌂ hanbitbiz.com ✉ hanbitbiz@hanbit.co.kr f facebook.com/hanbitbiz
N blog.naver.com/hanbit_biz ▶ youtube.com/한빛비즈 @ instagram.com/hanbitbiz

---

Published by Hanbit Biz, Inc. Printed in Korea
Copyright ⓒ 2025 프롬프트 크리에이터 & Hanbit Biz, Inc.
이 책의 저작권은 프롬프트 크리에이터와 한빛비즈(주)에 있습니다.
저작권법에 의해 보호를 받는 저작물이므로 무단 복제 및 무단 전재를 금합니다.

지금 하지 않으면 할 수 없는 일이 있습니다.
책으로 펴내고 싶은 아이디어나 원고를 메일(hanbitbiz@hanbit.co.kr)로 보내주세요.
한빛비즈는 여러분의 소중한 경험과 지식을 기다리고 있습니다.

건강 관리, 중고 거래,
문서 작성, 취업 준비,
사업 준비까지
똑똑한 생활인의 AI 활용법

시켜보니 다 되는 생활 밀착형 AI

| 생성형 AI 전문 유튜버 **프롬프트 크리에이터** 지음 |

한빛비즈

◆ 차례 ◆

프롤로그 ……………………………………………………………… 008

PART 1　AI 시대 기초 준비하기

CHAPTER 1　AI가 바꾼 우리의 일상
AI는 이미 우리 곁에 있다 ……………………………………………… 012
우리는 정말 '잘' 활용하고 있을까? …………………………………… 014
하지만 AI는 완벽하지 않아요 ………………………………………… 016
이제 정말 시작해보시겠어요? ………………………………………… 018

CHAPTER 2　대표적인 생성형 AI 도구 가입 및 사용법
챗GPT …………………………………………………………………… 019
챗GPT for 카카오톡 …………………………………………………… 027
제미나이 ………………………………………………………………… 030

PART 2 나로부터 시작하는 AI 생활

CHAPTER 3 내 몸의 1차 지킴이는 나, 건강 관리하기
집에서 하는 간단한 자가 진단 ·· 041
나의 맞춤 검진 코치, AI ··· 047
나만의 건강 관리 루틴 만들기 ·· 050
생성형 AI로 마음을 돌보는 법 ·· 063

CHAPTER 4 스마트한 취업 전략: AI로 경쟁력 높이기
생성형 AI로 취업 도움받기 ··· 071
AI 시대의 면접은 다릅니다 ··· 083

PART 3 생활과 업무 효율성 극대화

CHAPTER 5 빠른 문서 작성의 비밀
삶을 더 심플하게 ··· 094
슬기로운 업무생활 ··· 103

CHAPTER 6 사업자를 위한 AI 매니저
작은 가게도 스마트해지는 AI 활용법 ······································ 110
고객 응대와 홍보도 AI가? ·· 124

PART 4 교육과 소통

CHAPTER 7 교육자를 위한 AI 어시스턴트 완벽 가이드
AI로 강의를 스케치하기 ·········· 138
교육 자료 만들기 ·········· 147
AI와 함께하는 교육의 미래 ·········· 152

CHAPTER 8 모임 운영의 달인 되기
디지털 소통 마스터 되는 법 ·········· 154
스마트한 모임 운영 시스템 ·········· 158

CHAPTER 9 중고 거래의 신
당근마켓에서도 AI를 써요? ·········· 166
안전하게 거래하기 ·········· 173

CHAPTER 10 AI로 이런 것도 할 수 있다고요?
재무제표로 적정 투자가치를 분석한다 ·········· 178
AI 팀원으로 대기업 심층분석팀 만들기 ·········· 185
공감 넘치는 만화 만들기 ·········· 189
나와 아이만의 그림책 만들기 ·········· 194

| CHAPTER 11 | 다가오는 미래를 준비하는 스마트한 방법 |

생성형 AI의 흐름은 어디로 가는가? ·· **197**

우리는 어디로 가야 하는가? ·· **199**

에필로그 ·· **202**

부록

유용한 AI 도구 목록 ·· **204**

추천 학습 자료 ··· **211**

찾아보기 ·· **214**

◆ 프롤로그 ◆

어릴 적 가족이 함께 차를 타고 멀리 가는 날이 오면 아버지는 언제나 조수석 뒤편에 있는 두툼한 도로지도를 꺼내셨습니다. 하지만 지도를 보면서도 길을 찾지 못할 때가 있었죠. 그럴 때 아버지는 창문을 내리고 행인에게 길을 묻곤 했습니다. 그 시절 우리 가족을 태운 차는 그렇게 목적지를 찾아갔습니다.

그때의 아버지는 가족을 올바른 목적지로 데려가는 인도자였습니다. 지금은 상상하기 어려운 이야기일지도 모르겠네요. 처음 보는 누군가에게 길을 묻는 일, 이제는 그럴 필요가 없으니까요. 지금은 거의 모든 차에 내비게이션이 있고 누구에게나 스마트폰이 있어서 목적지만 입력하면 최단 경로와 비용, 주유소 위치까지 안내를 받을 수 있습니다.

옛 시절에는 막히는 도로에 서 있는 일이 다반사였지만, 요즘은 길이 막히면 대안 경로를 안내받기도 합니다. 이런 기술의 발전으로 우리는 목적지에 더 빠르고 정확히 도착합니다.

하지만 이 과정에서 우리는 무언가를 잃었습니다. 더 이상 운전할 때 아버지가 우리 가족의 인도자 역할을 하지 않게 됐지요. 내비게이션 시대 이전의 아버지는 지도의 축척과 방위를 읽고, 지평선을 보면서 등고선으로 현재 위치를 가늠했습니다. 그렇게 가족을 이끌었습니다. 초행길을 척척 찾아나가는 그 시절의 아버지는 어린 제 눈에 아주 대단해 보였죠.

지도가 내비게이션으로 바뀌던 시기, 주로 아버지들이 느꼈을 이 '역할의 변화'를 이제는 모두가 느끼는 시대가 되었습니다. '생성형 AI'라는 도구의 등장 때문이죠. 이 도구가 등장하면서 기존에 내가 가진 능력이 더 이상 필요하지 않을지 모른다는 불안감이 들기 시작했습니다.

"내게 익숙했던 질서가 무너지는 것 같아."

"이제는 뭘 배우려 해도 너무 버겁고 피곤해."

"나는 더 이상 중심이 아니야. 그냥 구석에 있는 느낌이야."

"틀리면 안 돼. 이 나이에 실수라도 하면 손해가 너무 커."

좀 더 구체적으로 보면 이런 마음일지도 모르겠네요. 시간이 지날수록 AI는 점점 똑똑해지고, 나는 점점 주변으로 밀려나는 듯합니다. 새로운 기술을 따라잡기는 어렵고, 너무 복잡해서 뭘 어떻게 해야 할지 모르겠으니… 그럼 될 대로 돼라, 하고 그냥 포기하는 게 나을까요?

오래전 인도자 역할을 하던 우리의 아버지는 길을 찾지 못할 때 낯선 사람을 붙잡고 이렇게 물었습니다. "말씀 좀 묻겠습니다. 여기에 가려면 어떻게 하나요?"

질문을 던지는 일, 익숙하지 않지만 특별히 어려운 것도 아닙니다. 저는 요즘 우리 인간이 '질문할 수 있는' 존재였다는 사실을 자주 깨닫습니다. 생성형 AI가 우리를 덮친 지금은 질문하는 사람이 답을 얻는 시대입니다. 정답만 찾아내려는 사람보다 길을 묻고 물어 스스로 찾아가는 경험을 가진 사람이 더 많은 답을 발견할 수 있는 시대가 온 것이죠.

생성형 AI는 결코 어려운 기술이 아닙니다. 예전에는 종이 지도라는 도구를, 그다음엔 내비게이션을, 지금은 생성형 AI라는 도구를 사용하는 것으로 바뀌었을 뿐입니다. 목적지에 도착하는 방법은 여전히 여러분의 손에 달려 있습니다. 어디로 갈 것인가? 어떻게 갈 것인가? 무엇을 하고 싶은가? 이 모든 게 여러분이 던지는 질문에서 시작됩니다.

이 책은 여러분이 스스로 삶의 인도자가 되어 각자의 방향으로 AI를 사용할 수 있게 돕기 위해 존재합니다. 기술이 아니라 당신이 중심이 되는 이야기! 그 여정을 이 책과 함께 시작해보시죠.

프롬프트 크리에이터 드림

건강 관리, 중고 거래, 문서 작성, 취업 준비, 사업 준비까지
똑똑한 생활인의 AI 활용법
시켜보니 다 되는 생활밀착형 AI

PART 1

AI 시대 기초 준비하기

CHAPTER 1　AI가 바꾼 우리의 일상
CHAPTER 2　대표적인 생성형 AI 도구 가입 및 사용법

CHAPTER 1

AI가 바꾼 우리의 일상

AI는 이미 우리 곁에 있다

어느 날 아침, 저는 침대에 누운 채 스마트폰을 향해 말했습니다. "오늘 날씨 어때?"

스마트폰이 곧바로 대답했죠. "오늘은 맑고 화창하겠습니다. 자외선 지수가 높으니 건강에 유의하세요." 저는 문득 생각했습니다. '내가 지금 기계와 대화를 나누고 있구나.' 이제는 너무도 당연한 일상이죠. 하지만 시간을 조금만 되돌려 보면, 우리 아버지 세대에서도 상상하기 어려웠던 풍경입니다.

불과 20년 전만 해도 일기예보를 확인하려면 정해진 시간에 TV를 켜거나 컴퓨터로 날씨 사이트에 접속해야 했습니다. 지금은 침대에서 허공을 향해 묻기만 하면, 보이지 않는 누군가가 친절히 답을 줍니다. 예전에 지나가는 사람에게 길을 물은 것처럼, 이제 우리는 스마트폰과 음성 비서에게 궁금한 것을 묻습니다.

저도 처음에는 어색했습니다. 하지만 어느새 너무 자연스러운 일상이 됐지요. 내비게이션이 낯설다던 아버지도 결국 "이제 그거 없이는 운전하기 어려워" 하시더군요. 우리는 지금 AI와 함께 살고 있습니다. 다만 그것이 AI라는 사실을 특별히 의식하지 않을 뿐입니다.

AI 시작은 '그냥 대화하는 것'

저희 아버지도 처음부터 자연스럽게 기술을 받아들이신 건 아니었습니다. 6년 넘게 스마트폰을 쓰고 계시지만 "이거 어려워서 모르겠어"라는 말을 지금도 자주 하세요. 통화와 문자 메시지, 유튜브 시청 등 아주 제한적으로 쓰고 계신 것 같아요.

제가 AI 활용법을 알려드린 후에도 저희 아버지는 아주 단편적으로만 스마트폰을 사용하셨습니다. 그리고 천천히 스마트폰 화면에 타이핑을 시작하셨죠. 저는 음성으로 AI에게 질문하는 방법을 알려드렸습니다.

"아버지, AI한테 날씨도 물어볼 수 있어요." "그래? 그건 어떻게 해?" "이 버튼을 누르고 그냥 말만 하시면 돼요. 오늘 날씨는 어떠냐고."

아버지는 웃으며 말씀하셨어요. "폰한테 말을 하면 대답을 해준다고? 그럼 내가 기계랑 대화를 하는 거네?" 맞습니다! 바로 그거예요. 그냥 대화예요. 그런데 아직 이런 기능이 있다는 사실조차 모르거나, 알아도 어떻게 활용해야 할지 모르는 분들이 많습니다. 놀라운 건 젊은 세대도 비슷한 고민을 많이 한다는 겁니다. 여기서 중요한 건 어떤 세대에게는 배움이 쉽고 어떤 세대에게는 조금 어려울 수 있다, 이런 이야기가 아닙니다. 우리 각자가 가진 '경험'이 AI 시대의 진짜 힘이라는 게 중요합니다. AI는 질문에 답하는 도구인데, 좋은 질문은 경험에서 나오거든요.

새로운 기술을 따라가기 어려워하는 건 전혀 부끄러운 일이 아닙니다. 처음에는 누구나 그렇습니다. 스마트폰도 마찬가지였습니다. 전화 받기와 문자 보내기만 할 줄 알아도 충분했어요. 시간이 지나 하나씩 배워가면서 인터넷도 사용하고, 사진도 찍고, 지도도 볼 수 있게 되었죠. AI도 똑같습니다. 간단한 것부터 시작하면 됩니다. 천천히, 하나씩 여러분의 속도에 맞춰서요. 틀려도 괜찮습니다. 버튼 몇 개 잘못 누른다고 갑자기 고장이 나거나 하지 않습니다.

AI 시대에도 여전히 당신이 중심인 이유

"이제 AI가 다 하는데, 내가 무슨 쓸모가 있나…"

최근 지인 한 분이 이런 말씀을 하셨습니다. 20년간 회계 업무를 하셨는데, AI가 순식간에 숫자 계산을 해내는 걸 보고 무력감을 느끼셨다고요. 며칠 후, 그분과 만나 다시 이야기를 나누게 되었습니다.

"AI한테 우리 회사 재무제표 분석을 시켰는데, 숫자는 맞는데 뭔가 이상해. 우리 업계 특성을 모르니까 엉뚱한 해석을 하더라고."

본인이 제대로 확인하지 않았다면 큰 문제가 발생할 수 있었다는 이야기였습니다.

짧은 이야기지만, 이 이야기가 시사하는 바는 큽니다. AI가 아무리 발전해도 '맥락'과 '경험'은 여전히 사람의 영역이라는 사실이죠. 뛰어난 AI를 사용해도 사람이 제대로 확인하고 사용하지 않으면 잘못된 결과를 빈번하게 만날 수 있습니다.

　AI가 거래처 사장님의 미묘한 표정 변화를 읽을 수 있을까요? 20년 단골이 평소와 다른 아쉬움을 보일 때, AI가 그 신호를 알아챌 수 있을까요? 사람의 표정이나 분위기, 업계의 문화, 각 업체의 역사는 AI가 아무리 발전해도 여러분의 영역입니다.

　생성형 AI는 여러분을 대체하는 게 아니라 여러분의 경험을 더 빛나게 만들어줄 도구입니다. 계산은 AI가, 판단은 여러분이! 자료 정리는 AI가, 인사이트는 여러분이! 최종 결정은 여전히 인간이 합니다.

우리는 정말 '잘' 활용하고 있을까?

먼저 AI를 사용하기 시작한 사람들은 정말 잘 활용하고 있을까요? 대부분의 사람은 음성비서로 날씨와 알람을 쓰고, 쇼핑 추천은 스쳐 지나가며 보고, 은행 앱 챗봇으로는 잔액 확인 정도만 합니다. 이 단계는 스마트폰을 전화기로만 사용하는 것과 같습니다. 왜 우리는 좀 더 깊이 있는 활용을 하지 못하고 있을까요?

>　첫째, AI가 어려운 기술이라고 생각하기 때문입니다. "전문가만 쓰는 거 아냐?"
>　둘째, 어떻게 활용해야 할지 모르기 때문입니다. "챗GPT가 좋다는데 뭘 물어보지?"
>　셋째, 실수를 두려워하기 때문입니다. "잘못 쓰면 어쩌지? 문제가 생기면?"

이 세 가지 원인이 AI 앞에 있는 사람에게 심리적인 장벽을 만듭니다. 그래서 여러분이 현재 어느 단계쯤에 있는지 확인할 수 있는 체크리스트를 준비했습니다.

[체크리스트] 나는 지금 AI를 어디까지 쓰고 있나?
☐ 음성비서로 질문을 해본 적이 있다
☐ 챗봇에 내 자료를 붙여 넣고 요약을 시켜봤다
☐ 원하는 출력 형식을 지정해봤다
☐ 틀린 답을 교정 요청해 본 적이 있다(ex. "이 부분의 근거를 다시 확인해줘")
☐ 같은 요구를 두 가지 방식으로 재질문해봤다
☐ 내 일상 문제(메일, 보고, 요리, 운동)에 적용해봤다
☐ 결과물을 내 말투로 재편집해봤다

위 내용 중에서 한 개 이상 체크한 항목이 있으신가요? 한 개 이상 체크하셨다면 먼저 박수를 보내드립니다. 이 책에서 이야기하고자 하는 내용의 절반을 이미 시작하신 것과 다름없거든요.

물론 하나도 체크를 못한 분도 계실 겁니다. 괜찮습니다. 체크리스트를 다시 한번 읽어보세요. 여기에 특별한 뭔가가 있나요? 없습니다. 마치 지나가는 이에게 길을 물어보듯 생성형 AI에게 아주 평범한 말을 건네고 있는 겁니다.

오늘 바로 시작해볼 수 있는 첫 대화

체크리스트에 하나도 체크를 못 하신 분들을 위해 지금 바로 시작할 있는 쉬운 대화를 준비했습니다. 먼저 스마트폰을 꺼내 여러분이 사용하기 편한 음성비서를 켜보세요. 챗GPT나 제미나이(Gemini), 클로드(Claude), 어떤 생성형 AI도 괜찮습니다. 그리고 다음과 같이 3단계 스텝으로 이야기를 시작해보세요.

Step	상황	입력하면 되는 프롬프트
1	일상 질문하기	"오늘 저녁 메뉴 추천해줘. 냉장고에 계란이랑 김치만 있어."
2	내 상황 설명하기	"내일 거래처 미팅이 있는데, 비즈니스 캐주얼이 뭔지 설명해주고 남자 기준으로 예시 좀 들어줘."
3	함께 고민하기	"아이가 수학을 어려워하는데, 집에서 재미있게 가르칠 방법 없을까? 우리 아이는 8살이고 구구단을 외우는 중이야."

상황을 구체적으로 설명하면 AI는 좀 더 맞춤형 답변을 줍니다. 계절이나 업종까지 말해주면 더 정확한 조언을 받을 수 있고요. 이런저런 고민도 AI와 나눌 수 있지요. 공부를 게임처럼 만드는 방법, 노래로 무언가를 외우는 방법 등 다양한 아이디어도 제안받을 수 있어요. 생각보다 너무 간단하죠? AI와의 대화에는 특별한 기술이 필요하지 않습니다. 그냥 평소처럼 말하면 됩니다.

하지만 AI는 완벽하지 않아요

AI의 솔직한 한계들

하지만 한 가지 분명히 짚고 넘어가야 할 것이 있습니다. AI도 만능은 아니거든요.

- **최신 정보는 모를 수 있어요**
  어제 일어난 뉴스나 오늘 주식 시세는 모를 수 있습니다. 그래서 대부분의 생성형 AI는 '웹 검색'이라는 기능을 추가해뒀어요. 실시간 정보가 필요하다면 '인터넷 검색해줘'라는 문장을 꼭 사용해주세요.
- **개인적인 기억이 없어요**
  "지난번에 내가 뭐라고 했지?"라고 물어도 기억하지 못하는 경우가 많습니다. 최근에는 대화를 기억하는 기능이 들어갔지만, 어제 한 질문이나 한 달 전에 한 질문 등을 기억하지 못하는 경우가 많을 거예요.
- **때로는 틀린 답을 자신 있게 말해요**
  사람도 답이 틀릴 때가 있죠? 생성형 AI도 사람한테서 배워 그런지 그런 경우가 많습니다. 특히 숫자나 날짜, 전문적인 내용은 꼭 다시 확인하세요. AI도 실수를 합니다. 이런 걸 '환각 현상'이라고 불러요.

이런 한계를 알고 AI를 사용하면 오히려 더 잘 활용할 수 있어요. 완벽한 답을 기대하기보다는 좋은 출발점을 제공받는다고 생각하면 됩니다. 친구의 조언을 참고하되 최종 결정은 내가 하는 것처럼요.

막막할 때 쓰는 마법의 문장

저도 AI에게 뭔가 질문을 할 때 늘 막막합니다. 상황과 변수가 시시각각 바뀌는데, 매번 어떻게 준비된 질문을 던질 수 있을까요? 제가 몇 년 동안 AI와 대화를 반복하면서 깨달은 게 있습니다. AI는 제가 알려주지 않은 맥락은 알지 못한다는 것, 그 사실을 확실히 알게 됐죠. 마치 사람과의 대화 같아요.

제가 카페에 가서 "커피 주세요"라고 하면 직원이 물어볼 겁니다. "어떤 커피로 드릴까요? 사이즈는 어떤 걸로 드릴까요?" 생성형 AI도 똑같습니다. 구체적인 정보가 더 필요합니다.

처음에는 AI로부터 제대로 된 답변을 받기 어려울 수 있습니다. 그게 정상입니다. 괜찮습니다. 저도 매번 다시 질문합니다.

AI 툴을 켰는데 어떻게 말을 시작해야 할지 잘 모르겠을 때, 그런 순간을 위한 '마법의 문장' 몇 가지를 알려드리고 시작하겠습니다.

상황을 설명하고 싶을 때	"나는 [누구]인데, [무엇]을 하고 싶어. 어떻게 시작하면 좋을까?" 예) "나는 요리 초보인데, 파스타를 만들고 싶어. 어떻게 시작하면 좋을까?"
더 나은 결과를 원할 때	"이걸 더 [어떻게]하게 만들어줄 수 있어?" 예) "이 이메일을 더 정중하게 만들어줄 수 있어?"
전문가의 조언이 필요할 때	"네가 [누구]라고 생각하고 조언해줘" 예: "네가 10년차 마케터라고 생각하고 이 광고 문구 조언해줘"
어려운 걸 쉽게 이해하고 싶을 때	"이해하기 쉽게 [비유/예시]로 설명해줘" 예) "다중 우주 이론을 초등학생도 이해할 수 있게 설명해줘"
확실하지 않을 때	"틀렸을 수도 있는데, 내 생각은 [생각 내용 입력] 이래. 맞나?" 예) "틀렸을 수도 있는데, 비타민C는 감기 예방에 효과가 있는 걸로 알고 있어. 맞나?"

이런 문장들을 기억해두면 AI와의 대화가 훨씬 자연스러워집니다. 정답이 있는 게 아니에요. 각자의 표현으로 바꾸어 써도 됩니다.

이제 정말 시작해보시겠어요?

결국 막막함을 줄이기만 하면 된다는 걸 이제 아셨을 거예요. 막막함을 줄일 수 있는 세 가지 원칙을 다시 한번 정리해봅니다.

> **1. 기술이 아니라 대화다.** 잘 몰라도 현재 상황이나 목표, 제약을 말하면 된다.
> **2. 완벽은 없다.** 초안 → 교정 → 마무리의 3단계라고 생각하자.
> **3. 실패는 경험치다.** 틀린 답, 잘못된 답은 재도전할 수 있는 기회다.

이 원칙을 기억하면서 AI를 대하면 훨씬 편해집니다. 이상한 질문을 해도 괜찮고, 원하는 답이 안 나와도 괜찮습니다. 다시 물어보면 되고, 다른 방식으로 말해보면 됩니다.

제 생애 첫 번째 계란프라이는 까맣게 타버렸지만, 두 번째에는 조금 나아졌고, 세 번째에는 제법 먹을 만했습니다. 지금은? 한 손으로 계란을 까서 프라이팬에 올리고 뒤집개 없이 뒤집는 수준입니다. 생성형 AI시대에 중요한 건 '완벽한 답'이 아니라 '시작점'이라는 사실을 기억하세요.

이 책은 연습용 가이드에 가깝습니다. AI라는 도구를 여러분의 일상에 맞춰 다양한 각도에서 조명해 각자의 방식으로 활용할 수 있게 만들어 드리고 싶습니다. 복잡한 기술 설명이 아니라 "이런 상황에서는 이렇게 해보세요"라는 구체적인 방법을 알려드릴 겁니다. 다음 장에서는 AI 시대에 핵심적으로 알면 좋을 대표적인 생성형 AI에 대해 알아보겠습니다.

> **TIP** 해킹이나 스미싱 같은 이야기가 자주 들려서 걱정하는 분들이 많을 거예요.
> 생성형 AI를 사용할 때 안전을 지키고 불안을 완화하기 위한 세 가지 원칙을 안내합니다.
>
> 1. 피해가 예상되는 개인정보는 넣지 않는다(주민 번호, 카드 번호, 내부 기밀).
> 2. 검증이 필요한 영역(의료·법률·금융 등)은 사실 확인을 전제로 물어본다.
> 3. 결과물은 반드시 사람이 최종 편집한다.

CHAPTER 2
대표적인 생성형 AI 도구 가입 및 기본 사용법

도구는 언제, 어떻게 사용하는지를 아는 것이 중요합니다. 익히 보고 들어 언제 사용할지 아는 익숙한 도구라도 '어떻게 사용하느냐'에 따라 효율이 달라집니다. 이번 장에서는 생성형 AI를 본격적으로 사용하기에 앞서, 가장 많이 사용되는 두 가지 생성형 AI에 대해 각각의 특징과 가입하는 방법, 사용법을 간략히 짚어보고자 합니다.

챗GPT

제일 먼저 생성형 AI의 대명사이자, 현재의 AI 시대를 열었다고 평가받는 챗GPT입니다.

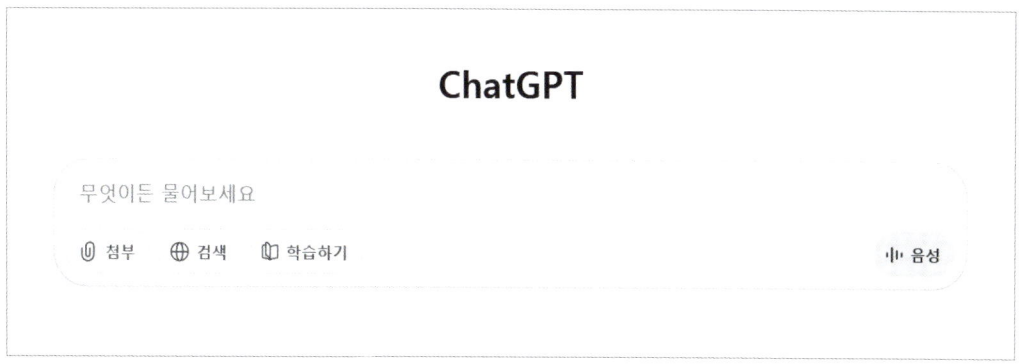

사람이 대화하듯 질문하면, 이를 이해하고 답변을 만들어내는 대화형 AI죠. 챗GPT는 대표적으로 다음과 같은 상황에서 유용합니다.

- 문서나 보고서를 작성할 때 / 초안을 빠르게 만들고 싶을 때
- 외국어 번역이나 글 다듬기가 필요할 때
- 검색으로는 찾기 어려운 '정리된 설명'을 원할 때
- 프로그래밍, 학습, 연구 보조 도구가 필요할 때

즉, 생각을 정리하고 결과물로 표현하는 모든 과정에서 유용하게 사용할 수 있는, 가장 범용적인 도구라고 할 수 있습니다.

가입하기

구글이나 네이버에서 ChatGPT 또는 챗지피티를 검색한 뒤 https://chatgpt.com/ 이라는 주소를 확인하고 해당 페이지에 들어갑니다.

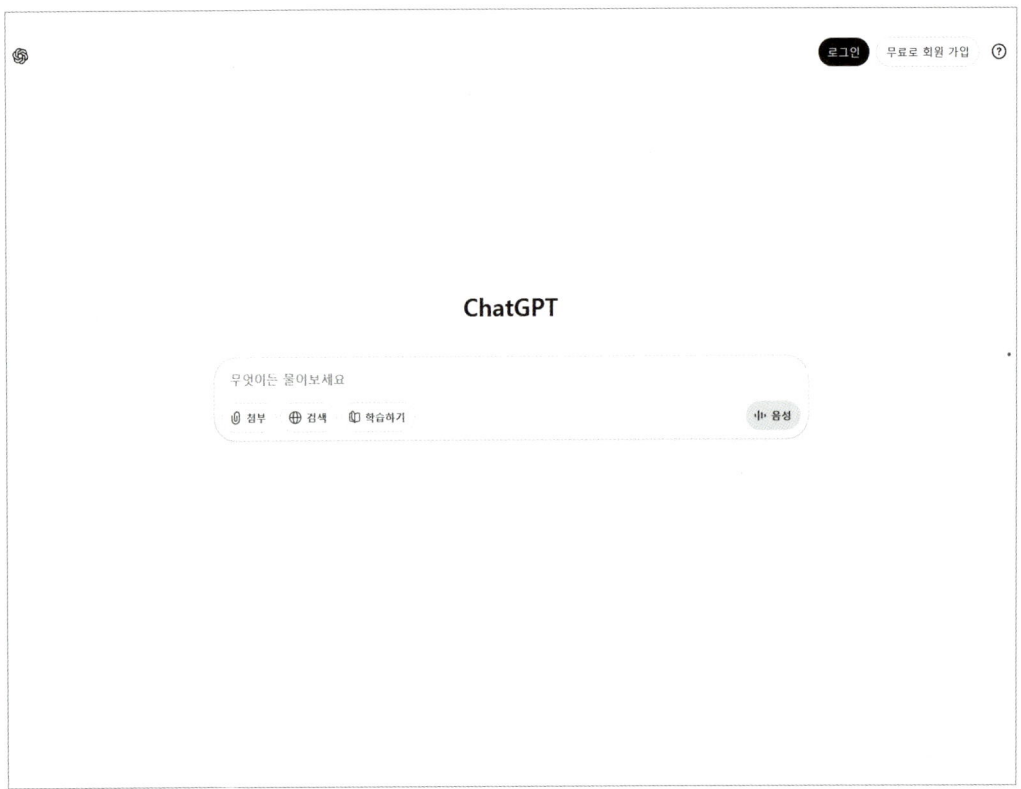

가입을 하지 않고도 사용할 수 있지만, 그러면 기초적인 모델로 답변을 진행해주기 때문에 가입을 하고 사용하는 것이 훨씬 더 유용합니다. 우측 상단에 있는 '무료로 회원 가입'을 눌러주세요.

이 화면에서 기존에 가지고 있는 이메일을 활용해 가입을 진행하시면 됩니다. 구글 계정이 있으신 분은 구글 계정으로 바로 가입 및 로그인이 가능합니다.

네이버 같은 별도 메일을 가지고 계신 분은 이메일 주소와 비밀번호를 함께 입력해주시면 됩니다.

이어 가입을 진행한 메일로 받은 인증코드를 입력하면 됩니다. 마지막으로 이름을 입력하는 창이 나오는데요. 꼭 실명을 적을 필요는 없습니다. 여러분이 입력하고 싶은 이름을 입력하시면 됩니다.

마지막으로 약관 체크를 마치면 가입이 완료되고, 다음과 같이 대화 입력 페이지가 나옵니다.

화면 구조 이해하기

챗GPT의 화면은 크게 세 가지로 구성되어 있습니다.

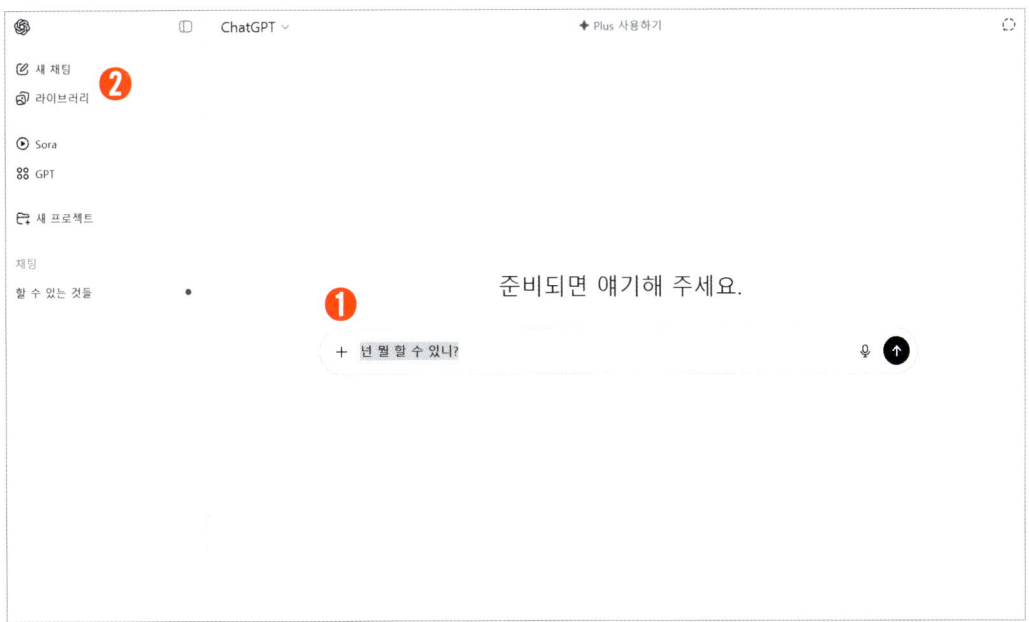

① 대화 입력창: 챗GPT에게 묻고 싶은 내용을 입력하는 곳입니다. 사진 및 파일 추가, 이미지 생성, 심층 리서치, 학습 등 다양한 영역에 활용할 수 있습니다.

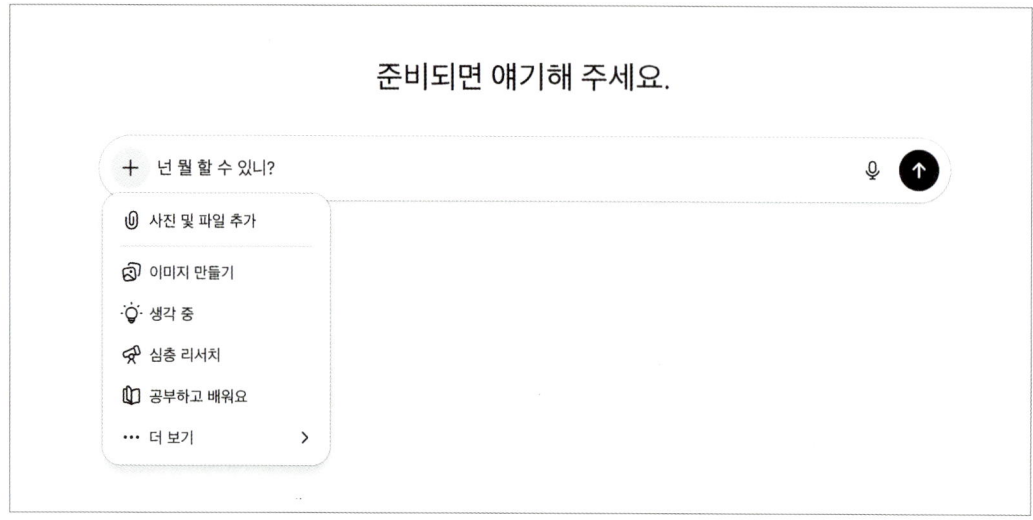

② 히스토리: 좌측의 히스토리는 기존 대화 내역 및 새로운 채팅을 확인할 수 있는 곳입니다. '프로젝트'라고 부르는 폴더 구분을 할 수 있는 기능도 있으니 다양하게 활용하면 됩니다.

③ 답변창: 챗GPT의 답변이 출력되는 곳입니다. 추가적인 질문을 하거나 복사할 수 있습니다.

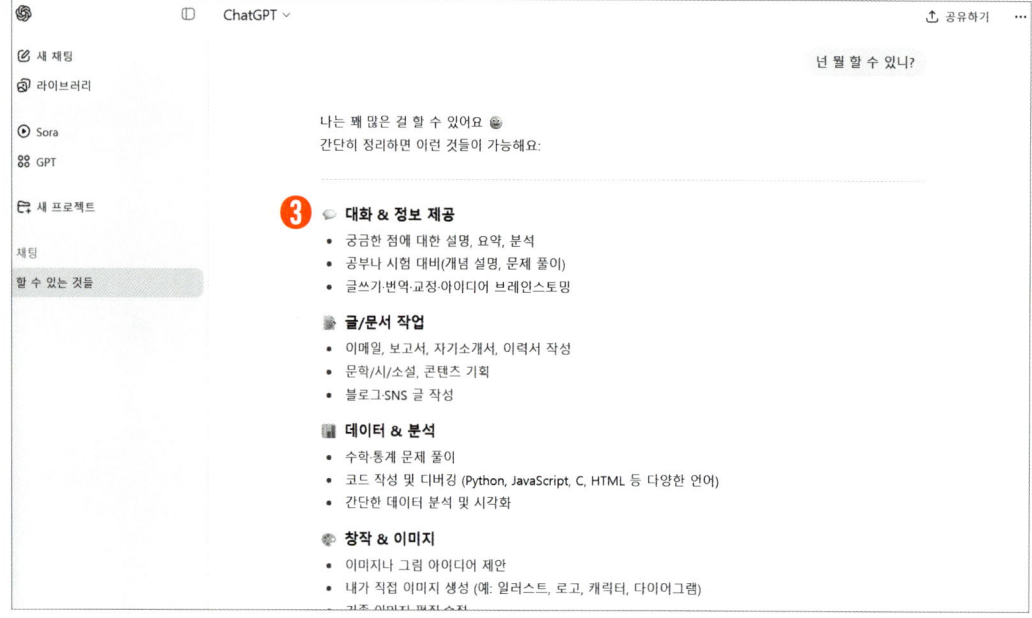

플랜 구독의 차이

챗GPT 무료 버전의 경우, 대부분의 기능을 활용할 수 있으나 횟수 제한이 있습니다.

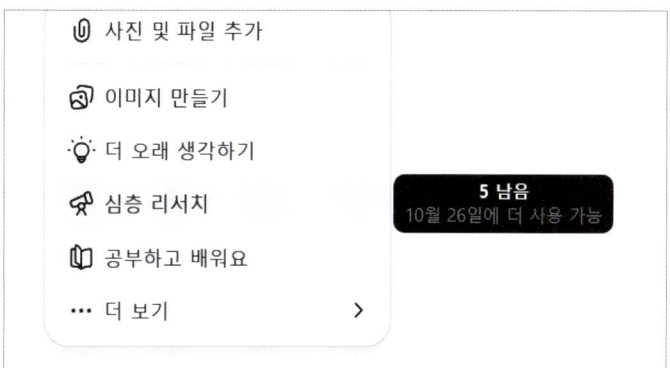

각 기능별로 제한이 있는 부분은 그림과 같이 기능에 마우스를 가져다 대면 남은 횟수 안내가 나옵니다. 그래서 챗GPT를 좀 더 복합적으로 사용하는 분들은 요금제를 구독하시는데요. 새로운 기능이나 최신 모델을 자유롭게 이용하기 위해 구독하는 경우가 많습니다.

모델의 종류에는 크게 개인용 요금제와 기업용 요금제가 있으며, 더 많은 기능을 원하신다면 Pro 요금제를 쓰셔도 좋지만, 보통 개인의 경우 플러스만 이용하셔도 충분합니다. 자세한 내용은 아래 이미지와 표를 참고하세요.

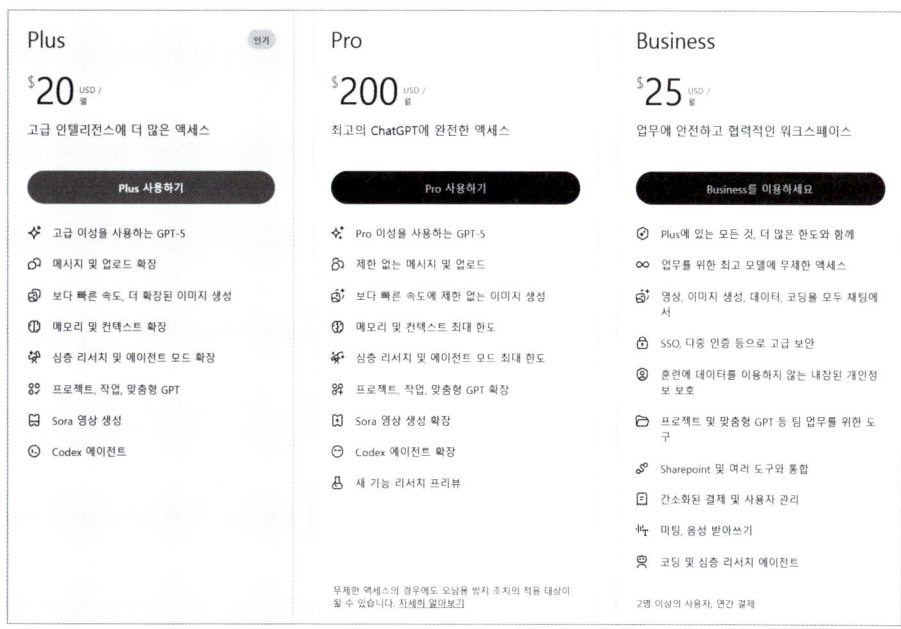

구분	Plus	Pro	Business
가격	$20 USD / 월	$200 USD / 월	$25 USD / 월 (2인 이상, 연간 결제)
모델 접근	GPT 5.1	GPT 5.1 (Pro 이성, 최고 수준)	업무용 최고 모델
속도 & 이미지 생성	더 빠름, 확장된 이미지 생성	제한 없는 이미지 생성 + 최고 속도	영상/이미지 생성 지원
심층 리서치 & 에이전트 모드	확장	최대 한도	코딩/리서치 에이전트 지원
프로젝트 & 맞춤형 GPT	제공	확장	팀 협업 기능 강화
추가 기능	- Sora 영상 생성 - Codex 에이전트	- Sora 영상 생성 확장 - Codex 에이전트 확장 - 새로운 기능 리서치 프리뷰	- SSO, 다중 인증 - 개인정보 보호(데이터 훈련 제외) - SharePoint 등 도구 통합 - 간소화된 결제/사용자 관리 - 회의 음성 받아쓰기
대상	개인 고급 사용자	전문가·연구자·무제한 활용자	기업·팀 단위 사용자

모바일에서는 어떻게 사용하나요?

모바일 사용법도 크게 다르지 않습니다. 아이폰의 경우 앱스토어, 그 외에는 구글플레이 스토어를 이용해 챗GPT 앱을 설치하세요. 최근 유사한 이름을 이용해 엉뚱한 앱을 다운로드하도록 유도하는 경우가 있으니, 반드시 오픈AI 공식 앱인지 확인하실 필요가 있습니다. 모바일에서는 글자 입력이 편하지 않아 저 개인적으로는 음성 대화를 많이 사용하는 편입니다.

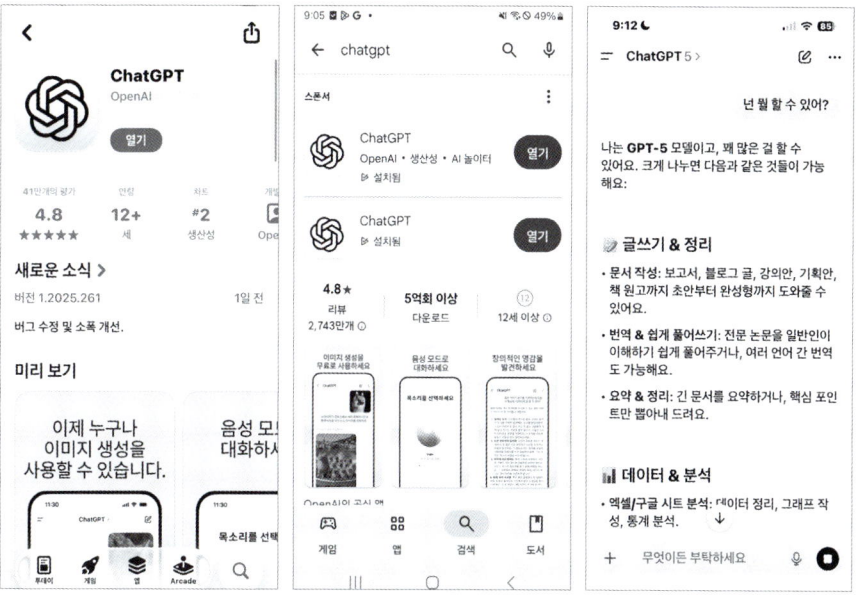

챗GPT for 카카오톡

카카오톡에도 챗GPT가 있다는 사실, 알고 계신가요? 카카오톡 메인 화면 채팅탭 상단에서 'ChatGPT'를 보실 수 있습니다. 여기를 누르면 카카오톡 내에서 챗GPT를 어떻게 사용할 수 있는지 안내가 나옵니다.

PART 1 AI 시대 기초 준비하기 | **027**

동의를 거쳐 챗GPT 계정 연결을 위해 로그인하면, 기존에 챗GPT 요금제를 쓰던 분들은 챗GPT Plus나 Pro가 적용된 형태로도 이용할 수 있습니다. 챗GPT 계정이 없어도 괜찮습니다. 로그인 하지 않아도 챗GPT와 대화 기능은 사용 가능합니다. 대화 내역이 저장되지 않을 뿐이죠.

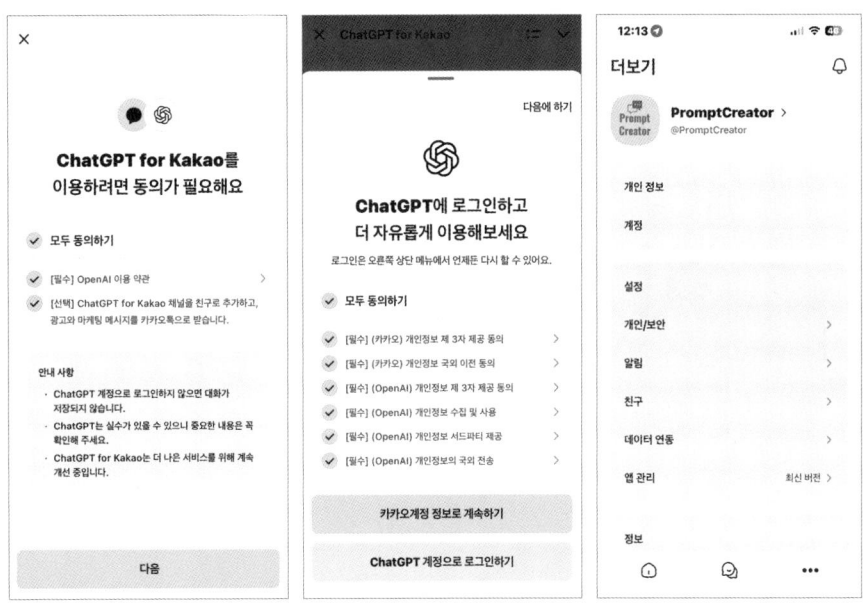

카카오톡에 들어간 챗GPT에서 가장 뛰어나다고 생각하는 부분은 카톡에서 나눈 대화를 바로 복사해서 붙여 넣을 수 있는 점입니다.

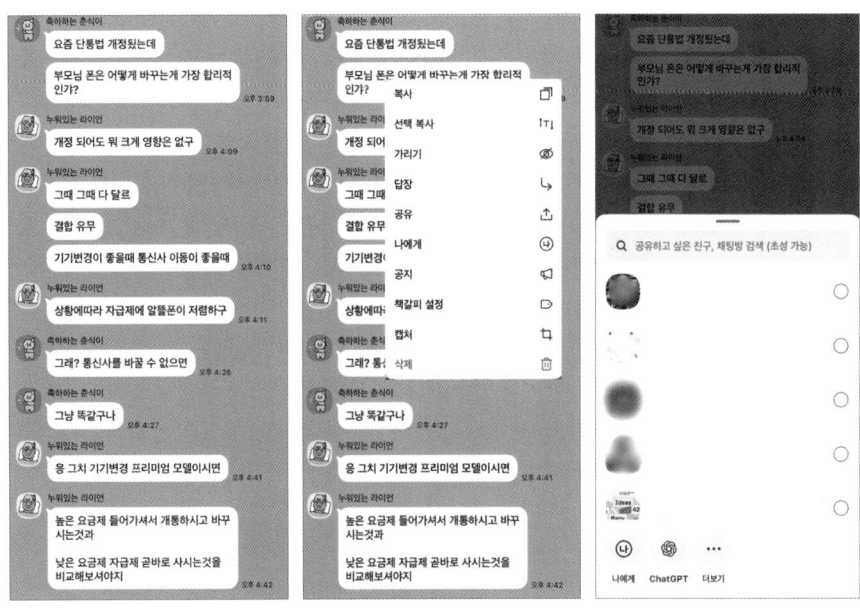

접근성이 대단히 높아진 것이죠. 카카오톡 대화 중 궁금한 내용이 생기면 해당 메시지를 길게 눌러 "공유하기 → ChatGPT"만 선택하면 됩니다. 그러면 대화 내용이 자동으로 챗GPT에 전달되고, 몇 가지 궁금한 점을 입력하면 바로 답변을 받을 수 있습니다.

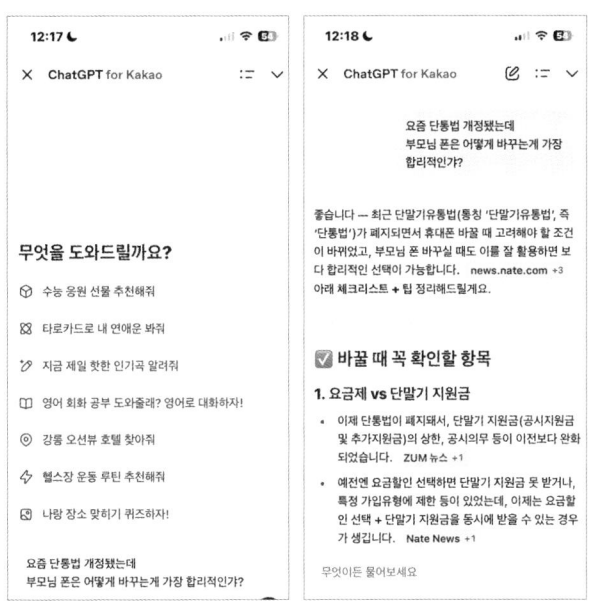

또 기존의 챗GPT에는 없는 특별한 것이 있습니다. 카카오 기반의 툴이기 때문에 Kakao Tools를 활용할 수 있다는 점인데요. 현재 지원되는 기능은 지도 / 선물하기 / 예약하기 / 음악 서비스 연결이 있습니다. 이 기능들은 ChatGPT for 카카오톡에서 바로 사용할 수 있습니다.

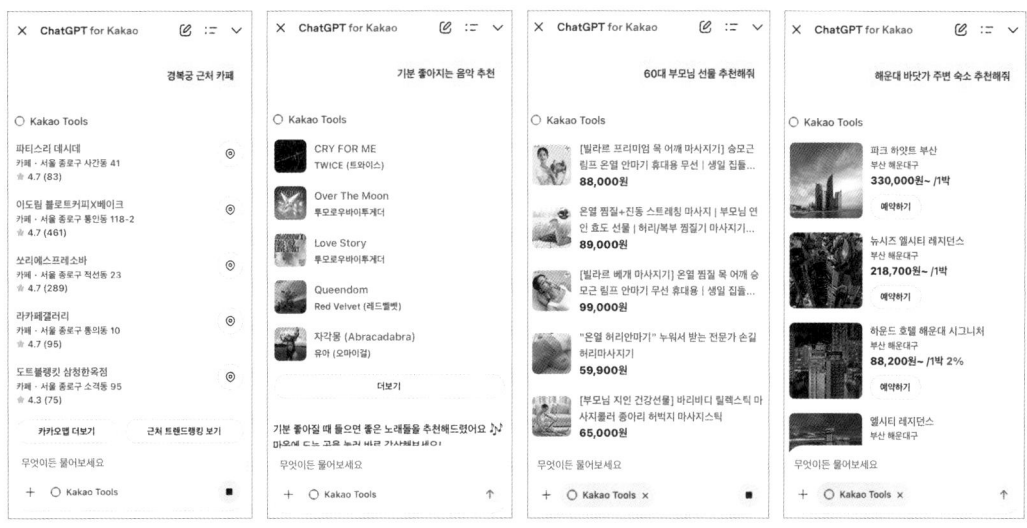

이 기능을 통해 사용자는 AI의 대화형 안내와 카카오에서 제공되는 서비스를 AI 하나로 활용할 수 있습니다.

제미나이

제미나이(Gemini)는 구글이 개발한 생성형 인공지능 서비스입니다. 이전에 '바드(Bard)'라는 이름으로 공개되었다가 현재의 브랜드 네이밍으로 바뀌었지요. 챗GPT와 마찬가지로 대화형 AI이고, 현재까지 가장 유력하게 AI 시장을 선도할 것으로 보이는 도구 중 하나입니다.

제미나이는 구글이 가지고 있는 방대한 데이터를 학습해 이미지 생성과 유튜브 데이터까지 활용할 수 있고요. 이제 영상 생성까지 강력함을 자랑합니다. 가장 큰 강점은 구글 서비스와의 긴밀한 연결입니다.

- 구글 검색: 답변과 함께 검색 결과를 참고할 수 있어 신뢰성 및 정보 탐색 시간 도움
- 구글 도구와 연계: 문서 요약, 이메일 작성, 시트 분석 등을 지원
- 전 세계적으로 가장 점유율이 높은 웹 브라우저와 안드로이드 OS가 있어 검색·앱 실행·작업 지원이 자연스럽게 이어질 수 있음

즉, 제미나이는 단순한 대화형 챗봇을 넘어서서 구글 생태계 전체를 활용하는 AI 어시스턴트로 확장되는 중이라고 볼 수 있습니다.

가입하기

가입하지 않아도 사용할 수 있지만, 챗GPT와 마찬가지로 기본적인 기능만 활용할 수 있기 때문에 가능하면 가입을 하고 사용하는 것을 추천합니다. 우측 상단을 보면 로그인 버튼이 있지요.

다만 제미나이는 구글 아이디로 바로 로그인할 수 있는데요. 구글 계정이 없으신 분들은 우측 하단에 있는 '계정 만들기' 버튼을 누르신 뒤 구글 가입을 하시고 이용하면 됩니다.

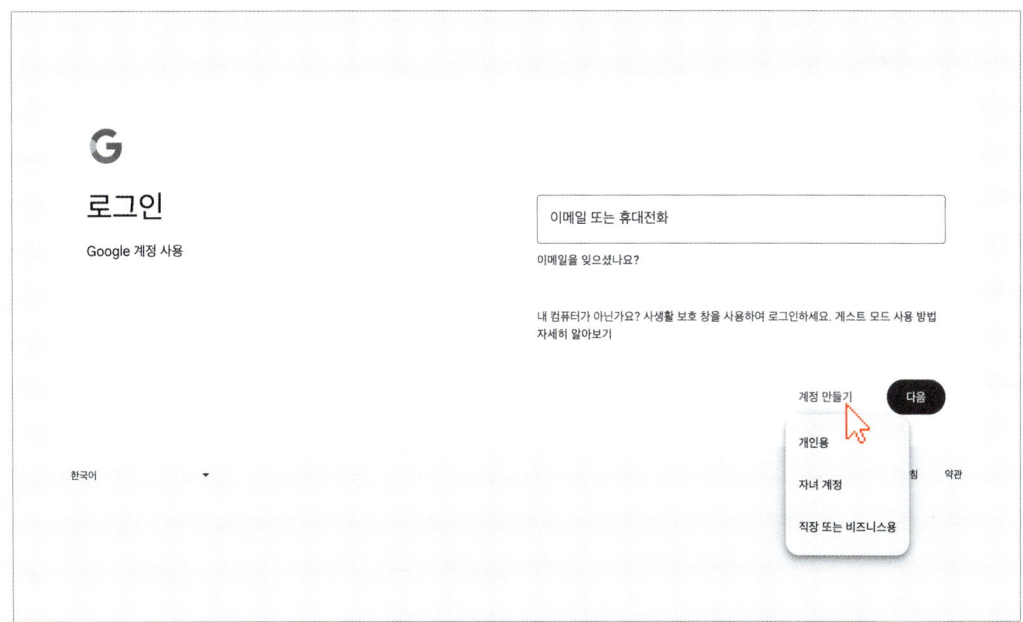

화면 구조 이해하기

챗GPT가 생성형 AI의 표준을 만들어 제미나이 또한 화면 구조는 비슷합니다.

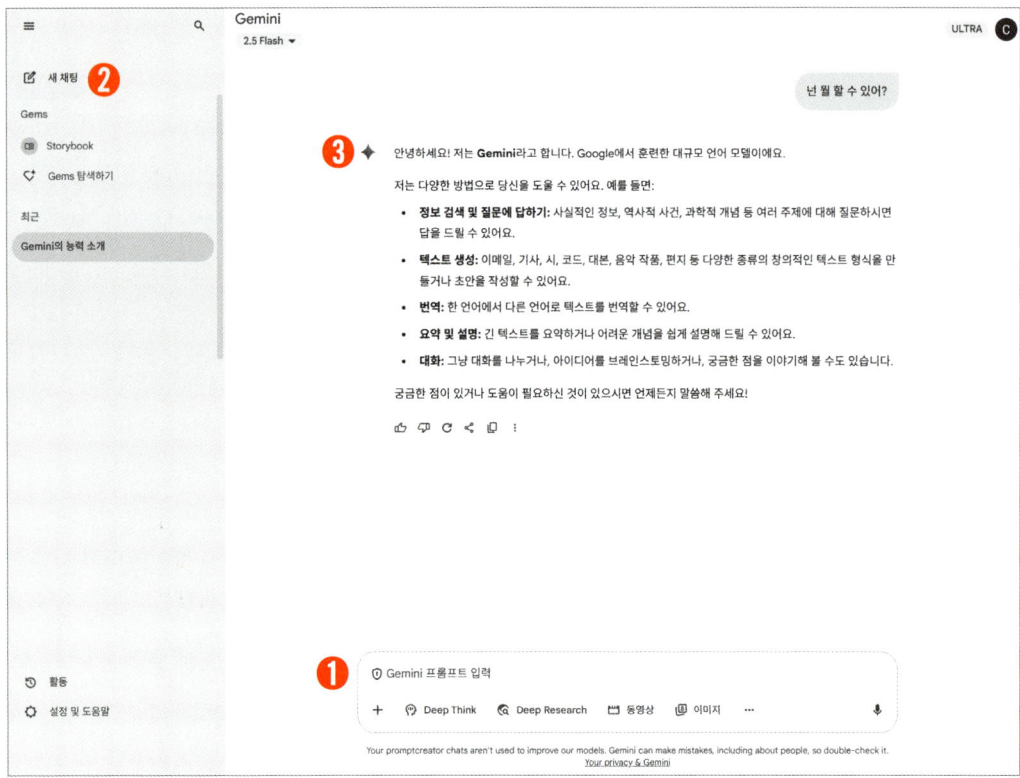

① 대화 입력창: 질문하고 싶은 내용을 입력하는 곳으로, 제미나이에게 묻고 싶은 내용을 입력하면 됩니다. 사진과 문서 등을 업로드할 수 있습니다. 챗GPT의 Thingking 모드, 심층 리서치에 대응하는 '딥 씽크 / 딥 리서치'가 존재합니다.

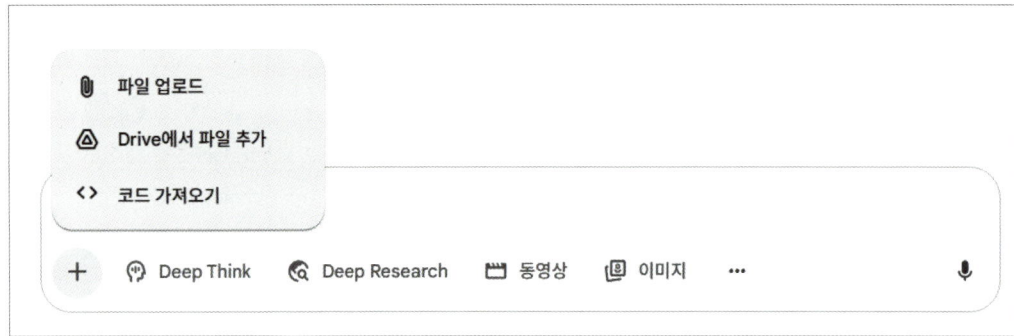

② 히스토리: 좌측에는 기본적으로 새로운 채팅을 할 수 있는 버튼이 있고, 지금까지 제미나이와 나눈 대화 내용이 정리됩니다.

③ 답변창: 제미나이의 답변이 출력됩니다. 추가 질문을 하거나 복사할 수 있습니다.

플랜 구독의 차이

구글은 'Google One'이라는 구독 모델을 활용하고 있습니다. 제미나이와 함께 요약을 진행하는 노트북 LM, 구글 드라이브 스토리지 등 여러 가지를 하나의 팩으로 묶어 제공하는 요금제를 진행하고 있는데요. 다양한 이용이 가능하지만, Ultra 요금제는 챗GPT의 Pro 요금제보다 좀 더 높은 가격으로 책정되어 있습니다. 자세한 사항은 아래 이미지와 표를 참고하세요.

항목	Google AI Pro	Google AI Ultra
가격	월 ₩29,000	월 ₩360,000
모델 / 성능 수준	Gemini 2.5 Pro 모델 + Deep Research 접근성 제공 (One Google)	Ultra는 Pro의 기능 모두 포함 + 2.5 Deep Think (고급 추론 모드) 제공 (Gemini)
영상 생성 기능 (Veo)	제한적 접근: Veo 3 Fast 모델 일부 활용 가능 (One Google)	최고급 영상 생성: Veo 33 모델 활용 가능 (One Google)
AI 크레딧 (Flow & Whisk 사용)	월 1,000 크레딧 제공 (One Google)	월 25,000 크레딧 제공 (One Google)
NotebookLM (문서 / 연구 보조 기능)	향상된 기능 + 사용 한도 증대 (One Google)	최고 수준 기능 + 한도 제공 예정 (One Google)

모바일에서는 어떻게 사용하나요?

모바일 사용법도 비슷합니다. 아이폰의 경우 앱스토어, 그 외에는 구글플레이 스토러를 이용해 제미나이 앱을 설치하세요. 최근 유사한 이름을 이용해 엉뚱한 앱을 다운로드하도록 유도하는 경우가 있으니, 꼭 Google 또는 Google LLC 공식 개발자를 확인하세요. 저는 챗GPT와 마찬가지로 모바일에서는 음성 대화를 많이 사용합니다.

자, 지금까지 챗GPT와 제미나이 두 가지 도구를 알아봤습니다. 이 책에서 사용하는 기본적인 도구는 챗GPT이지만, 동일한 프롬프트를 제미나이에 활용하셔도 됩니다. 별도의 도구가 필요한 경우에만 따로 안내합니다.

건강 관리, 중고 거래, 문서 작성, 취업 준비, 사업 준비까지
똑똑한 생활인의 AI 활용법
시켜보니 다 되는 생활밀착형 AI

PART 2

나로부터 시작하는 AI 생활

CHAPTER 3 내 몸의 1차 지킴이는 나, 건강 관리하기
CHAPTER 4 스마트한 취업 전략: AI로 경쟁력 높이기

CHAPTER 3

내 몸의 1차 지킴이는 나, 건강 관리하기

생성형 AI 활용법을 '건강 관리'로 시작한다니 이상하실 수도 있겠습니다. 하지만 새로운 것을 배우려면 건강한 몸이 제일 필요하거든요.

저희 어머니께서 발목을 다치신 적이 있습니다. 계단에서 미끄러져 골절되는 부상을 입으셨죠. 깁스를 하고 몇 달간 목발을 사용하셔야 했어요. 어딘가를 다치면 심리적으로 가장 많이 고민하게 되는 것들이 있습니다.

"이 음식은 먹어도 되나?" "다친 다리로 잠깐 딛어도 괜찮을까?" "깁스한 곳은 어떻게 씻지?" "깁스 안이 가려운데 긁어도 되나?" 원래 아무렇지도 않던 행동 앞에서 주저하게 되지요. 이런 사소한 궁금증 때문에 매번 병원을 찾을 수도 없는 노릇이고요.

 깁스하고 있는데 뼈에 좋은 음식이 뭐가 있나?

깁스를 하셨군요. 뼈가 회복되는 시기에는 영양이 특히 중요합니다. 골절 회복을 돕는 대표적인 음식군을 정리해드릴게요:

🍽 **칼슘이 풍부한 음식**
뼈의 주성분인 칼슘 섭취가 가장 중요합니다.
- 우유, 치즈, 요거트 같은 유제품
- 멸치, 뱅어포 같은 뼈째 먹는 생선
- 두부, 두유
- 시금치, 브로콜리, 케일 등 짙은 녹색 채소

🍽 단백질 식품

뼈와 근육 회복에 필요한 콜라겐, 근육 단백질 합성을 돕습니다.

- 닭가슴살, 달걀, 살코기
- 연어, 고등어, 꽁치 같은 생선
- 콩류(검은콩, 병아리콩 등)

🍽 비타민 D

칼슘이 잘 흡수되도록 도와줍니다.

- 연어, 참치, 고등어
- 달걀 노른자
- 강화 우유나 시리얼
- 햇볕 쬐기(하루 10~20분 정도)

🍽 비타민 C & K

- **비타민 C**: 콜라겐 합성 → 귤, 오렌지, 딸기, 키위, 파프리카
- **비타민 K**: 뼈 단백질 합성 → 시금치, 케일, 브로콜리

🍽 아연·마그네슘

뼈 성장과 재생에 도움을 줍니다.

- 견과류(아몬드, 호두, 땅콩)
- 통곡물(귀리, 현미)
- 해바라기씨, 호박씨

피하는 게 좋은 음식

- 과도한 카페인(커피, 에너지 음료) → 칼슘 배출
- 짠 음식(라면, 인스턴트, 햄) → 칼슘 손실
- 탄산음료 과다 섭취

☞ 요약: **칼슘 + 단백질 + 비타민 D, C, K + 아연·마그네슘**을 균형 있게 섭취하면 뼈 회복에 도움 됩니다. 원하시면, 제가 "회복을 돕는 1일 식단 예시"도 짜드릴까요?

아니야. 대신 다른 걸 좀 물어보고 싶어.

깁스한 다리를 잠깐 딛는 거 정도는 괜찮을까? 일어설 때 좀 불편해서.

좋은 질문이에요 👍

깁스를 한 다리를 잠깐 딛는 게 괜찮은지는 깁스를 하게 된 원인(골절 부위, 정도, 수술 여부)과 주치의가 허용한 체중 부하 여부에 따라 완전히 달라집니다.

∽ 기본 원칙
- **의사 지시가 최우선**: 뼈가 어느 정도 붙었는지, 깁스가 보호할 수 있는 상황인지에 따라 "완전 금지(Non-weight bearing)", "일부 체중 부하(Partial weight bearing)", "통증 없는 범위에서 전부 허용(Full weight bearing)"으로 다르게 처방합니다.
- **초기 골절 직후**: 대부분은 체중을 전혀 실지 말라고 합니다. 작은 압박도 뼈가 어긋날 수 있기 때문이에요.
- **회복 중기 이후**: X-ray로 뼈가 어느 정도 붙었다고 확인되면, 목발을 사용하면서 조금씩 디뎌보는 걸 허용하기도 합니다.

∽ 일상에서 참고할 점
- **일어설 때 불편하다면** → 건강한 다리에 체중을 두고, 깁스한 쪽은 살짝만 바닥에 닿게 하는 "발끝 짚기(toe touch)" 정도는 대체로 허용되는 경우가 많습니다.
- **통증이 있으면 무조건 피해야 합니다.** 통증은 아직 뼈나 연부조직이 버틸 준비가 안 됐다는 신호예요.
- **목발·워커를 반드시 사용해서 체중이 실리지 않도록 조절하세요.**

☞ 정리
- "잠깐 딛는 것" 자체가 허용되는지 여부는 **진료 받은 병원에서 체중 부하 단계에 대해 들은 설명이 기준입니다.**
- 아직 의사에게 "체중 부하 해도 된다"는 말을 못 들으셨다면, **왼발은 땅에 살짝 대는 정도만 하고 무게는 절대 싣지 않는 게 안전합니다.**

원하시면 제가 "목발을 쓰면서 일어서는 안전한 방법"을 단계별로 알려드릴 수도 있어요. 해드릴까요?

이런 질문은, 누구나 한 번쯤 궁금해할 만하지만 물어볼 곳이 마땅치 않은 경우가 많지요. 검색을 하기에도 너무 사소한 것 같고 병원에 전화해서 물어보기도 그렇죠. 의사 선생님이 주의점을 자세히 이야기해줬지만, 기억나지 않는 경우가 다반사입니다. 집에 오면 다 잊어버리고, 인터넷 검색을 해보면 내가 찾는 정보를 콕 집어 주는 게 아니다 보니 주변 정보부터 미로 찾기하듯 찾아 들어가야 합니다.

하지만 생성형 AI는 다릅니다. "깁스가 답답해 잠이 안 와"라는 말을 하루에 열 번씩 던져도, 심지어 새벽 2시에 물어봐도 매번 친절하게 답해줍니다. 이를 통해 제가 깨닫게 된 건, 우리에게는 제대로 된 의학 정보뿐만 아니라 일상의 작은 궁금증을 편하게 물어볼 수 있는 '대화 상대'가 매우 필요하다는 점이었어요. "이 정보가 정말 맞나?" "내 상황에 맞는 조언인가?" "내가 너무 심각하게 생각하는 건 아닐까?"

이때도 AI가 도움이 될 수 있습니다. AI가 의사를 대신할 수는 없지만 '그냥 대화하듯 물어보기'를 건강 관리에도 적용할 수 있거든요.

집에서 하는 간단한 자가 진단

통증, 참지 말고 물어보세요

감기나 몸살이 와도 자고 일어나면 낫는다고 그냥 참는 분들 계신가요? 사실 저도 그런 사람 중 하나입니다. 아프다 보니 몸을 움직이기도 싫고, 감기나 몸살 정도는 잠 좀 푹 자면 낫는다는 걸 경험으로 알고 있기 때문인 것 같아요. 하지만 나름 푹 쉬었는데도 불구하고 몸이 나아지지 않는 경우가 종종 생깁니다. 그러면 불안해지기 시작하죠. '코로나에 걸렸나?' '다른 곳이 아픈 건가?' '이러다가 또 내일 되면 나으려나?'

이런 경우엔 당연히 병원을 찾아가는 게 맞습니다만, 아직 그 선택을 내리기가 어렵다면 AI에게 먼저 물어보는 게 효과적인 방법일 수 있습니다. 어렵지 않아요. 그냥 자신의 상태와 증상을 이야기해주면 됩니다.

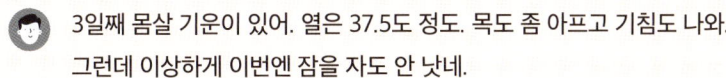

3일째 몸살 기운이 있어. 열은 37.5도 정도. 목도 좀 아프고 기침도 나와. 그런데 이상하게 이번엔 잠을 자도 안 낫네.

3일째 몸살 기운이 있고 열(37.5도), 목 통증, 기침이 동반되는데 쉬어도 나아지지 않는다면 단순 감기보다는 다른 원인도 의심할 수 있어요.

가능한 원인

- 바이러스성 감염: 독감, 코로나19, 기타 상기도 감염 등. (잠만 자도 잘 낫지 않는 특징이 있을 수 있어요.)
- 세균성 감염: 편도염, 인후염 등. 목 통증이 심하고 열이 계속되면 가능성이 있습니다.
- 기타 요인: 면역력이 약해져 회복이 늦어질 수도 있습니다.

지금 권장되는 조치

1. 체온 확인: 38도 이상 오르면 해열제를 복용하는 것이 도움이 됩니다.
2. 수분 섭취 & 휴식: 미지근한 물을 자주 마시고, 충분히 쉬세요.
3. 코로나/독감 검사: 기침과 열이 동반되므로 자가진단 키트나 병원 검사를 권장합니다.
4. 병원 방문 시점:
   - 열이 3일 이상 지속되거나 오히려 오르는 경우
   - 기침이 심해져 숨쉬기 힘든 경우
   - 목 통증이 심해 음식/물 섭취가 힘든 경우

주의

지금처럼 3일 이상 회복이 없고, 목·기침 증상이 동반된 경우에는 단순 감기보다 더 큰 원인이 있을 수 있으니, 가까운 내과나 이비인후과 방문을 권합니다.

☞ 혹시 현재 기침이 심해서 숨쉬기 힘들다거나, 가슴 통증도 있으신가요?

 아니, 그렇지는 않은데, 좀 더 세부적인 내용을 확인할 수 있는 체크리스트가 있어?

좋습니다 👍
집에서 본인이 상태를 조금 더 객관적으로 확인할 수 있도록 자가 체크리스트를 드릴게요.

☑ **몸살·발열 증상 체크리스트**

1. 열 관련
   - 체온이 38도 이상으로 올라간 적이 있다.
   - 열이 3일 이상 지속되고 있다.
   - 해열제를 먹어도 효과가 짧거나 거의 없다.
2. 호흡기 증상
   - 기침이 점점 심해진다.
   - 가래가 노랗거나 초록색이다.
   - 숨이 차거나 호흡 곤란이 있다.
   - 목이 너무 아파서 음식이나 물 섭취가 힘들다.

3. 전신 증상
- 온몸 근육통, 두통이 심하다.
- 평소보다 피로가 훨씬 심하다.
- 땀을 많이 흘리면서도 기운이 안 난다.

4. 특별 주의 신호 (즉시 병원 권장)
- 가슴 통증이 동반된다.
- 기침이나 목 아픔이 갑자기 악화되었다.
- 의식이 흐려지거나 어지럼증이 심하다.
- 소변이 줄고 탈수 증상이 보인다.

✎ 어떻게 활용하면 좋을까요?

위 항목에서 여러 개가 해당되면 단순 감기보다 독감, 코로나, 세균성 편도염 등일 가능성이 커요.
- 특히 열 + 목 통증 + 기침이 3일 이상 지속 → 병원 방문 권장.
- 병원에서는 혈액 검사, 인후두 진찰, 독감/코로나 검사 등을 통해 정확히 구분할 수 있습니다.

☞ 원하시면 제가 이 체크리스트를 인쇄용 PDF나 간단한 표 형태로 정리해드릴 수도 있어요. 혹시 어떤 형식이 더 편하실까요?

사람이 몸이 좋지 않을때는 자신의 상태에 대해 객관적인 시각을 유지하기 어려운 편입니다. 그런데 이런 체크리스트를 통해 한번 확인하고 나니 병원에 빨리 가야겠다는 생각이 좀 더 확실해지더라고요. 다행히 병원 치료를 받은 후에 빨리 나을 수 있었습니다.

또 다른 사례 - 아버지의 경우

부모님 세대들은 육체적인 고통을 인내함에 있어서 뭔가 특별한 수련을 받은 사람들이 아닌가, 저는 가끔 그런 생각이 듭니다. 편찮으신 곳이 있어도 일단 좀 버텨보겠다는 경향이 있으시더라고요. 자식 입장에서 걱정이 되어 병원에 가보시라 권유를 해도 시간이 지나면 낫는다고 그냥 넘어가는 경우가 많습니다. 그런데 AI와 대화하는 건 병원에 가는 것보다 부담이 없으셨나 봅니다. 자식에게 이야기하는 것보다 AI에게 물어보는 쪽이 훨씬 편하다고 생각하신 것 같아요.

요즘 들어 허리가 자주 뻐근한 느낌을 받는데, 주로 기지개를 펴거나 허리를 펼 때 느껴져. 나이가 들어 그런가?

허리가 뻐근하게 느껴지는 건 꼭 나이 때문만은 아닐 수 있어요. 보통 아래와 같은 여러 요인들이 겹쳐서 나타나곤 합니다:

☑ **흔한 원인**

1. 근육 뭉침 / 긴장
   - 오래 앉아 있거나, 자세가 구부정할 때 허리 근육이 계속 긴장하면서 뻐근함이 생깁니다.
   - 기지개를 켤 때 뻐근한 이유도, 그동안 뭉쳐 있던 근육이 순간적으로 늘어나면서 자극을 받기 때문일 수 있어요.
2. 코어 근육 약화
   - 나이가 들면서 허리 주변 근육(복근, 등 근육, 엉덩이 근육)이 약해지면 허리에 부담이 쏠립니다.
   - 운동량이 줄어들면 더 쉽게 느껴질 수 있습니다.
3. 디스크·관절 변화
   - 연령이 올라가면 추간판(디스크) 수분이 줄어들고, 작은 관절들이 뻣뻣해집니다. 이로 인해 "뻐근하다"는 느낌이 자주 생길 수 있어요.
   - 꼭 통증이 심하거나 찌릿하지 않아도, 단순한 뻐근함으로 시작되는 경우도 있습니다.

☺ **도움이 될 수 있는 생활 습관**
   - 자세 교정: 앉아 있을 때 허리가 구부정해지지 않도록 허리를 곧게 세우는 게 중요합니다.
   - 스트레칭: 아침·저녁, 혹은 장시간 앉은 뒤 허리와 햄스트링 스트레칭을 2~3분씩 해보세요.
   - 근육 강화 운동: 플랭크, 브리지, 고양이자세(요가) 같은 가벼운 코어 운동이 허리 지지에 큰 도움이 됩니다.
   - 체중 관리: 복부 비만이 있으면 허리에 더 큰 부담이 갑니다.

🗐 **병원 진료를 고려해야 하는 경우**
   - 허리 통증이 다리까지 저리거나 당기는 통증으로 내려갈 때
   - 밤에 누우면 더 심해지거나, 아침에 일어나면 극심할 때
   - 2주 이상 지속되면서 점점 심해지는 경우

이런 경우에는 정형외과나 신경외과에서 X-ray, MRI 등을 통해 디스크나 협착증 여부를 확인해 보는 게 좋아요.

☞ 요약하면, 지금 말씀하신 "뻐근함"은 흔히 근육 긴장이나 약화에서 오는 경우가 많지만, 나이와 함께 찾아오는 퇴행성 변화도 일부 작용할 수 있습니다. 크게 심한 증상이 아니라면 생활 습관 개선으로도 충분히 호전될 가능성이 높습니다.

원하시면 제가 집에서 쉽게 할 수 있는 허리 뻐근함 완화 스트레칭 루틴을 5분짜리로 정리해드릴까요?

중간중간 통증이 강하게 올 때가 있다는 이야기를 깜빡했어.

아, 중요한 부분을 말씀해주셨어요 👍
"중간중간 강한 통증"이 있다는 건 단순한 뻐근함보다 허리 구조(디스크, 신경, 관절)와 관련 있을 가능성을 조금 더 고려해야 합니다.

📢 주의해야 할 신호
- 칼로 베는 듯하거나 찌릿한 통증이 순간적으로 오는 경우
- 허리에서 시작해 엉덩이, 허벅지, 다리 쪽으로 뻗어나가는 통증이 동반되는 경우
- 기침, 재채기, 배에 힘줄 때 통증이 심해지는 경우
- 통증과 함께 저림·힘 빠짐·감각 둔화가 나타나는 경우

이런 증상들은 추간판 탈출(디스크) 또는 신경 눌림 같은 상태에서 흔히 나타납니다.

☺ 지금 상황에서 할 수 있는 대처

1. 자세 관리
   - 허리를 구부정하게 오래 두지 말고, 오래 앉았다면 바로 일어나 가볍게 걷거나 스트레칭 하세요.
   - 무거운 물건 들 때 허리만 숙이지 말고 무릎을 굽혀서 들어야 합니다.
2. 통증 관리
   - 통증이 올 때는 억지로 기지개를 펴거나 꺾지 말고, 누워서 무릎 밑에 베개를 받쳐 허리 곡선을 편하게 만들어주세요.
   - 온찜질은 근육 긴장 완화에, 냉찜질은 급성 통증 완화에 도움이 될 수 있습니다.
3. 운동
   - 통증이 심할 땐 무리한 스트레칭이나 근력 운동은 피하세요.
   - 통증이 가라앉은 후부터 가벼운 걷기, 고양이자세, 무릎 당기기 스트레칭 정도로 시작하는 게 안전합니다.

📋 꼭 병원 진료가 필요한 경우
- 통증이 점점 잦아지거나 강도가 심해지는 경우

- 다리 저림, 힘 빠짐 같은 신경 증상이 동반되는 경우
- 밤에 통증 때문에 자주 깰 정도로 심할 때

이럴 때는 단순 근육 문제인지, 아니면 디스크나 협착증 같은 구조적 문제인지 확인을 위해 정형외과나 신경외과 진료를 권합니다.

☞ 질문드려도 될까요? 지금 느끼시는 "강한 통증"이 허리 국소적으로만 오는 건지, 아니면 엉덩이나 다리까지 뻗치는 느낌도 동반되는 건가요?
그에 따라 제가 구체적으로 "집에서 지켜볼 수 있는 상황"과 "빨리 병원 가야 하는 상황"을 나눠드릴 수 있습니다.

아버지는 이렇게 AI와 대화를 계속 이어 나가시다가 병원을 방문해야겠다 마음을 굳히셨고, 몸 상태에 대한 체크와 함께 치료를 받으셨죠. 제가 좀 더 일찍 이런 방법을 알려드리고, 좀 더 일찍 병원에 방문하셨다면 좋았을 텐데, 하는 아쉬움이 남습니다. 하지만 이제 부담 없이 답을 받을 수 있는 방법을 아셨으니 제 걱정도 줄어들겠죠.

건강 관련 질문은 구체적일수록 좋아요. 대부분 건강에 대한 질문을 할 때 막연하게 "아파요"라고만 하시더라고요. 하지만 AI에게는 조금 더 구체적으로 질문을 해야 훨씬 도움이 되는 답변을 줍니다.

막연한 질문	"배가 아파."
개선된 질문	"50대 남자야. 점심 먹고 2시간 후부터 윗배가 쥐어짜듯 아파. 변은 아침에 정상적으로 봤고, 열은 없는 것 같아."
더 나은 질문	"평소 위염 있는 50대 남자. 오늘 점심에 매운 음식을 먹고 2시간 후부터 명치 부분 쥐어짜는 통증이 있어. 속쓰림도 있고 트림이 자주 나와. 위염약을 먹어도 될까?"

AI가 나를 더 잘 도와주게 하려면 나이와 성별, 기존 질환, 복용 중인 약, 증상 시작 시기, 통증 부위와 강도, 동반 증상, 특별한 계기 등의 구체적인 정보를 줘야 합니다. 그래야 AI도 병원을 가야 할 응급 상황인지, 집에서 관리 가능한 수준인지 좀 더 세밀하게 판단해 답을 줄 수 있습니다.

나의 맞춤 검진 코치, AI

나에 맞는 정보를 찾는 가장 빠른 방법

병원에 가면 대기하는 시간에 비해 진료 시간이 짧다고 느끼는 경우가 많습니다. 진료 시간에 뭔가를 물어볼 준비조차 되어 있지 않다면 더더욱 그렇죠. 만약 여러분이 증상이나 병명을 알고 있다면, 미리 체크리스트를 준비하는 방법도 있습니다.

 지난번 검사에서 당화혈색소가 높다고 하던데, 병원에 가서 물어보면 좋은 걸 알려줘.

 병원에서 당화혈색소(HbA1c)가 높다고 들으셨다면,
다음과 같은 질문들을 준비해 가시면 도움이 됩니다.

1. 수치와 의미 확인
   - 제 당화혈색소 수치가 정확히 몇 %인가요?
   - 이 수치가 당뇨병 진단 기준에 해당하나요, 아니면 당뇨 전단계인가요?
   - 제 나이와 건강 상태에서 적정 목표 수치는 몇 %인가요?
2. 원인 파악
   - 제 식습관이나 생활습관 중 어떤 부분이 영향을 줬을까요?
   - 다른 혈액검사(혈당, 콜레스테롤, 중성지방 등) 결과와 함께 봤을 때 위험 요인이 있나요?
   - 약을 먹지 않고 생활습관만으로 조절이 가능한 단계인가요?
3. 치료 및 관리 방법
   - 지금 단계에서 약물 치료가 필요한가요? 아니면 식이·운동 관리로 조절 가능한가요?
   - 약을 시작해야 한다면 어떤 종류인지, 부작용은 어떤 게 있을 수 있나요?
   - 혈당을 낮추기 위해 구체적으로 어떤 식사법·운동을 하면 좋을까요?
4. 추적 관리
   - 혈당이나 당화혈색소 검사는 얼마나 자주 받아야 하나요?
   - 집에서 혈당을 측정해야 하나요? 한다면 어떤 기계와 방법이 좋은가요?
   - 합병증 검진(눈, 신장, 신경 등)은 언제부터 시작하는 게 좋나요?

☞ 정리하자면, "지금 제 상태가 당뇨인지, 전단계인지", "약을 써야 하는지", "생활습관에서 무엇을 바꿔야 하는지", "앞으로 관리 계획은 어떻게 세워야 하는지" 네 가지 큰 줄기로 질

문하시면 가장 알찬 상담이 될 거예요.
원하시면, 제가 이걸 A4 한 장짜리 질문 리스트로 정리해 드려서 병원에 가져가시기 쉽게 해드릴 수도 있는데, 그렇게 해드릴까요?

검사 결과 이해하기

건강검진 결과지를 받아들고 막막하셨던 경험, 다들 있으시죠? 빨간색으로 표시된 숫자들을 보며 불안한 경우들도 있습니다.

요즘은 건강검진이 많이 보편화되었는데요. 최근에는 검사 결과를 우편이나 문자로 먼저 받고, 나중에 병원에 방문해 결과에 대한 설명을 듣는 경우도 흔해졌습니다. 일단 건강검진 결과지를 받아보면 붉은색으로 된 숫자와 처음 보는 단어들이 많아 막막하고 불안하죠. 이럴 때도 AI를 통해 정보를 받을 수 있습니다.

 이런 건강검진 결과를 받았는데 무슨 뜻이야?

검사 항목 (Exam Item)	현재 결과 (Exam Result)	참고치 (Normal Range)
요당 (Glucose)	음성	음성 / 약양성 (+/-)
세균뇨 (Bacteria)	-	-
요잠혈 (Urine Blood)	음성	음성 / 약양성 (+/-)
요산도 (pH)	5.5 pH	5.0 – 8.0
백혈구 (Leukocyte)	음성	음성 / 약양성 (+/-)
유로빌리노겐 (Uro-)	음성	음성 / 약양성 (+/-)
빌리루빈 (Bilirubin)	음성	음성 / 약양성 (+/-)
아질산염 (Nitrite)	음성 (-)	음성 (-) / Not tested
케톤뇨 (Ketone Urine)	약양성 (+/-)	음성 / 약양성 (+/-)
요비중 (S.G)	1.028	1.005 – 1.030
요적혈구 (RBC)	0-1 개/H.P.F	0-1 개/H.P.F
요백혈구 (WBC)	0-1 개/H.P.F	0-1 개/H.P.F
요상피 (Epithelial)	0-1 개/H.P.F	0-1 개/H.P.F
요원주 (Cast)	Not seen 개/H.P.F	Not seen
요결정 (Crystals)	Not seen 개/H.P.F	Not seen
요단백 (Protein)	약양성 (+/-)	음성 / 약양성 (+/-)

올려주신 건강검진 소변 검사 결과를 쉽게 풀어서 설명드릴게요.

✔ 정상 범위 내 결과

- 요당(Glucose): 음성 → 당뇨 가능성 없음.
- 세균뇨(Bacteria): 없음 → 특별한 감염 소견 없음.
- 요잠혈(Urine Blood): 음성 → 소변에 피가 섞여 있지 않음.
- 백혈구(Leukocyte): 음성 → 방광염, 신우신염 같은 염증 소견 없음.
- 유로빌리노겐, 빌리루빈: 음성 → 간 기능 관련 문제 없음.
- 아질산염(Nitrite): 음성 → 세균 감염 가능성 낮음.
- 요비중(S.G): 1.028 (정상 1.005~1.030) → 정상 범위, 수분 상태 양호.
- 요적혈구(RBC), 요백혈구(WBC), 요상피세포(Epithelial): 모두 0~1/HPF → 정상.
- 요원주(Cast), 요결정(Crystals): Not seen → 특별한 이상 없음.
- 요산도(pH): 5.5 (정상 5.0~8.0) → 약산성, 정상 범위.

📢 주의가 필요한 부분

- 케톤뇨(Ketone): 약양성(±)
  → 케톤은 지방이 분해될 때 생기는 물질이에요. 보통 공복이 길거나, 탄수화물 섭취가 부족하거나, 다이어트 중일 때도 나타날 수 있고, 드물게 당뇨 조절이 잘 안될 때도 보입니다.
- 요단백(Protein): 약양성(±)
  → 소변에 단백질이 아주 소량 섞여 있다는 뜻입니다. 원인으로는 격한 운동 직후, 탈수, 스트레스, 일시적인 신장 반응 등도 있고, 반복적으로 계속 나오면 콩팥 질환 가능성을 확인해봐야 합니다.

☞ 정리

- 전반적으로 대부분 정상이에요.
- 케톤(±), 단백뇨(±)가 나왔는데, 이는 일시적일 수도 있으니 크게 걱정할 필요는 없습니다.
- 다만, 같은 결과가 반복적으로 나오거나(특히 단백뇨), 피로·부종·체중변화 같은 증상이 동반된다면 신장 관련 추가 검사를 해보는 게 좋아요.
- 평소 수분을 충분히 섭취하고, 과격한 운동 직후에는 검사를 피하는 게 좋습니다.

혹시 최근에 다이어트 중이시거나 공복 상태에서 검사하신 건가요? 그게 케톤(±)의 가장 흔한 원인이에요.

나만의 건강 관리 루틴 만들기

내 상황에 맞는 운동과 식단법

"운동해야지!" 매년 작심삼일로 끝나는 분들, 헬스장 등록하고 한 달도 안 가보신 분들, 그 비싼 퍼스널 트레이닝을 등록해놓고 안 나가는 분들, 많으시죠? 저도 그런 사람이었습니다. 불규칙한 식습관에 야식을 즐기며 살다 보니 어느새 제 몸무게는 105kg이라는 수치를 찍었습니다.

자연스럽게 이런저런 다이어트 비법을 찾아다니게 되더라고요. 하지만 체중을 줄이는 데 계속 실패했고, 제게 맞는 루틴을 찾는 게 참 어렵다고 느꼈습니다. 그 상태가 3~4년 정도 지속되다 보니 사실상 포기 상태이긴 했습니다.

그러다가 AI를 이용해 다이어트 코치 역할을 좀 받아보면 어떨까 싶어 가볍게 물어본 질문이 시작이었습니다. AI를 어떻게 하면 좀 더 삶에 녹여낼 수 있을까, 한창 찾아보고 있던 때이기도 하거든요. 결론부터 말씀드리면, 저는 체중 감량에 성공했습니다.

(좌) 2024년 8월 / (우) 2025년 8월

당시 제가 AI와 대화한 내용을 재구성해 공유합니다.

나는 컴퓨터를 활용하는 직업이다 보니, 오랫동안 앉아 있는 습관을 가지고 있어.
하루에 10~12시간 정도 컴퓨터 앞에 앉아 있는 것 같고, 현재 몸무게는 105kg 정도 돼.
건강을 위해서 체중을 줄여야 하는 상황이야.
오랫동안 이런 사이클로 살아왔다 보니, 현재 내 상황에서 갑작스럽게
너무 많은 것이 변하면 오랫동안 하지 못할 것 같아서 걱정 돼.
어떻게 하면 꾸준하게 계속해서 체중을 줄여나갈 수 있을까?
현재 계절은 여름이고, 1년 정도 꾸준히 할 수 있는 방안을 알려줘.
계절별로. 대한민국은 월별로 행사가 있는 달이 있어. 가장 가까운 건 추석인데,
그때가 오면 또 많이 먹게 될까 봐 걱정이 돼.
이런 부분들에 대해서도 함께 체크해서 대비할 방법을 알려줘.

105kg이라는 체중과 오랫동안 앉아 있는 습관, 그리고 컴퓨터 이용 중심의 직업 특성을 고려하면 **극적인 변화**보다 '**작은 변화의 누적**'이 핵심입니다. 아래 당신의 현재 상황에 맞는 **1년짜리 체중 감량 플랜**을 계절별로, 현실적으로 제안드릴게요.

1. 기본 원칙 - 무너뜨리지 말아야 할 5가지

1. "지속 가능성 > 완벽함"
   → 하루 1%의 변화도 누적되면 커다란 체중 감량으로 이어집니다.
2. 식사 중간에 '기분 전환 루틴' 넣기
   → 밥을 반쯤 먹고 좋아하는 게임, TV 잠깐 본 뒤 다시 먹으면 **과식을 줄일 수 있음**.
   → 이는 보상 심리 억제, 포만감 반영 지연 효과를 유도해 줍니다.
   → 실제로 '속도 조절 식사법'은 다이어트 심리학에서도 효과가 입증된 전략입니다.
3. 운동보다 먼저 '앉은 시간을 줄이기'
   → 운동 전 루틴으로서 **30분마다 3분 일어나기**, 점심/저녁 후 산책 10분 등을 적용해보세요.
4. 계절별 이벤트에 대비한 '예방 전략' 필수
   → 예: 추석엔 "먹는 날 전후에 소식하기"나 "당일엔 아침 굶고 시작" 등 현실적인 조율.
5. 몸무게보다 루틴 체크에 집중
   → "이번 주에 산책을 4일 했는가?", "물은 충분히 마셨는가?"처럼 **행동 기반 지표**를 관리하세요.

2. 1년 플랜 - 계절별 맞춤 전략

여름 (6~8월): "습관 형성기"
- **목표**: 식사 속도 조절, 물 2L 마시기, 앉은 자세 시간 줄이기
- **실천 포인트**:

- 식사 루틴 실험: 밥 반 먹고 TV 15분 → 나머지 식사
- 주 3회 15분 저강도 산책부터 시작
- 시원한 제로칼로리 음료로 간식 대체 (과자 대신 제로콜라+닭가슴살 슬라이스)

☺ 가을 (9~11월): "진짜 시작기"
- **추석 대처:**
  - 전날은 간단하게 먹기 + 물 충분히 마시기
  - "추석엔 그냥 맛있게 먹고, 그 다음 날 가볍게 걷자"는 태도 유지
  - 명절 음식 포장 시, 일부러 덜 받아오기 전략도 좋음
- **추가 루틴:**
  - 서서 일할 수 있는 환경이 된다면 스탠딩 데스크 1시간/일 도입
  - 주 1회만 단백질 위주 식단 시도 (예: 삶은 계란, 두부, 닭가슴살, 채소 등)

❄ 겨울 (12~2월): "최대 위기 대응기"
- 추운 날씨 → 활동량 급감 → 감량 속도 유지 어려움
- **대책:**
  - 스트레칭 유튜브 루틴 5분짜리 하루 2회
  - 뜨끈한 국물 요리는 채소+단백질 위주 (칼국수 대신 우거지탕 등)
- **연말회식 대비:**
  - 술은 1~2잔까지만. 안주는 단백질 선택
  - 전후 하루는 칼로리 조절로 균형

❀ 봄 (3~5월): "보상기 & 가속기"
- 이 시기부터 체중 변화가 본격적으로 보이기 시작
- 복장이 얇아지니 동기부여도 증가
- **전략:**
  - 평일엔 절제, 주말엔 보상 '허용된 과식' 하루 도입
  - 걷기 거리 늘리기 목표 설정 (ex. 하루 5,000 → 7,000보)

📋 3. 요약 플랜표

시기	핵심 목표	위험 요소	대응 전략
여름	루틴 만들기	더위, 낮은 활동성	식사 속도 조절, 제로 음료, 짧은 산책
가을	식단/운동 첫 도입	추석 폭식	전후 조절식, 일부러 덜 받기
겨울	습관 유지	추위, 연말회식	실내 스트레칭, 저칼로리 국물, 회식 전후 조절
봄	결과 가속화	지루함, 자만	걷기 증가, 주말 보상 허용

🗣 보너스 팁: "루틴 유지 앱 & 장치"

앱 추천:
- Zero – 간헐적 단식 추적
- [WaterMinder] – 물 섭취 관리
- [카카오톡 알림봇] – 30분 앉아있으면 일어나라고 리마인드

장비 추천:
- 스탠딩 데스크 (높이 조절형)
- 인바디 체중계 (수치보단 루틴 확인용)

프롬프트 크리에이터님,
지금 가장 중요한 건 "무조건 하자"보다 "이건 나한테 맞는다"는 감각을 찾는 겁니다. 혹시 **매달 체크리스트나 달력형 루틴표**를 만들어드리면 도움이 될까요? 원하시면 제작해드릴게요.

🧑 식단표도 짜줄 수 있어? 요리는 귀찮아서 잘 해 먹지 않아.
컵라면 같은 것을 자주 먹고, 치킨이나 단것을 먹으면서 스트레스를 푸는 경향도 있어.

🤖 그렇다면 프롬프트 크리에이터님께 맞는 식단의 핵심은:
✔ "요리 안 해도 되고, 준비는 3분 이내, 먹고 나면 죄책감 없음"입니다.
이 기준을 바탕으로 편의점/배달/마트 식재료 기반의 다이어트 식단표(현실형)을 구성해드릴게요.
✔ 다이어트식은 아니지만,
✔ 현실적인 체중 감량이 가능한 구성입니다.

🍽 기본 식단 원칙 (프롬프트 크리에이터님 버전)

구분	내용
식사 횟수	하루 2식 기준 (현재 식사 패턴 유지)
준비 시간	식사당 3분 이내
패턴	"주 5일 건강하게 + 주말은 적당히 보상" 구조
단백질	편의점/배달로 해결 가능한 고단백 옵션 사용
제한 없음	라면, 치킨, 단 음식은 '제한'이 아니라 '계획된 허용'

📋 현실형 다이어트 식단표 (요리 NO, 간편식 OK)

🕐 평일 (월~금) 식단 - 하루 2식 기준

시간	식사	예시 구성	비고
점심	고단백 간편식 + 탄수화물 소량	[GS] 닭가슴살 도시락 + 컵밥 1/2 + 두유	3분 조리
저녁	배달 or 마트 간편식 구성	순살 치킨 5조각 + 양배추 샐러드 + 제로콜라	치킨 OK (양 조절)

🍹 간식 (선택)

스트레스 받을 때는 "계획된 당"으로 대체
- ✔ 프로틴 초코볼 (랭킹닭컴/헬스장 제품 등)
- ✔ 편의점 단백질바 or 파우치
- ✔ 얼음 + 제로콜라 + 레몬즙 = 기분전환 음료

🍽 주말 허용식 전략 (토~일)

토요일: 자유식 1회 (치킨/짜장면 OK)
→ 단, 다음 끼니는 미숫가루 + 삶은 계란 조정
일요일: 컵라면 가능 (단백질 곁들이기)
예: 진라면 + 편의점 반숙란 2개 + 김치

🏪 편의점/마트에서 추천하는 식사 구성품

카테고리	추천 제품 (예시)	이유
단백질	닭가슴살 스틱, 삶은계란, 연두부, 고단백 두유	포만감 높고, 요리 불필요
탄수화물	삼각김밥 1개, 컵밥 반만, 현미밥 파우치	칼로리 적당함
식이섬유	양배추 샐러드, 곤약젤리, 생당근 컵	장 건강 유지
음료	제로콜라, 탄산수, 미숫가루, 무가당 두유	갈증·단맛 충족

🍜 라면/치킨/단 음식 관리 팁

상황	대체 or 전략
라면이 너무 당길 때	컵라면 + 반숙란 2개 + 양배추 샐러드
치킨 시킬 때	순살로 소량 + 샐러드 곁들이기 + 소스 절제
단 게 필요할 때	프로틴 초코바, 바나나, 아몬드 초콜릿 3알

☞ 중요한 건 "먹지 말기"가 아니라, "먹는 방법을 바꾸기"입니다.

☞ 원하신다면?

- 1주일치 자동 반복되는 식단 캘린더
- 편의점용 장보기 리스트 PDF
- 야식/회식용 '긴급 대체식' 가이드

이 중 어떤 게 있으면 더 편할까요? 원하시는 조합 말씀주시면 만들어드릴게요.

저는 당시 GPT 4o 모델을 사용 중이었는데, 처음에는 그저 그런 대답을 하고 있구나 생각하고 피상적으로 물어봤습니다. 그런데 차근차근 읽어보다가 한 가지 특이한 대답을 발견했어요.

식사 중간에 '기분 전환 루틴' 넣기
→ 밥을 반쯤 먹고 좋아하는 게임, TV 잠깐 본 뒤 다시 먹으면 과식을 줄일 수 있음.

이렇게 답변한 부분이었는데요. 식사 중에 기분 전환 루틴을 넣는다는 발상이 신선하게 다가왔습니다. 하지만 선뜻 실행하기는 어려운 일이라고 생각했는데요. 일반적으로 가족과 함께 식사를 하다 말고 갑자기 TV를 본다거나 게임을 하러 가는 건 예의에 어긋나는 일이 될 수 있으니까요. 하지만 흥미가 생겨 이 부분에 대해 다시 물어봤죠.

Reply: [식사 중간에 '기분 전환 루틴' 넣기]
밥을 먹다가 중간에 멈추고 내가 좋아하는 걸 하러 가라고?
뭔가 식사 예의가 아닌 것 같은데 괜찮을까?

정말 좋은 질문이에요.
"식사 중간에 멈추는 것"은 전통적인 식사 예절 관점에서는 다소 어색하게 느껴질 수 있지만, 현대의 식습관 관리, 특히 다이어트를 위한 행동심리 전략으로는 아주 효과적인 방법 중 하나입니다. 아래에 이유와 근거를 정리해볼게요.

❋ 왜 식사 중간에 멈추는 게 도움이 될까?

1. '포만감 신호'는 늦게 온다
   - 뇌가 "배불러"라고 느끼는 데는 약 15~20분의 시간 지연이 있어요.
   - 그래서 빨리 먹으면 이미 과식한 뒤에야 포만감을 느낌.
   - 중간에 잠깐 멈추면 이 신호를 기다리는 여유를 줄 수 있음.

2. 보상심리를 줄여준다
- "맛있는 거 못 먹으면 스트레스" → 오히려 더 폭식하게 되는 이유
- 좋아하는 게임/유튜브/음악 같은 비식사 보상을 식사와 분리하면
  → 음식 자체에 과한 보상 기대를 덜게 됩니다.
- "먹고 기분 전환"이 아니라, "기분 전환 후 먹기"로 전환하는 효과

3. 행동 인식 트리거로 작용
- 예를 들어 밥을 반쯤 먹고 티비를 잠깐 보면:
  - 다시 밥상에 왔을 때 "내가 이미 좀 먹었었지"라는 인지 리셋이 일어나요.
  - → 자연스럽게 과식을 줄일 수 있음.

☺ 예의 차원에서 걱정된다면 이렇게 실천해보세요

고민	해결 방법
식사 예절 위배 같아서 꺼려짐	혼자 있을 때만 시도하거나, '식사 중 잠깐 명상'처럼 리브랜딩
식사 도중 자리 뜨는 게 어색함	자리에서 안 떠도 OK. 게임은 안 하더라도 멍때리기/ 유튜브 1개 시청/타이머 5분 같은 짧은 휴식 가능
먹다 말면 식사 흐름 끊길까 걱정	오히려 식사에 '선택적 집중'을 도와줌. 끊겼다기보단 의도적으로 식사 속도를 조절한 것이라고 보면 돼요

🎵 이렇게 생각하면 편해요
"밥 먹는 걸 잠깐 멈추는 건 무례한 게 아니라, 내 몸한테 예의를 갖추는 거야."

혹시 더 자연스럽게 실천할 수 있도록 **5분용 미션카드** 형태로 만들어드릴까요?
예를 들면:
- "식사 중간에 일어나서 창밖 보기 2분"
- "남은 밥을 '리필'처럼 생각하고 다시 앉기"

같은 걸로요. 말씀만 주시면 바로 제작해드릴게요!

이 대화는 제 사고방식의 변화를 가져왔습니다. 어쩌면 제가 기존 사고의 틀에 매여 이런 생각을 못하고 있었나 하는 생각이 들었어요.

앞서 이야기드린 것처럼, 갑자기 식사를 멈추고 자리를 떠나는 건 식사 예절에 어긋나는 행동일 수 있습니다. 하지만 주변의 양해를 미리 구한다면 또 못할 일도 아니죠. 아마 AI이기 때문에 이런 대답을 했을 거라고 추측합니다만, 이 대답은 제게 굉장히 많은 영감을 줬습니다.

이 대화 이후 실제 몇 달간은 식사를 하다가 중간에 멈추고 TV를 보거나, 게임을 하거나, 책을 읽거나, 샤워를 한 후 다시 식사를 했습니다. 평소 제가 좋아하는 일들이다 보니 거부감도 덜했어요. 이후에도 저는 제게 맞는 방법들을 더 찾아냈고, 그 방법들도 중간중간 AI의 코칭을 통해 제 라이프 스타일에 맞춰나갔습니다. 아래는 저의 인바디 체중 수치, 1년 동안의 정량적인 결과물입니다.

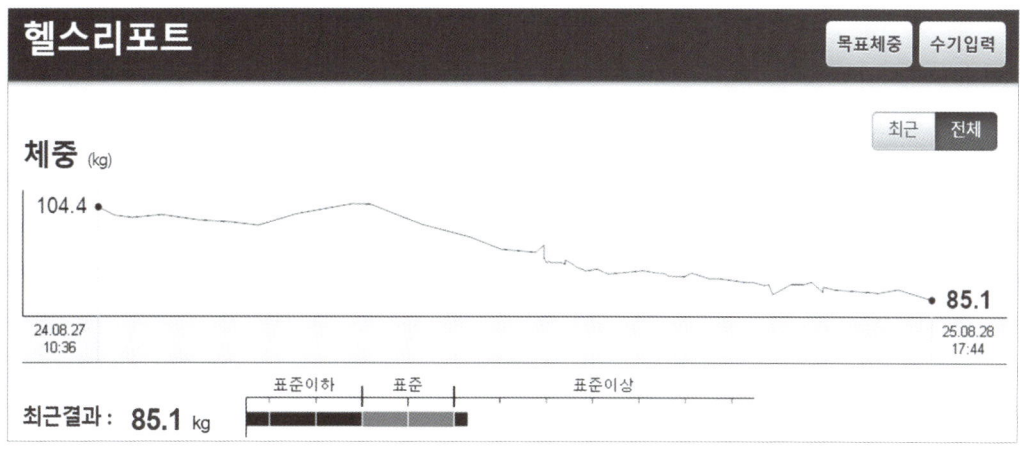

2024~2025 인바디 체중 수치

제 경험담을 통해 말씀드리려는 건, AI가 여러분의 상태를 체크하면서 맞는 의견을 내려고 최대한 노력한다는 것입니다. 세상에 수많은 건강 관리 루틴이 있지만, 결국은 나 자신에게 맞아야 꾸준히 그리고 효과적으로 할 수 있다는 사실을 깨닫게 됐고, 그런 상황을 만드는 데 AI가 많은 도움을 줄 수 있다는 것입니다.

계절별 건강 관리

앞서 저의 체중 감량 예시를 들 때 계절별 내용을 이야기한 적이 있습니다. 이걸 약간만 변형하면 여러분도 나만의 계절별 건강 관리용 수칙을 세우실 수 있을 거예요.

계절별 건강 주의 사항을 알려줘. 나는 현재 60대 남성이야. 이전에 낙상 사고를 당한 적이 있어서 허리가 좋지 않아. 이제 겨울이 오는데, 어떤 것을 주의하면 될까?

 좋은 질문이에요. 겨울철은 특히 60대 이상 남성분들에게 주의할 점이 많습니다. 이전에 낙상 사고와 허리 문제를 겪으셨으니, 계절별 건강 관리 포인트를 정리해드릴게요.

❄ 겨울철 건강 주의 사항
1. 낙상 예방
   - 눈길·빙판길에서 미끄러질 위험이 큽니다. 미끄럼 방지 기능 있는 신발을 착용하세요.
   - 집 안에서는 양말보다는 바닥 마찰력이 있는 실내화가 안전합니다.
   - 조명이 어두운 현관·복도·화장실에 간접등을 설치해 두는 것도 도움이 됩니다.
2. 허리 보호
   - 외출 전에는 간단히 스트레칭으로 허리 근육을 풀어 주세요.
   - 무거운 물건을 들지 말고, 허리를 굽히기보다 무릎을 굽혀 앉았다 일어나는 자세를 유지하세요.
   - 방한을 위해 너무 두꺼운 옷을 여러 겹 겹치면 움직임이 둔해져 균형을 잃기 쉽습니다. 가볍고 보온성 좋은 옷을 선택하세요.
3. 체온 유지와 혈관 건강
   - 추위는 혈압을 올리고 심혈관 질환 위험을 증가시킵니다. 외출 시 목도리·장갑·모자를 꼭 착용하세요.
   - 집 안에서도 실내 온도는 20도 전후로 유지하고, 갑작스러운 온도 변화(예: 찬 화장실로 바로 들어가는 경우)를 피하세요.
4. 면역력 관리
   - 비타민 D 부족이 심해지기 쉬우니 햇볕을 받거나, 필요 시 의사와 상담 후 보충제를 고려하세요.
   - 겨울철 호흡기 감염 예방을 위해 손 씻기, 가습기 사용(습도 40~60%)도 중요합니다.

✿ 봄철 건강 주의 사항
   - 꽃가루 알레르기, 미세먼지에 대비해 외출 시 마스크를 착용하세요.
   - 기온 변화가 커서 혈압 변동이 생기기 쉬우므로 과로를 피하고, 충분한 수분을 섭취하세요.

✿ 여름철 건강 주의 사항
   - 더위로 탈수와 어지럼증(낙상 위험 증가)에 주의하세요. 물을 조금씩 자주 마시고, 카페인·알코올은 줄이는 것이 좋습니다.
   - 장시간 냉방기 사용은 관절과 허리에 부담을 줄 수 있으니, 직접 바람을 쐬지 말고 실내외 온도 차를 5도 이상 두지 마세요.

✿ 가을철 건강 주의 사항
- 일교차가 커서 호흡기 질환과 관절통이 잘 생깁니다. 가벼운 겉옷을 챙겨 체온을 조절하세요.
- 겨울을 대비해 낙상 방지를 위한 근력 운동(예: 가벼운 아령, 밴드 운동, 걷기)을 시작하기 좋은 시기입니다.

☞ 정리하자면,
겨울에는 '낙상 예방 + 허리 보호 + 체온 유지'가 가장 중요한 핵심 포인트입니다.
원하시면 제가 겨울철 맞춤형 스트레칭과 낙상 예방 운동 루틴을 간단히 정리해드릴까요?

이런 대화만으로도 여러분의 생활 습관을 개선할 수 있고, 그 혜택은 고스란히 여러분께 돌아갈 수 있습니다.

영양제, 이것저것 다 먹어야 할까요?

이야기가 나온 김에 하나 더 말씀드려보겠습니다. 저희 가족들도 나이가 들어갈수록 집에 영양제가 한 통씩 늘어나더라고요. 제가 처가에 종종 연락을 드리는데, 장모님께서 저희 부부의 건강을 자주 챙겨주십니다. 당연히 영양제 이야기도 있죠.

"비타민D가 좋다더라. 오메가3도 먹어야 한다더라. 유산균도 필요하고…."

장모님이 직접 영양제를 사주시기도 하고, 말씀을 들으면서 하나둘 구입하다 보니 이제는 영양제만으로도 배가 부를 것 같습니다. 하지만 아시다시피 영양제를 무조건 많이 먹는다고 좋은 것도 아니고, 함께 먹으면 안 되는 것도 있습니다. 이런 경우에도 AI는 좋은 건강 러닝 메이트가 되죠.

저는 저희 가족이 먹고 있는 영양제를 촬영해서 AI에게 전달했고, AI는 그 이미지를 읽으면서 정리를 해줬습니다. 이 외에도 개인적인 건강 정보를 물어보았고, 병원을 방문해 영양제에 대해 좀 더 세부적인 사항을 들을 수 있었습니다. 필요한 영양제와 불필요한 영양제를 구분해서 먹게 된 것이죠.

지금 먹고 있는 영양제 사진이야. 이게 나한테 다 필요한지, 중복되는 건 없는지 확인해줘.

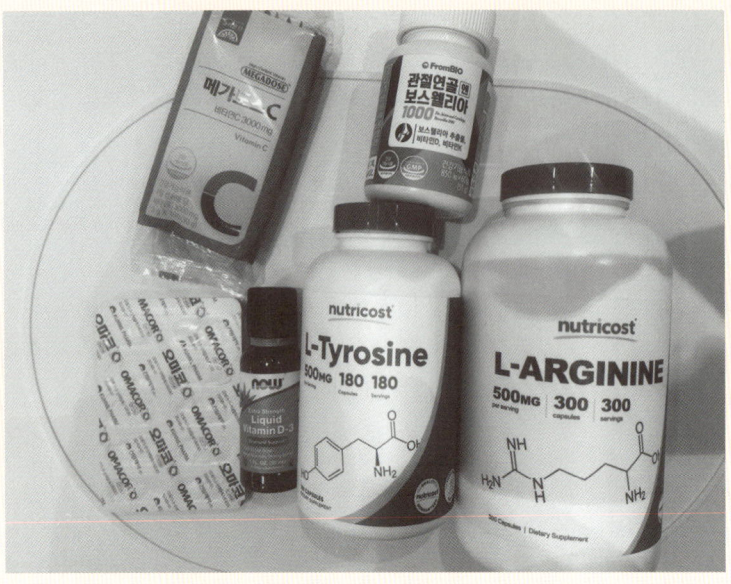

 사진 속 영양제를 정리해드리면 다음과 같습니다:

현재 드시는 영양제 목록

1. 비타민 C (3000mg, 메가도스)
    - 고용량 비타민 C.
    - 면역, 항산화, 피로 회복 목적으로 주로 섭취.
2. 오메가-3 (OMACOR)
    - 고순도 오메가-3 (EPA+DHA).
    - 심혈관 건강, 혈중 중성지방 조절에 도움.
3. 액상 비타민 D3 (NOW, Extra Strength)
    - 골밀도, 면역에 중요.
    - 한국인은 대부분 비타민 D 부족 경향이 있어 보충이 유용.
4. FromBIO 관절연골엔 보스웰리아 1000
    - 보스웰리아(항염 효과 기대), 비타민D, 비타민K 함유.
    - 관절 및 뼈 건강 보조용.
5. L-Tyrosine (500mg)
    - 아미노산.
    - 집중력, 기분 개선, 스트레스 대응에 도움될 수 있음.
6. L-Arginine (500mg)

- 아미노산.
- 혈류 개선, 운동 퍼포먼스, 남성 건강 관련 보조.

중복 여부 확인
- 비타민 D:
  - 액상 비타민 D3와 관절연골 보스웰리아 제품 모두 포함되어 있음 → 중복됨.
  - 다만 관절 제품의 비타민 D는 보조적(함량 낮음)이고, 액상 비타민 D가 메인 역할.
  - 굳이 둘 다 챙길 필요는 없지만, 보스웰리아를 관절 목적이라면 그대로 유지 가능.
- 비타민 C: 단일제만 있어서 중복 없음.
- 오메가3: 단일제만 있어서 중복 없음.
- 아미노산(L-Tyrosine, L-Arginine): 기능이 다르므로 중복 아님.
- 보스웰리아: 다른 제품과 중복 없음.

필요성 검토
- **필수적으로 유지해도 좋은 것**: 비타민 D, 오메가3, 비타민 C.
- **상황에 따라 선택적**: 보스웰리아(관절 통증/염증이 있다면), L-Tyrosine(집중력/스트레스 목적), L-Arginine(운동 전·남성 건강 목적).
- **주의할 점**:
  - 비타민 C 3000mg은 하루 섭취량이 꽤 높아(권장량 100mg의 30배) → 속쓰림, 설사 가능. 분할 복용 권장.
  - 오메가3는 혈액 응고에 영향을 줄 수 있어 수술 전후·혈액 희석제 복용 중일 때 주의.
  - 아르기닌은 위장장애(속쓰림, 설사) 유발할 수 있음.

☞ 정리하면, **비타민 D는 중복**이라서 액상 제품만 유지하고, 보스웰리아는 "관절 목적"일 때만 추가적으로 드시면 됩니다. 다른 성분은 중복은 없지만, 필요성과 목적을 고려해 선택적으로 조절하시면 돼요.
혹시 제가 사용자님의 목적(예: 체중 관리, 운동, 면역 강화 등)에 맞춰 꼭 필요한 것만 추려드릴까요?

가족들의 건강 상태별로 혹시 먹으면 안 되는 게 있을까?
나는 60대 여성이고, 따로 복용하는 약은 없어.

좋은 질문이에요 👍
지금 드시는 영양제는 기본적으로 건강한 60대 여성이 약을 따로 복용하지 않는다면 크게 위험하진 않지만, 몇 가지 주의사항은 꼭 아시는 게 좋아요.

현재 영양제별 주의사항

1. 비타민 C (3000mg 메가도스)
   - 위장장애: 하루 2,000mg 이상 섭취하면 설사, 속쓰림, 복부팽만이 생길 수 있어요.
   - 신장 결석: 신장에 결석(특히 칼슘 옥살레이트 결석) 이력이 있다면 고용량 비타민 C는 위험할 수 있습니다.
   ☞ 분할 복용하시고, 물을 충분히 드시는 게 좋아요.

2. 오메가-3 (OMACOR)
   - 혈액 응고 억제 효과가 있어서, 만약 앞으로 아스피린, 항응고제(와파린 등)를 복용하게 된다면 출혈 위험이 커질 수 있습니다.
   - 수술 예정이 있다면 최소 2주 전 중단 권장.

3. 비타민 D3 (액상) & 관절연골 보스웰리아 제품 (비타민D 포함)
   - 비타민 D는 칼슘 흡수 증가 → 고칼슘혈증 위험이 있습니다.
   - 고칼슘혈증 증상: 구역, 구토, 변비, 근육 약화, 부정맥.
   - 하지만 현재 복용량만 보면 크게 과다 가능성은 낮아요.
   - 신장 질환, 혈중 칼슘 높은 병력이 있으면 꼭 주의해야 합니다.

4. 보스웰리아
   - 일반적으로 안전성이 높은 편.
   - 하지만 혈액응고 억제 작용이 있을 수 있어서 오메가3와 함께 복용하면 출혈 위험이 더 커질 수 있음.

5. L-Tyrosine (아미노산)
   - 갑상선 질환(특히 갑상선 기능항진증)이 있는 경우 주의.
   - 티로신은 갑상선 호르몬의 원료라서, 이미 호르몬이 과다한 사람에겐 악영향 가능.
   - 고혈압, 불안·불면 증상이 심한 분도 조심하는 게 좋아요.

6. L-Arginine (아미노산)
   - 저혈압이 있는 경우 혈압을 더 낮출 수 있어요.
   - 심혈관 질환이 있는 경우, 의사 상담이 필요합니다.
   - 위장장애(속쓰림, 설사) 부작용도 잦은 편.

요약
   - 큰 금기사항은 없지만 가족 건강 상태(특히 심장·혈압·갑상선·신장)에 따라 조절이 필요합니다.

- 지금처럼 약을 복용하지 않는 건강한 60대 여성이라면 전반적으로 복용 가능하되:
  1. 비타민 C는 1회량을 줄여 분할 복용 권장
  2. 오메가3 + 보스웰리아 = 출혈 경향 확인
  3. 갑상선 질환이 있다면 L-tyrosine 피하기
  4. 혈압이 낮다면 L-arginine 주의

☞ 혹시 가족분들 중에 혈압·당뇨·심장·갑상선·신장 질환 있으신 분도 같이 드시나요?
있다면 각각에게 맞는 조합을 더 구체적으로 정리해드릴게요.

생성형 AI로 마음을 돌보는 법

현대 사회에서 마음 건강은 더 이상 선택이 아닌 필수입니다. 빠른 변화, 끝없는 경쟁, 늘 연결되어 있는 디지털 환경 속에서 우리는 쉽게 지치고 불안을 느낍니다. 이런 상황에서 생성형 AI는 단순한 기술을 넘어 마음을 돌보는 새로운 도구가 될 수 있습니다.

앞서 사례들을 보셨다시피, 생성형 AI의 가장 큰 장점은 언제든지 말을 걸 수 있는 존재라는 점입니다. 마음이 답답할 때 짧게라도 말을 건네보세요. AI는 즉각 반응하며 생각을 정리하도록 도와줍니다. 이는 일기장에 마음을 털어놓던 경험과 비슷하지만, 상호 작용할 수 있는 일기장이라는 점에서 한층 더 확장된 방식이라 할 수 있죠.

안타깝게도 당신은 지금 불타고 계십니다

최근 들어 우리가 자주 접하는 단어가 있죠. 바로 '번아웃'입니다. 정확한 명칭은 '번아웃 증후군(Burnout Syndrome)'으로 에너지를 전부 소진해 아무것도 하고 싶지 않은 상태, 즉 정신적 탈진을 의미합니다. 흔히 직장인들이 많이 겪는다고 알려져 있지만, 이제는 개인 사업가와 주부, 학생, 심지어 은퇴한 이들도 겪는 보편적 현상이 되었습니다.

번아웃은 삶을 너무 열심히 살아서, 숨쉴 틈 없이 살다가 마주치는 경우가 많다고 합니다. 어쩌면 이런 분들은 쉬지 않고 자신의 모든 연료를 태워버려 더 이상 자신의 마음에 불을 지필 연료가 부족한 상황이 아닐까 싶어요. 이 상황이 어려운 이유는 모든 에너지가 부족해 누구와도 이야기하고 싶지 않은 상태이기 때문입니다. 이럴 때는 누군가와 대화를 시도하는 것조차도 부담이 될 수 있지요. 바로 이 지점에서 생성형 AI는 새로운 가능성을 열어줍니다. 언제든 어떤 내용이든 가볍게 털어놓을 수 있는 상대가 되어주기 때문입니다.

삼성카드 광고 중에서

 요즘 너무 무기력해. 쉬고 휴가를 갔다 왔는데도 더 피곤하고… 뭐가 문제일까?

 휴가도 다녀왔는데 오히려 더 피곤하다면, 단순한 휴식 부족보다는 다른 요인이 작용했을 가능성이 커요. 몇 가지 대표적인 원인을 정리해 드릴게요.

1. 신체적인 요인
    - 수면의 질: 휴가 때 생활 리듬이 흐트러지면, 오히려 일상으로 돌아왔을 때 더 피로를 느낄 수 있어요.
    - 영양과 운동 부족: 불규칙한 식사나 활동량 저하가 체력 회복을 방해합니다.
    - 건강 문제: 갑상선 기능 저하, 비타민 D 부족, 빈혈, 혈당 문제 같은 것도 무기력의 원인이 될 수 있어요.
2. 정신적인 요인
    - 휴가 후 스트레스 리바운드: 휴가 동안 쌓인 피로는 풀렸는데, 다시 업무·생활 스트레스에 부딪히면서 더 무겁게 느껴질 수 있어요.
    - 번아웃: 몸이 아니라 마음이 지쳐 있는 상태라 단순히 쉬는 것만으로 회복되지 않을 때가 많습니다.
    - 우울감: 무기력, 흥미 상실, 집중력 저하 등이 2주 이상 이어진다면 우울증 신호일 수도 있

어요.
3. 생활 패턴 관련
   - 회복 없는 휴식: 휴가 중에도 이동·일정이 빡빡하면 오히려 피로가 누적됩니다.
   - 일상 적응 어려움: "현실로의 복귀 스트레스" 때문에 에너지가 더 빨리 고갈되기도 합니다.

✔ 지금 해볼 수 있는 것들
   - 하루 수면 패턴을 일정하게 맞추기
   - 가벼운 운동(산책, 스트레칭)으로 몸을 깨우기
   - 단 음식, 카페인 과다 섭취 줄이고 단백질·채소 위주 식사하기
   - 아침 햇볕 쬐면서 기분 리셋하기

🚧 주의할 점
무기력이 2주 이상 지속되거나, 아무것도 하기 싫고 의욕이 사라지는 정도라면 단순 피로가 아니라 건강 신호일 수 있으니 병원 검진을 권해요.
 혹시 원하시면, 제가 자가 체크리스트처럼 "지금 내 무기력이 피곤 때문인지, 번아웃 때문인지, 아니면 건강 문제 때문인지" 구분할 수 있는 간단한 질문지를 만들어드릴까요?

좋은 거 같아. 체크리스트를 좀 만들어줄래?

좋습니다 👍
지금 느끼는 무기력의 원인을 조금 더 구체적으로 가려볼 수 있는 간단 체크리스트를 드릴게요. 아래 질문에 "예/아니오"로 답하면서 패턴을 확인해 보시면 됩니다.

😊 무기력 체크리스트
1. 신체적 요인 점검
   - 최근 2주 이상 7시간 이상 자도 개운하지 않다
   - 밤에 자주 깨거나, 아침에 너무 힘들게 일어난다
   - 평소보다 체중 변화(갑작스런 증가/감소)가 있다
   - 밥맛이 없거나, 식사 후에도 쉽게 피곤하다
   - 두통, 어지럼증, 잦은 근육통이 있다

☞ 2개 이상 해당하면 건강검진(혈액 검사, 갑상선, 비타민 D 등)을 고려하세요.

2. 정신적 요인 점검 (스트레스/번아웃)
   - 하고 싶은 게 없어지고 의욕이 잘 안 난다

- 일상적인 일(출근, 집안일)이 과하게 버겁게 느껴진다
- 집중이 잘 안 되고, 사소한 실수가 잦아졌다
- "내가 뭘 해도 소용없다"는 허무감이 자주 든다
- 휴가나 쉬는 시간에도 마음이 전혀 편해지지 않았다

☞ 2개 이상 해당하면 번아웃이나 정신적 피로 가능성이 큽니다.

---

3. 우울감/정서적 신호
- 슬픔이나 공허감이 하루 절반 이상, 2주 이상 이어진다
- 좋아하던 활동에서 흥미가 완전히 사라졌다
- 수면·식사 패턴이 심하게 무너졌다
- 자존감 저하(나는 가치 없다, 못한다는 생각)에 자주 빠진다
- 미래에 대해 희망보다는 불안/절망감이 강하다

☞ 2개 이상 해당하면 전문가 상담을 권장합니다.

---

4. 생활 패턴/환경적 요인
- 휴가나 쉬는 시간에도 계속 스마트폰/업무 메일을 확인했다
- 휴가가 이동·약속·일정으로 꽉 차서 오히려 지쳤다
- 햇볕을 잘 못 쬐고, 주로 실내에만 있었다
- 규칙적인 운동이나 취미 활동을 한 달 이상 못 했다
- 하루 루틴(수면·식사·운동)이 들쭉날쭉하다

☞ 2개 이상 해당하면 생활 습관 조정으로도 많이 좋아질 수 있습니다.

🔍 활용 방법
- 가장 많이 체크된 영역이 현재 무기력의 주된 원인일 가능성이 큽니다.
- 신체적/정신적/우울 신호가 겹치면 의사 상담을 권해요.
- 생활 패턴 관련 항목이 많으면 루틴 조정부터 시작해 보세요.

원하시면 제가 이 체크리스트를 엑셀/구글 시트 형식으로 만들어드려서, 직접 점수 매기고 결과 자동 계산되게 할 수도 있어요. 만들어드릴까요?

저 역시 처음에 마음속 이야기를 하는 데 걱정이 있었습니다. 기계에게 내 마음을 이야기한다는 게 어색하지 않을까, 거부감이 들지 않을까 생각했지요. 하지만 막상 경험해보니 예상과 달리 편하게 이야기할 수 있었습니다. 체중 감량을 상담할 때처럼 선입견 없이 담담하게 문제 해결을 도와주는 태도가 어쩐지 사람보다 부담이 적게 느껴졌어요.

각자의 마음에는 어떤 신호가 있다고 합니다. '지친다'는 표현도 마음이 보내는 신호일 수 있어요. "다들 그렇게 사는 거지" 하고 넘길 수도 있겠지만, 만약 어떤 신호처럼 느껴진다면 가볍게 AI에게 말을 건네보는 것이 문제 해결의 실마리가 될 수 있을 거라 생각합니다.

오랫동안 타오르는 불의 비밀

혹시 캠핑을 해보셨나요? 캠핑을 하다 보면 불을 피워야 하는 순간이 자주 있습니다. 그런데 불을 붙이는 게 생각보다 쉽지 않습니다. 토치나 숯, 고체 연료 같은 도구가 있어도 불을 안정적으로 붙이고 유지하기 위해서는 꽤 많은 시간이 필요합니다. 간신히 피운 불이 중간에 꺼지기라도 하면 다시 불을 살리느라 몇 배의 노력이 필요하지요.

번아웃도 이와 비슷합니다. 마음의 불씨가 한번 꺼져버리면, 다시 그 불을 지피는 데 엄청난 시간과 에너지가 듭니다. 마음에는 부싯돌도 토치도 없으니 결국 불씨를 잃지 않고 지켜내는 것이 무엇보다 중요합니다.

옛 선조들은 아궁이에 남아 있는 불씨를 지키는 지혜를 알고 있었습니다. 밤낮없이 불을 태우는 것이 아니라, 밤이 되면 불씨를 재 속에 묻어 두었습니다. 그렇게 불씨는 천천히 숨을 고르며 다음 날 아침을 기다렸습니다. 아침이 되면 재를 걷어내고, 불씨를 살려 다시 활활 타오르는 불을 피운 것이지요. 겉으로는 꺼진 것처럼 보이지만, 사실은 필요한 순간을 위해 조용히 쉬고 있던 것입니다.

현대 사회에서는 무턱대고 쉬라고 말하기 어렵습니다. 병원이나 상담실을 찾는 것도 누군가에게는 큰 부담일 수 있습니다. 하지만 마음을 돌보는 것은 자기 관리의 중요한 일부입니다. 물론 생성형 AI와의 대화가 완벽한 해결책은 아닙니다. 하지만 최소한 마음을 안전하게 내려놓을 수 있는 공간이 되어줍니다. 누군가에게 털어놓기 어려운 이야기를 조심스레 꺼내도 오해가 생길까 걱정하지 않아도 됩니다. 그런 점에서 큰 위안이 되기도 하지요.

지금 마음에 작은 신호가 느껴진다면 외면하지 마시고 AI와의 대화로 잠시 재 속에 불씨를 묻

어두둣 지켜보는 건 어떨까요? 내일 다시 활활 타오를 불을 준비하는 첫걸음이 될지도 모릅니다.

AI가 여러분을 치료하는 의사가 될 수는 없습니다. 하지만 24시간 곁에서 건강을 챙겨주는 친구는 될 수 있죠. 새벽에 갑자기 아플 때, 약 이름이 헷갈릴 때, 검사 결과가 이해 안 될 때, 운동 방법이 궁금할 때, 건강 습관을 만들고 싶을 때 언제든 생성형 AI에게 물어보세요.

"이런 것까지 물어봐도 되나?" 싶은 질문도 괜찮습니다. 생성형 AI는 지치지 않고, 짜증 내지 않고, 항상 같은 자리에서 여러분의 불씨가 꺼지지 않도록 지켜주는 동반자가 되어줄 것입니다.

> **TIP AI는 의사가 아닙니다!**
>
> AI에게만 묻고 임의의 판단을 내리면 안 됩니다. AI와의 대화는 유용하지만, 아무리 유용한 대화를 나누더라도 절대 잊어서는 안 될 것이 있습니다. AI는 의사가 아니며, 의료 행위를 할 수 없다는 겁니다.
>
> 생성형 AI는 우리가 전달한 정보만 확인할 수 있습니다. 이게 무슨 뜻일까요? 우리가 알려주지 못하는 정보는 알 수 없다는 뜻입니다. 저에게 직접 손을 대어 진찰할 수 있는 것도 아니고, 제 증상을 직접 본 것도 아닙니다. 또 생성형 AI는 정답을 말해주는 도구가 아닙니다. 그저 대답을 하는 도구입니다.
>
> 자신이든 타인이든 누군가의 급한 증상을 본다면, 그때는 생성형 AI를 사용하는 게 아니라 119 버튼을 누르는 게 더 바람직합니다.

스마트한 취업 전략: AI로 경쟁력 높이기

얼마 전 직장에서 채용을 담당하는 친구들과 이야기를 나눈 적이 있습니다. 얘기를 들어보니 최근 이력서나 자기소개서를 생성형 AI로 작성해 제출하는 지원자가 많아졌다고 합니다. 그래서 서류만으로 인재를 선별하기가 더 어려워졌다는 것이죠.

"요즘 자소서 10개를 읽으면 7개는 비슷해. 다 GPT 문체 같아."

또 다른 친구는 이렇게 말했습니다.

"AI를 쓰는 건 이제 기본이야. 오히려 'AI를 어떻게 활용했는지'를 보여주는 지원자가 눈에 띄어."

이런 상황은 취업 준비생에게도 마찬가지입니다. 대학을 졸업한 지 꽤 됐지만 취업이 잘 안 되어 힘들어하던 후배로부터 전화가 왔습니다. 제가 AI를 잘 다룬다는 이야기를 듣고 고민을 털어놓기 위해 연락한 것이었어요.

"선배, 요즘 다들 챗GPT로 자소서를 쓴다고 해서 저도 써봤거든요? 근데 뭔가 이상해요. 제 이야기 같지가 않아요."

후배가 보내온 자기소개서를 읽어 보니 무슨 말인지 알겠더군요. 글은 매끄럽고 완성도도 높았지만, 정작 '자기 이야기'라는 느낌은 빠져 있었습니다. 잘 쓴 글이지만, 그 사람만의 색깔이 전혀 느껴지지 않았어요. 다음은 후배가 AI로 쓴 자기소개서의 일부입니다.

[최소주의자]

제가 생각하는 최소주의는 필요한 것만 남기고 본질에 집중하는 것입니다. 저는 이 철학을 코드 작성에도 적용하고 있으며 "코드로 소통하는 프로그래머"를 목표로 삼고 있습니다.

개발을 하면서 팀원들이 제 코드를 더 쉽게 이해할 수 있는 방법에 대해 고민이 많았습니다. 혼자 공부할 때는 변수명이나 함수명을 X, Y처럼 단순한 알파벳으로 사용해도 큰 문제가 없었지만, 협업 과정에서는 제 코드를 다른 개발자들이 이해하기 어려운 경우가 많았습니다. 그래서 주석을 길게 달아 설명하기도 했지만, 이는 근본적인 해결책이 아니었습니다. 저는 이 문제를 해결하기 위해 두 가지 원칙을 세웠습니다.

1. 자체적으로 설명이 가능한 코드를 작성한다.
2. 명확하게 표현하지 못한 코드는 주석 대신 다시 작성한다.

이 원칙을 통해 코드는 더 읽기 쉬워졌고, 코드 자체만으로 의미를 전달할 수 있게 되었습니다. 결과적으로 팀 내 소통 속도가 빨라지고, 제한된 시간을 효율적으로 사용할 수 있었습니다.

요즘 생성형 AI는 문장을 매우 매끄럽게 만들어내기 때문에 읽다 보면 달변가의 글처럼 느껴지곤 합니다. 특히 클로드 같은 AI는 유려한 단어 선택과 정교한 문장 구조를 보여주지요. 그런데 아이러니하게도 바로 그 완벽함 때문에 오히려 어색함이 드러납니다. 잘 쓰여진 글은 분명한데, 지원자 본인의 목소리나 살아 있는 경험이 빠져 있어 AI처럼 느껴지는 것이죠.

인재를 채용하는 분들은 무엇보다 '사람'을 봅니다. AI가 글을 대신 쓸 수는 있지만, 사람을 대신할 수는 없겠죠. 그럼 우리는 어떤 방식으로 이 새로운 환경 속에서 차별성을 만들어야 할까요? 지원자와 채용자가 모두 AI를 쓰는 시대에 진짜 경쟁력은 무엇일까요? 이번 장에서는 취업과 면접에 AI를 활용하는 방법에 대해 이야기해보겠습니다.

생성형 AI로 취업 도움받기

무엇보다 우선되어야 하는 자료 조사

이력서를 쓰기 전에 반드시 선행되어야 하는 과정은 '자료 조사'입니다. 그리고 자료 조사의 출발점으로 삼아야 하는 곳은 바로 해당 회사의 채용 공고입니다.

중고 거래 업체 당근의 채용공고 사례

채용 공고는 단순히 지원자에게 정보를 전달하는 문서가 아닙니다. 어떤 인재를 원하는지, 어떤 과제를 해결해야 하는지, 조직이 지금 어디에 집중하고 있는지를 드러내고 있는 문서죠. 실제로 채용 공고문을 작성해 본 분은 아시겠지만, 이런 공고문에는 기업의 니즈와 고민이 고스란히 담기게 됩니다. 외부에 공개되는 문서라면 더욱 그렇죠.

그렇지만 지원자들이 그 기업의 니즈와 고민을 이해하기는 쉽지 않습니다. 업계 이해도가 낮은 사회 초년생이라면 더욱 그럴 수밖에 없죠. 이전에는 그래서 아는 사람을 동원하면서 네트워킹을 통해 더듬더듬 알아가는 과정을 거쳤습니다. 하지만 지금은 다릅니다. 다음은 AI를 이용해 채용 공고를 분석한 내용입니다.

[원하는 기업의 채용 공고 링크]

위 링크는 기업의 채용 공고야. 나는 이 기업에 지원하려는 지원자이고, 신입이야. 이 회사가 원하는 인재상에 대해서 좀 더 자세하게 풀어서 설명해 주면 좋을 것 같아. 어려운 용어가 있으면 쉽게 풀어서 설명해주고, 이 업계에 합격한 사람들의 이야기도 검색을 통해서 찾아주면 좋겠어.

 지원하시는 포지션(Product Manager Intern - 당근알바)의 채용공고를 기반으로, 당근마켓이 어떤 인재상을 원하는지 정리해드릴게요. 또한 이해하기 어려운 부분은 쉽게 풀어 설명드리고, 신입이면서 합격한 분들의 이야기(후기)도 함께 접해 보세요!

당근알바 PM 인턴, 어떤 인재를 찾을까요?

주요 업무
- 당근이네 서비스 개발 참여: 엔지니어 및 디자이너와 함께 빠르게 기능을 만들고, 테스트하며 개선해나갑니다.
- 시장 조사 및 데이터 기반 인사이트 도출: 리서치와 데이터 분석을 통해 유저의 문제를 찾아내고 개선책을 제안합니다.

  (당근)

인재상 (요구 역량)
- 논리적 사고와 직관을 바탕으로 문제에 접근하고 해결책을 내는 능력
- 모바일 프로덕트, 게이미피케이션, 성장 전략에 관심과 이해가 높은 분
- 주도적인 업무 수행 및 명확한 커뮤니케이션 능력
- 정량적·정성적 분석 경험 보유
- 추가적인 우대 역량:
  - 데이터 분석 또는 SQL 사용 경험
  - 구조화된 시장 조사 및 사용자 조사 기반 문제 해결 경험

    (당근)

어렵거나 헷갈릴 수 있는 표현을 쉽게 설명하면…

- **빠른 이터레이션 (Iteration):**
  여러 번 작은 변화를 적용하고, 빠르게 시도하고 검증하며 개선해 나가는 과정을 말해요.
- **정량적/정성적 분석:**
  - 정량적: 숫자 데이터로 분석 (예: 사용자 수 증가, 클릭률 등)
  - 정성적: 설문, 인터뷰, 사용자 피드백 같은 이야기 중심 분석
- **게이미피케이션 (Gamification):**

게임 요소를 프로덕트에 적용해서 사용자의 참여나 몰입을 높이는 전략이에요. 예: 포인트, 배지, 레벨업 등.
- **구조적 시장 조사:**
마치 보고서를 쓰듯, 어떤 순서와 기준을 가지고 시장을 분석한다는 뜻이에요—즉, 계획적으로 데이터를 모으고 해석하는 것.

당근마켓에 합격한 신입들의 경험 이야기

1. 인턴 전형 & 합격 후기 — 링커리어
- 당근 인턴 합격자는 이런 공고였어요:
  인재상 중에는 "내가 만드는 시스템이나 코드를 문서나 그림으로 설명할 수 있는 사람"이 포함되어 있었어요.
  (당근, Brunch Story, 대외활동 공모전 인턴 링커리어 커뮤니티)
- **준비 팁:**
  지원 동기, 지원 직무 관련 생각, 경험 기반 이야기 구성을 미리 작성해서 제출했다는 합격자가 있습니다. 실제로 포트폴리오 없이 이력서만으로도 합격했다는 사례도 있었어요.
  (대외활동 공모전 인턴 링커리어 커뮤니티)
- **면접 팁:**
  면접 질문은 주로 PM 직무 이해, 협업 경험, 데이터 분석 경험, 서비스 개선 등과 관련된 내용이었어요. 가령:
  - "지원 직무 관련 나만의 강점은 무엇인가요?"
  - "서비스 개선 경험이 있나요? 어떤 분석을 통해 어떤 결과를 만들었나요?"
  (Brunch Story)

2. 인터뷰 과정의 팁 — 브런치 후기
- **준비 전략:**
  - 면접 전에 예상 질문들을 정리하고, 자신이 전달하고 싶은 이야기를 먼저 작성한 뒤, 질문에 맞춰 그 이야기를 끼워 맞추는 식으로 준비했다고 해요.
  - 주로 다뤘던 주제는 "지원 동기", "협업 경험", "PM 역할 이해도", "서비스 개선 아이디어" 등이었어요.
  (Brunch Story)

3. 기업 문화와 채용 철학 — 브런치 글
- 당근마켓은 '빠른 시행착오를 통해 가설을 검증'하고, 효율적으로 성장하는 DNA를 가진 조직이에요.
- 그래서 주도적이고, 문제를 발견하여 빠르게 해결하며, 문서화도 할 수 있는 인재를 선호한다고 해요.
  (Brunch Story)

요약 정리

항목	설명
문제 해결력 + 논리적 사고	문제를 정의하고, 직관과 논리로 해결책을 내는 능력
데이터 분석 역량	숫자 기반 분석 (정량)과 사용자 인사이트 (정성)를 모두 활용한 경험
주도적 업무 수행 + 커뮤니케이션 능력	스스로 일을 운영하고, 이해하기 쉽게 설명하는 능력
빠른 시도와 실행력	빠르게 아이디어를 시도하고, 배우며, 개선하는 태도
문서화 능력	코드, 시스템, 아이디어를 문서나 그림으로 구성할 수 있는 스킬
게이미피케이션/모바일 프로덕트 관심	사용자를 이해하고 몰입을 유도하는 제품에 대한 이해

준비 팁 요약 드려요

1. **경험 기반 스토리를 준비하세요**:
   - 데이터 분석, 사용자 리서치, 서비스 개선 경험 중심으로 구성
2. **문서나 그림으로 설명하는 연습**:
   - 프로젝트나 분석 과정을 그림으로 정리해서 설명하면 훨씬 효과적이에요.
3. **빠른 실행 사례 보여주기**:
   - 학교 프로젝트나 개인 경험에서 빠르게 시도하고 배운 사례를 예로 드세요.
4. **면접 예상 질문 연습**:
   - "지원 직무의 무엇이 매력적인가요?", "사용자 문제를 어떻게 찾아냈나요?", "어떤 지표로 성과를 확인했나요?" 등의 질문을 대비하세요.

더 필요하거나 궁금한 내용이 있으면 언제든지 말씀해 주세요! 함께 준비 잘해봐요.

생성형 AI가 이렇게 답을 해주었지만, 여전히 제가 원하는 바를 쉽게 느끼기 어렵습니다. 좀 더 깊이 있는 분석을 요청해보죠.

좀 더 깊이 있게 분석해줄 수 있어?

- 논리적인 사고와 직관을 통해 문제를 접근하고 해결방법을 도출할 수 있는 분
- 모바일 프로덕트 혹은 게이미피케이션, 그로쓰에 관심과 이해도가 높은 분
- 주도적으로 업무를 진행하고 논리적인 커뮤니케이션 능력을 갖춘 분
- 정량/정성적인 고객에 대한 분석 경험이 있는 분

이 부분에 대해 구체적으로 어떤 것이 필요하다는지 모르겠어.

좋아요. 공고의 네 줄을 "무엇을 잘해야 하는가 → 어떻게 보여줄 것인가 → 신입이 지금 당장 준비할 과제"로 바꿔서 깊게 풀어볼게요. (예시는 당근의 **알바/구인·구직 맥락**에 맞춰 드렸습니다.)

---

1) 논리적인 사고 + 직관으로 문제 접근 & 해결 도출

이 말의 실제 의미
- **문제정의력**: "증상"이 아니라 핵심 원인을 문장 하나로 정의할 수 있음.
- **가설 설정 → 빠른 검증**: 직관(경험/유추)으로 **가설을 세우고**, 데이터를/실험으로 **틀릴 자유**를 갖고 빨리 확인.
- **우선순위화**: 임팩트(Impact) × 노력(Effort)로 **작게 시작해서 빨리 배우는 선택**을 함. (RICE/ICE 같은 간단 프레임 사용 가능)
- **의사결정 기록**: 왜 그 선택을 했는지 근거를 짧게 문서화.

당근알바 맥락의 예시
- 관찰: 공고 상세페이지 방문 대비 '**지원하기**' **클릭률이 낮음**.
- 문제정의: "지원 흐름에서 **이력서 준비/파일 업로드가 번거로워** 이탈한다."
- 가설: ① **원클릭 지원(기본 프로필로 지원)** 제공 시 클릭률↑
  　　　② **저장 후 나중에 지원 기능** 제공 시 재방문 전환↑
- 실험: 두 가지를 각각 A/B로 1~2주 테스트.
  성공지표: Apply 클릭률, 완료율, 평균 소요시간. **가드레일**: 부적합 지원 증가율(신고/취소 비율).

어떻게 '증명'하나 (지원서/면접에서 보이는 신호)
- 1페이지 **문제정의 노트**(문제/가설/지표/우선순위/실험안).
- "왜 A가 아니라 B부터 했나?"에 대한 **근거 있는 선택 설명**.
- 가설이 틀렸을 때 **배운 점과 다음 액션**.

신입을 위한 즉시 과제
- 좋아하는 앱 1개 골라 '문장 한 줄 문제정의 → 2개 가설 → 1개 실험안 → 3개 지표'까지 써

보기.
- 학교/개인 프로젝트를 RICE 표로 우선순위 정해보기(엑셀/시트로 간단히).

(중략)

합격을 돕는 "제출 가능한" 산출물 목록(신입용, 1~2주 내 제작 가능)

1. **문제정의 1페이지**(가설·지표·우선순위 포함)
2. **와이어프레임 3장**(모바일 흐름/마찰 제거 포인트 표시)
3. **실험계획서** 1페이지(대상·기간·성공/가드레일 지표)
4. **정성 리서치 요약** 1페이지(표본/인사이트/권고)
5. **퍼널/전환 분석 표**(시트 스크린샷도 OK)

→ 이 5개만 있어도 "논리·직관·모바일 이해·주도성·정량/정성 경험"이 한 번에 드러납니다.

2주 준비 로드맵(신입 기준)

Week 1
- D1: 타깃 퍼널 그리기 + 문제정의 1줄.
- D2: 가설 3개 → RICE로 우선순위.
- D3: 정성 인터뷰 5명 세팅(스크리너/가이드) + 와이어 1차.
- D4: 인터뷰 실행/정리 → 인사이트 3개.
- D5: 실험안 1개 선정(성공/가드레일 지표 수치화) + 상태업데이트 초안.

Week 2
- D6: 퍼널/전환 간이 분석(시트/공개데이터).
- D7: 와이어 2차 + 모바일 제약(입력/알림/세션) 반영.
- D8: 5개 산출물 모아서 1파일 패키징.
- D9: 면접 예상질문 구조화 답변 연습("문제-가설-실험-결과-회고").
- D10: 자기소개 1분/3분 버전 + 포트폴리오 스토리라인 점검.

면접에서 자주 나오는 꼬리질문(연습용)

- "왜 그 가설부터 검증했나요? **다른 선택지는?**"
- "가드레일로 **무엇을 봤고**, **왜** 그 수치를 잡았나요?"
- "실패했을 때 **무엇을 배웠고**, 다음엔 어떻게 바꾸나요?"
- "모바일에서 이 흐름이 **데스크톱 대비** 왜 더 중요한가요?"
- "정성 결과와 정량 결과가 **충돌**하면 어떻게 의사결정하나요?"

필요하시면, 위 **5개 산출물 템플릿**(문제정의 1p, 실험계획 1p, 리서치 요약 1p, 상태업데이트 5줄, 와이어 체크리스트)을 바로 만들어 드릴게요. 또는 당근알바를 예시로 한 **모의 과제**(지원→완료 **전환율 20% 개선**) 패키지도 지금 구성해 드릴 수 있어요.

좀 더 깊이 있는 내용을 요청하니까 각 항목이 어떤 것을 원하는지, 그리고 어떤 것을 해야 하는지 순차적으로 정리해주죠. 덕분에 채용 공고 속 몇 줄의 문장을 봤을 때보다 훨씬 정보를 많이 추측할 수 있게 되었습니다. 취업을 할 때 이런 정보를 가지고 있느냐와 아니냐는 차이가 있죠. 생성형 AI 등장 이후에는 이렇게 채용 공고를 해석하기가 편해졌습니다.

자료 조사는 이력서를 쓰기 위한 준비 작업이 아니라, 나와 조직을 연결하는 교량입니다. 내가 가진 경험과 강점을 어떻게 보여줄지는 이 과정에서 얻은 정보에 따라 달라집니다. 철저한 조사와 분석을 거친 후 이력서를 작성해야 진짜로 조직이 필요로 하는 인재라는 메시지를 전달할 수 있습니다. (물론 채용 공고를 내는 쪽에서도 더 심도 있게 공고문을 작성해주면 좋겠네요. AI 도움을 받아서요.)

나의 이력 점검하기

자료 조사를 통해 기업 또는 조직의 요구를 파악했다면, 이제 내가 가진 이력을 점검해야 합니다. 결국 기업에서 일을 하는 것은 나 자신이니까요.

이력서는 크게 학력과 경험, 두 가지로 나뉩니다. 학력은 어느 정도 정해져 있는 틀이 있지만, 경험은 사람마다 다릅니다. 자신이 가진 경험을 일단 쭉 나열해야죠. 예시로 다음과 같은 경험을 가진 사람이 있다고 가정해보겠습니다.

구분	주요 내용
A카페	- 캐셔 및 음료 제조 - 매출/재고 데이터 모니터링 → 할인 이벤트 제안 및 기획(매출 5%↑)
B서점	- 인기 도서 데이터 기반 재고 정리 및 배치 개선 - 개선 아이디어 상사와 협의·실행
OO 피트니스센터	- 회원 등록/결제 관리, 주간 이용 패턴 기록 - 프로그램 홍보 보조
물류센터 단기 아르바이트	- 재고 스캔, 상·하차 보조, 출고 관리

편의점 아르바이트	- POS기 사용, 근무일지 작성, 고객 응대
마트 판촉 아르바이트	- 신제품 시식·홍보 활동 - 고객 설문조사 진행 및 간단 데이터 정리
영화관 매점	- 티켓/매점 판매, 고객 안내 - 매출 마감 지원
학원 보조 강사	- 초등부 학생 학습 관리- 학부모 상담 준비 및 기록
전국 대학생 서비스 기획 공모전(장려상)	- "지역 기반 아르바이트 매칭 플랫폼 개선안" 기획 - 사용자 인터뷰 30명 → 불편 요소 5가지 도출 - Figma로 프로토타입 제작, 발표 자료 작성
교내 빅데이터 분석 경진대회 지원	- 카페 매출 데이터 분석 → 시간대별 프로모션 전략 제안

이런 경험을 가진 사람이 앞선 기업의 공고에 지원을 하게 된다면 어떻게 해야 할까요? 자신이 가진 경험을 어떻게 연결할 수 있을까요? 이 부분에 대해서 AI에게 질문을 해보도록 하겠습니다.

나는 다음과 같은 경험을 갖고 있어.
[경험 내역 입력]
이 상태에서 내가 이 기업에 지원을 하려면 어떤 것을 강점으로 어필하고, 어떤 준비를 해야 하는지 알려줘.

좋습니다. 👍
지금까지 쌓으신 경험들을 보면 "신입이지만 현장에서 고객/데이터/문제 해결을 이미 경험해 본 지원자"라는 강력한 장점이 있어요. 당근(특히 당근알바) PM 인턴의 요구 역량과 연결해서 정리해드리겠습니다.

1. 강점으로 어필할 포인트
✔ **(1) 데이터 기반 문제 해결 경험**
- 카페 매출/재고 모니터링 → 할인 이벤트 제안(매출 5%↑)
- 서점 인기 도서 데이터 기반 진열 개선
- 교내 빅데이터 경진대회: 매출 분석 → 프로모션 전략 제안
➤ "단순 운영 알바를 넘어서, 데이터를 기반으로 개선 아이디어를 내고 실행까지 했다"는 점이 PM 직무의 정량적 분석 + 문제 해결력을 잘 보여줍니다.

- ✓ **(2) 정성적 사용자 분석 + 리서치 경험**
    - 마트 판촉: 고객 설문조사 진행 및 데이터 정리
    - 공모전: 사용자 30명 인터뷰 → 불편 요소 도출
- ➤ PM 인턴 요구 역량인 **정성적 분석 경험**과 딱 맞아요. 단순히 데이터를 보는 게 아니라 **사람들의 불편을 직접 듣고 개선안을 기획했다는 점**을 강조하세요.

- ✓ **(3) 모바일 프로덕트/서비스 기획 경험**
    - 공모전: 지역 기반 아르바이트 매칭 플랫폼 개선안
        - Figma 프로토타입 제작
        - 발표 자료 작성, 장려상 수상
- ➤ "이미 아르바이트 매칭 플랫폼을 직접 분석하고 기획해본 경험이 있다"는 건 당근알바 인턴과 거의 직결되는 경험이에요. 신입 지원자들 중 차별화 포인트가 될 수 있습니다.

- ✓ **(4) 협업 및 커뮤니케이션 경험**
    - 서점: 상사와 협의 후 개선안 실행
    - 학원 보조강사: 학부모 상담 준비/기록
    - 공모전/경진대회: 팀 단위 기획·발표
- ➤ 단순히 본인 아이디어에 그치지 않고, **상사/팀원과 논리적으로 설득·합의**하며 실행한 사례는 "주도적 업무 + 커뮤니케이션 능력"을 보여줍니다.

2. 지금 단계에서 준비해야 할 것

📋 (1) 경험 스토리 정리

공고에서 요구하는 4가지 역량(논리적 문제 해결 / 모바일·게이미피케이션·그로스 이해 / 주도적 커뮤니케이션 / 정량·정성 분석 경험)에 맞춰 경험을 재구성하세요.

예시 (STAR 기법: Situation-Task-Action-Result)
- **상황(S)**: 카페 매출이 특정 요일에 줄어드는 문제가 있었다.
- **과제(T)**: 매출을 높일 방법을 찾는 것.
- **행동(A)**: POS 데이터를 요일별로 분석 → 화요일 매출 저조 확인 → 할인 이벤트 제안.
- **결과(R)**: 매출 5% 증가, 재고 효율 개선.

➤ 이렇게 하면 "데이터 기반 문제 해결력"이 명확하게 드러납니다.

📋 (2) 포트폴리오 or 1페이지 정리본 만들기
- 공모전 프로토타입 캡처 + 사용자 조사 요약 + 개선 포인트를 1~2페이지로 정리
- 카페/서점/마트 사례를 간단한 표나 다이어그램으로 재구성
- 면접 때 시각 자료로 설명하면 "문서화·커뮤니케이션 역량"도 같이 보여줄 수 있어요.

(3) 산업/서비스 이해도 보강
- **당근알바 앱 직접 써보기**: 지원 → 채팅 → 매칭까지 퍼널 그리기
- **경쟁 서비스 비교**: 알바몬, 알바천국, 잡코리아 알바 → 당근알바만의 차별점 정리
- **게이미피케이션 요소 상상해보기**: "지원 streak", "인기 급상승 공고 배지" 같은 아이디어 2~3개 준비

(4) 기본 분석 툴/언어 학습
- **SQL SELECT/GROUP BY** 간단히 익혀두면 좋습니다. (지원서에 "SQL 기초 학습 중" 한 줄만 있어도 가산점)
- 구글 시트/엑셀로 퍼널 전환율 계산 연습 → 실제 면접에서 바로 예시로 설명 가능.

3. 자기소개/어필 문장 예시
- "저는 **현장에서 고객과 데이터를 동시에 다뤄본 경험**이 있는 사람입니다. 카페·서점 등 아르바이트 경험에서 단순 운영이 아니라, 매출 데이터를 분석해 이벤트를 제안하고, 사용자 의견을 직접 수집해 개선안을 실행했습니다."
- "또한 대학생 공모전에서 **아르바이트 매칭 플랫폼 개선안을 직접 기획**하며 사용자 인터뷰 30명을 진행했고, Figma로 프로토타입까지 제작했습니다. 이는 당근알바의 사용자 경험 개선 과정과 유사한 맥락이라고 생각합니다."
- "이런 경험을 토대로, **데이터와 사용자 목소리를 바탕으로 문제를 정의하고, 모바일 프로덕트 맥락에서 빠르게 가설을 검증하는 PM 인턴**이 되고 싶습니다."

☞ 정리하면, 당근이 원하는 4가지 인재상은 이미 경험 속에 담겨 있어요.
차별화 포인트는 "아르바이트 경험 + 아르바이트 매칭 플랫폼 기획 경험"이라는 드문 조합이에요.

원하시면 제가 이 경험들을 **지원동기 + 직무역량 + 성장 가능성** 구조로 깔끔하게 정리해서 자기소개서 초안을 만들어 드릴 수도 있습니다.
혹시 지금, "자기소개서 글"로 바로 풀어드릴까요?

보시다시피, 채용 공고에 대한 조사와 스스로의 경험을 넣기만 했는데, 이력으로 소개할 만한 항목들이 정리됐습니다. 여러분이 넣을 수 있는 경험이 많으면 많을수록 이력서와 자기소개서에 들어갈 내용도 늘어나겠죠. 기업의 인재상과 관련 없는 이력은 AI를 통해 걸러낼 수 있을 것이고, 미처 알지 못했던 시점으로 스스로를 돌아볼 수도 있을 겁니다.

자기소개서 초안 빠르게 뽑기

앞에서 본 것처럼 기업의 채용 공고와 내 경험을 AI를 통해 매칭하기만 해도, 이력서에 들어갈 만한 항목이 상당 부분 정리됩니다. 이 단계까지 오면 자기소개서를 작성하는 일도 한결 수월해집니다. 자기소개서는 이력서의 연장선에 있다고 볼 수 있기 때문에 경험을 기반으로 한 구조가 미리 마련되어 있으면 빠르게 초안을 만들어낼 수 있습니다. AI에게 "이 경험을 토대로 자기소개서 초안을 작성해달라"고 요청하면 구조화된 문장을 바로 얻을 수 있지요.

 그럼 현재까지의 대화를 기반으로 자기소개서 초안을 정리해줘. 채용 공고에 있는 기업의 인재상에 부합하면서 내 경험과 역량이 부각될 수 있는 부분들이 보여지면 좋을 것 같아.

 좋습니다. 👍
앞서 정리한 채용공고 인재상(4가지)과 **당신의 경험**을 매칭해서 자기소개서 초안을 구성해드릴게요.
(실제 제출 시에는 1,000~1,500자 분량을 기준으로 조정하는 게 적당합니다.)

자기소개서 초안 (초안 버전)

안녕하세요. 저는 **현장에서 얻은 경험과 데이터 기반 문제 해결력을 바탕으로, 사용자 중심의 모바일 서비스를 기획하고 싶은 지원자**입니다.

저는 다양한 아르바이트 경험 속에서 단순 운영을 넘어 **문제를 발견하고 개선안을 제안·실행**하는 과정을 꾸준히 시도했습니다. 카페 근무 당시 매출과 재고 데이터를 모니터링하다 특정 요일 매출이 저조한 패턴을 발견했고, 이를 근거로 할인 이벤트를 제안하여 매출을 약 5% 향상시킨 경험이 있습니다.

서점에서는 인기 도서 판매 데이터를 활용해 진열 방식을 개선하여 고객 동선을 효율적으로 만들었습니다. 이러한 경험은 **논리적 사고와 직관을 바탕으로 문제를 정의하고 해결책을 도출하는 능력**을 길러주었습니다.

또한 **정량적·정성적 분석을 병행**한 경험도 있습니다. 마트 판촉 아르바이트에서는 고객 설문조사를 직접 진행하고 결과를 간단히 데이터화하여 홍보 전략을 개선했으며, 전국 대학생 서비스 기획 공모전에서는 사용자 30명을 인터뷰하여 불편 요소를 도출한 뒤, 이를 기반으로 아르바이트 매칭 플랫폼의 개선안을 기획했습니다. 이 과정에서 Figma로 프로토타입을 제작하고 팀 발표 자료를 준비하여 장려상을 수상했습니다. 이를 통해 **사용자 목소리를 반영한 서비스**

개선과 데이터 기반 의사결정의 중요성을 몸소 체득했습니다.

저는 업무를 맡으면 주도적으로 진행하고, 항상 명확한 커뮤니케이션을 중시해왔습니다. 학원 보조 강사로 근무할 때는 학생 학습 관리뿐만 아니라 학부모 상담 자료를 사전에 준비해 상사와 학부모 모두가 이해하기 쉽게 전달했습니다. 공모전과 경진대회에서는 팀원들과 역할을 분담하고 진행 상황을 공유하며 협업을 이끌어냈습니다. 이러한 경험은 **주도적인 업무 추진력과 논리적인 커뮤니케이션 역량**을 키우는 밑거름이 되었습니다.

특히 저는 **모바일 프로덕트와 아르바이트 플랫폼 서비스**에 대한 높은 관심을 가지고 있습니다. 이미 공모전을 통해 지역 기반 아르바이트 매칭 플랫폼을 기획해본 경험이 있으며, 당근알바의 성장 가능성과 차별화된 사용자 경험에 깊은 관심을 갖고 있습니다. 나아가 게이미피케이션과 성장 전략에 대한 이해를 활용해, 사용자들의 지원 참여를 높이고 서비스 이용 빈도를 확장할 수 있는 아이디어를 제시할 수 있다고 생각합니다.

저는 당근에서의 인턴십을 통해 실제 서비스 퍼널을 분석하고, 데이터와 사용자 인터뷰를 기반으로 빠른 가설 검증과 개선 사이클을 경험하고 싶습니다. 이를 통해 **사용자와 가장 가까운 문제를 해결하는 PM**으로 성장하겠습니다.

감사합니다.

이 초안의 구조

1. **첫 문단** - 나를 한 줄로 요약 ("데이터+현장 경험 기반 문제 해결 지원자")
2. **두 번째 문단** - 정량적 개선 경험 (카페, 서점) → 문제 정의·해결 도출 능력
3. **세 번째 문단** - 정량·정성 분석 경험 (설문, 인터뷰, 공모전) → 분석 역량
4. **네 번째 문단** - 협업·커뮤니케이션 경험 (학원, 공모전 팀워크) → 주도성·소통 역량
5. **다섯 번째 문단** - 모바일/게이미피케이션/그로스 관심과 경험 → 기업 인재상 직접 연결
6. **마무리** - 당근에서 배우고 싶은 점과 장기적 목표

☞ 이 초안을 바탕으로 실제 **글자 수 제한**에 맞춰 다듬으면 됩니다.
혹시 원하시면 제가 이 글을 **자기소개서 문항별**(예: 지원 동기 / 직무 역량 / 협업 경험 / 성장 목표) 형식으로 나눠서 다시 정리해드릴 수도 있어요. 그렇게 해드릴까요?

AI는 내가 아니다

앞서 제가 '초안'이라는 표현을 강조한 이유는 AI가 작성한 자기소개서가 아무리 매끄러워도 그건 어디까지나 아이디어와 뼈대에 불과하기 때문입니다. AI는 내가 경험했던 순간의 구체적인 맥락이나 감정을 완벽하게 담아내기 어렵습니다. 또 채용 담당자나 실무자들은 오랜 경험을 통해 글 속에 지원자의 진짜 목소리가 들어 있는지 구분해 낼 수 있습니다. 설령 AI가 쓴 자기소개서를 제출해 서류 전형을 통과했다 하더라도 면접에서 드러나기 마련이지요.

그렇기 때문에 자기소개서의 최종 마무리는 반드시 지원자 본인이 해야 합니다. AI가 제시한 초안을 토대로 나만의 이야기를 덧입히고 경험의 결을 살리는 것! 나를 더 잘 표현하기 위한 도구로서 AI를 사용하는 것! 이 두 가지가 가장 중요합니다.

AI 시대의 면접은 다릅니다

그럼 면접에서 AI는 어떻게 활용할 수 있을까요? 과거에는 예상 질문지를 뽑아 답변을 암기하거나 친구와 함께 연습하는 방식이 일반적인 면접 준비였습니다. 그러나 이제는 생성형 AI가 인터뷰 시뮬레이터 역할을 하지요. 그래서 훨씬 더 다양한 방식으로 준비할 수 있습니다. 먼저 예상 질문지부터 요청해볼까요?

> https://about.daangn.com/jobs/6700143003
> 위 링크는 기업의 채용 공고야. 나는 이 기업에 지원하려는 지원자이고, 신입이야. 어떤 면접 예상 질문이 나올지 50개 가량 정리해줘.

> 링크가 열리지 않아서 직접 공고 내용을 확인할 수는 없었어요. 대신, **신입 지원자로서** 기업 면접에서 나올 수 있는 일반적인 질문과, IT/스타트업 기업(특히 당근과 같은 로컬 기반 서비스 기업)에서 자주 묻는 질문을 기반으로 약 50개 정리해드릴게요.
>
> **1. 자기소개 & 기본 인성 질문**
>   1. 본인에 대해 간단히 소개해 주세요.
>   2. 이 직무(혹은 직무명)에 지원한 이유는 무엇인가요?

3. 당근을 알게 된 계기와 첫인상은 어땠나요?
4. 본인의 강점과 약점을 말해 주세요.
5. 최근 가장 크게 성취감을 느낀 경험은 무엇인가요?
6. 실패 경험과 그것을 극복한 방법을 말해 주세요.
7. 스트레스가 쌓일 때 어떻게 해소하나요?
8. 주변에서 본인을 어떻게 평가하나요?
9. 신입으로서 부족한 경험을 어떻게 보완할 계획인가요?
10. 장기적인 커리어 목표는 무엇인가요?

2. 회사/서비스 이해 관련
11. 당근의 서비스(앱)를 사용해 본 경험이 있나요? 어떤 점이 인상 깊었나요?
12. 당근을 경쟁사(중고나라, 번개장터 등)와 비교했을 때 강점은 무엇이라고 생각하나요?
13. 당근의 약점이나 개선해야 할 부분이 있다면 무엇인가요?
14. 최근 당근의 새로운 서비스(예: 지역 기반 커뮤니티, 모임 기능 등)에 대해 아는 것이 있나요?
15. 본인이 당근의 사용자라면 어떤 기능을 가장 자주 사용할 것 같나요?
16. 당근의 서비스가 앞으로 어떤 방향으로 발전해야 한다고 생각하나요?
17. 지역 기반 플랫폼의 가장 큰 가치가 무엇이라고 보나요?
18. 당근의 기업 문화에 대해 조사한 것이 있나요?
19. 당근의 미션과 비전에 대해 어떻게 생각하나요?
20. 만약 본인이 당근의 PM이라면 어떤 신규 기능을 제안하고 싶나요?

3. 직무 역량 및 문제 해결 능력
21. 전공(혹은 경험)이 이번 직무에 어떻게 도움이 된다고 생각하나요?
22. 협업 프로젝트에서 맡았던 역할을 구체적으로 설명해 주세요.
23. 문제 해결을 위해 논리적으로 접근했던 경험이 있나요?
24. 새로운 기술이나 툴을 학습한 경험을 말해 주세요.
25. 데이터를 기반으로 결정을 내려본 경험이 있나요?
26. 사용자 경험(UX)을 개선한 사례가 있다면 설명해 주세요.
27. 고객의 불편 사항을 어떻게 해결할 수 있을까요?
28. 제한된 시간 안에 결과물을 만들어야 했던 경험을 설명해 주세요.
29. 본인이 생각하는 "좋은 팀워크"란 무엇인가요?
30. 본인의 업무 스타일은 어떤가요? (계획적/즉흥적 등)

4. 가치관 & 조직 적합도
31. 스타트업 환경에서 일하는 것의 장점과 단점은 무엇이라고 생각하나요?

32. 빠르게 변하는 환경에 적응했던 경험을 말해 주세요.
33. 조직 내 갈등이 발생했을 때 어떻게 대응했나요?
34. 회사의 성장과 개인의 성장이 충돌한다면 어떤 선택을 하겠습니까?
35. 신입으로서 회사에 기여할 수 있는 점은 무엇이라고 생각하나요?
36. 본인이 중요하게 생각하는 업무 윤리는 무엇인가요?
37. 지역 사회와 연결되는 서비스에서 가장 중요한 가치는 무엇이라고 생각하나요?
38. 혼자 일하는 것과 팀으로 일하는 것 중 어느 쪽이 더 편한가요? 이유는?
39. 빠른 성과보다는 장기적인 안정이 중요하다고 보시나요, 아니면 그 반대인가요?
40. 본인이 존경하는 인물과 그 이유는 무엇인가요?

5. 상황 기반 질문 (Situational / Behavioral)

41. 팀 프로젝트 중 의견 충돌이 심할 때 어떻게 조율했나요?
42. 서비스 장애나 문제를 발견했을 때, 어떻게 보고하고 대응하실 건가요?
43. 지원 직무에서 고객 불만을 접수했다면 어떻게 처리할까요?
44. 본인이 맡은 일의 우선순위를 정할 때 어떤 기준을 사용하나요?
45. 지시받은 업무와 본인의 생각이 다를 때 어떻게 행동할 건가요?
46. 갑자기 새로운 업무를 맡게 된다면 어떻게 적응하시겠습니까?
47. 성과가 잘 나오지 않을 때 어떻게 동기부여를 유지하시나요?
48. 협업 중 동료가 기여하지 않을 때 어떻게 대처하시겠습니까?
49. 고객 데이터를 활용해 서비스를 개선한다면 어떤 방식으로 접근하시겠습니까?
50. 만약 오늘 당장 합격한다면, 첫 3개월 동안 어떤 계획으로 적응할 건가요?

☞ 이렇게 준비하면 **기본 인성 + 기업 이해 + 직무 역량 + 조직 적합도 + 상황 대응 능력** 전반을 커버할 수 있습니다.

원하시면, 제가 이 50개 질문 중 중요도가 높은 10~15개 핵심 질문만 따로 골라서 **모범 답변 예시를** 만들어드릴 수도 있어요. 해드릴까요?

면접은 새로운 사람과 함께 일할 사람을 만날지도 모르는 부분이기 때문에 언제나 긴장의 연속입니다. 그러니 미리 어떤 질문이 나올지 예상 및 연습을 하고 가면 좋죠.

> **TIP**
> AI는 면접 준비 과정에서 무한히 반복 가능한 연습 파트너가 되어 줍니다. 2025년 9월 기준, 한글로 음성 대화가 가능한 주요 AI는 챗GPT와 제미나이 두 가지입니다. 이 도구들을 통해 음성 대화로 면접 시뮬레이션도 가능하니 활용해보세요!

채용하는 입장에서는 AI를 어떻게 이용할까?

여러분 중에는 인력 채용이나 평가 업무를 맡고 계신 분도 계실 겁니다. 이런 분들을 위해 채용하는 입장에서 AI를 어떻게 활용할 수 있는지 살펴보겠습니다.

제가 영감을 받은 한 친구의 이야기가 있습니다. 이 친구는 신입 사원을 채용해야 하는 상황이었는데, 실무와 면접을 동시에 진행하다 보니 짧은 시간에 지원자를 평가하는 데 큰 부담을 느끼고 있었죠. 각각의 면접자가 다른 배경과 경험을 가지고 있음에도 불구하고, 시간에 쫓겨 정형화된 질문만 던지고 끝나는 경우가 많아 아쉬웠다고 말하더군요.

그래서 이 친구는 지원자의 이력서와 자기소개서를 기반으로 AI에게 해당 지원자의 '페르소나'를 생성해달라고 요청했습니다. 그 페르소나를 대상으로 미리 질문을 던져보고, 예상되는 답변 패턴을 확인하면서 실제 면접 준비를 했지요. 덕분에 각 지원자에 맞춘 맞춤형 질문을 구성할 수 있었고, 한정된 시간 속에서 보다 풍부한 대화를 이끌어낼 수 있었습니다.

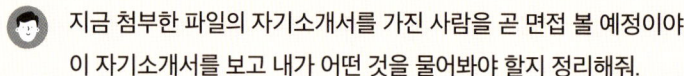
지금 첨부한 파일의 자기소개서를 가진 사람을 곧 면접 볼 예정이야.
이 자기소개서를 보고 내가 어떤 것을 물어봐야 할지 정리해줘.

첨부된 자기소개서를 기반으로 면접에서 물어볼 수 있는 질문들을 영역별로 정리해 드릴게요.

1. 가치관 및 업무 철학 관련 질문
"최소주의" 철학을 강조하셨는데, 실제 협업 과정에서 불필요하다고 판단한 것을 과감히 버린 사례가 있나요?
코드 작성 시 "자체적으로 설명 가능한 코드"를 지향한다고 하셨는데, 이 원칙이 잘 지켜지지 않았던 경험과 그때 어떻게 보완했는지 말씀해 주세요.
주석보다 "코드를 다시 작성한다"는 접근이 실무 일정 압박 속에서도 현실적으로 가능하다고 생각하는지 궁금합니다.

2. 지원 동기 및 회사 선택 기준
저희 회사의 "새로운 도전" 문화 중 어떤 사례(서비스, 기능, 프로젝트)를 보고 가장 끌리셨나요?
여러 회사에 동시에 합격할 경우, "과감한 선택을 하는 회사"를 우선한다고 하셨는데, 과감함과 안정성 사이에서 균형이 깨졌던 기업 사례를 본 적 있나요? 그때 어떤 생각을 하셨나요?
클라이언트 프로그래머로서 사용자 경험을 직접 개선하고 싶다고 하셨는데, 본인이 가장 개선해보고 싶은 사용자 경험 포인트는 무엇인가요?

3. 기술적 역량 및 문제 해결 방식

성능 저하 문제를 해결할 때 **로그 수집 → 통계 분석 → 병목 구간 파악**이라는 접근을 했다고 하셨는데, 실제로 사용했던 도구나 기법을 구체적으로 말씀해 주세요.

데이터 기반 분석을 통해 문제 해결을 했다고 하셨는데, 그 과정에서 협업자들과의 의견 충돌은 없었나요? 있었다면 어떻게 조율했는지 궁금합니다.

UI/UX 개선을 하고 싶다고 하셨는데, 본인이 경험했던 **불편한 UI/UX 사례**와 그걸 어떻게 개선할 수 있을지 설명해 주세요.

---

4. 팀워크 및 커뮤니케이션

코드 병합 과정에서 발생한 문제를 **대화를 통해 해결**했다고 하셨는데, 만약 팀원이 소통을 잘하지 않는 경우에는 어떻게 설득하거나 접근하시나요?

협업 과정에서 본인의 의견과 팀의 방향이 충돌할 경우, 어떻게 문제를 풀어가시는 편인가요?

지금까지의 경험에서 가장 인상 깊었던 "좋은 팀워크 경험"과 "나쁜 팀워크 경험"을 하나씩 소개해 주세요.

---

5. 성장 방향성 및 열정

"기술적 호기심"을 바탕으로 프로젝트를 진행했다고 하셨는데, 최근에 가장 깊이 탐구해본 기술은 무엇이며, 그것이 왜 흥미로웠나요?

단순히 기능 구현이 아니라, 내부 구조나 원리를 파고드는 학습 방식이 실무에서 어떤 강점이 될 수 있다고 생각하시나요?

앞으로 3~5년 안에 본인이 기술적으로 성장하고 싶은 분야나 목표가 있다면 무엇인가요?

☞ 제가 정리한 질문들은 **깊이 있는 대화 유도**와 **지원자의 실제 역량 확인**에 초점을 맞췄습니다.

원하시면, 제가 이 질문들을 **"기술 면접용 / 조직 적합성 면접용 / 성장 가능성 면접용"** 세 가지 카테고리로 다시 재정리해 드릴 수도 있습니다. 원하시나요?

> 기술 면접형 카테고리로 정리하고 싶어.

> 좋습니다. 첨부하신 자기소개서를 기반으로 한 **기술 면접형 질문 카테고리**만 따로 정리해 드릴게요.

기술면접형 질문 리스트

1. 코드 철학 및 원칙
- "자체적으로 설명 가능한 코드"를 작성한다고 하셨는데, 이를 위해 구체적으로 어떤 네이밍 규칙이나 설계 방식을 적용하셨는지 설명해 주세요.

- 주석보다 "코드를 다시 작성한다"는 방식을 택했을 때, 일정 압박 속에서 현실적으로 어떤 기준으로 수정 여부를 판단하시나요?
- 협업 과정에서 다른 개발자의 코드 품질이 본인 철학과 다를 경우, 어떻게 맞춰 가시는지 궁금합니다.

2. 문제 해결 및 성능 개선
- 개인 프로젝트에서 성능 저하 문제를 해결했다고 하셨는데, 당시 사용한 **로그 수집 및 통계 분석 방법**을 구체적으로 설명해 주세요.
- 병목 지점을 찾아내고 구조 개선을 했다고 했는데, 그 과정에서 데이터 기반 접근이 어떤 점에서 효과적이었는지 말씀해 주세요.
- 성능 최적화 경험 중에서 "효과가 기대만큼 크지 않았던 시도"가 있다면, 그 경험에서 배운 점은 무엇인가요?

3. UI/UX 개선 역량
- 사용자가 필요로 하는 순간에 정보를 제공하는 UI/UX를 설계하고 싶다고 하셨는데, 이를 구현하기 위한 기술적 접근 방식을 설명해 주세요.
- 본인이 경험했던 **불편한 UI/UX 사례** 하나를 들고, 이를 개선하기 위해 어떤 아키텍처나 프레임워크를 활용할 수 있을지 구체적으로 얘기해 주세요.
- UI 성능(렌더링 속도, 반응성 등)을 개선하기 위해 적용해본 최적화 기법이 있다면 소개해 주세요.

4. 협업과 코드 품질 관리
- 코드 병합 시 발생했던 문제를 대화로 해결했다고 하셨는데, 기술적으로는 어떤 버전 관리 전략(Git flow, 브랜치 전략 등)을 사용했는지 궁금합니다.
- 협업 시 코드 리뷰 과정에서 가장 중요하게 보는 포인트는 무엇인가요? (예: 가독성, 성능, 유지보수성 등)
- 다른 팀원이 작성한 코드에서 문제를 발견했을 때, 이를 기술적으로 어떻게 개선 제안하시는지 예시를 들어 설명해 주세요.

5. 성장 및 학습 태도
- 최근에 가장 깊이 탐구했던 **프로그래밍 언어나 기술 스택**은 무엇이며, 그 학습 과정에서 얻은 인사이트를 공유해 주세요.
- 단순 구현이 아닌 내부 구조와 원리를 탐구하는 학습 방식이 실제 프로젝트 성과에 어떻게 기여한다고 생각하시나요?
- 앞으로 클라이언트 프로그래머로서 어떤 기술적 역량을 더 깊게 키우고 싶으신지 구체적으로 말씀해 주세요.

☞ 이렇게 정리하면 면접에서 **코딩 철학 → 문제 해결 능력 → UI/UX 개선 → 협업 기술 → 성장 가능성** 흐름으로 질문을 이어갈 수 있어, 기술 역량을 종합적으로 평가하기 좋습니다.
혹시 이 질문들을 난이도별(기초 → 심화)로도 다시 배열해 드릴까요?

AI는 이렇게 채용하는 입장에서도 시간을 절약하고 평가의 깊이를 더하는 도구가 될 수 있습니다. 다만 주의할 점은, AI가 제안하는 정보가 어디까지나 참고 자료일 뿐이라는 사실입니다. 또 AI에게 정보를 제공할 때 자기소개서처럼 개인 정보가 들어간 부분은 제외해야 합니다. 최종적으로 지원자를 평가하고 판단하는 책임은 여전히 사람에게 있다는 사실을 잊지 말아야 하고요.

역질문 시뮬레이션

최근 면접에서는 지원자가 면접관에게 질문을 던지는 경우가 많아졌습니다. 과거에는 이런 상황이 드물었지만, 사회가 변하면서 이제는 지원자가 회사와 면접관을 평가하는 분위기도 자연스러운 흐름이 되었다고 할 수 있습니다.

이러한 역질문은 지원자가 회사를 어떻게 인식하는지, 회사의 외부적 평가가 어떤지에 대한 바로미터로서도 활용할 수 있지요. 이때 면접관의 답변은 곧 회사의 인상으로 이어지기 때문에 이에 대비하는 것도 필요합니다. 물론 이 또한 AI를 통해 미리 시뮬레이션해 볼 수 있습니다.

 이제 면접자가 나에게 할 만한 질문을 예측해서 정리해 줄 수 있어?

 네, 아주 좋은 접근이에요. 👍
면접자 입장에서는 "내가 지원하는 회사와 직무에 대해 더 알고 싶다"라는 의도를 담은 질문을 던질 가능성이 높습니다. 첨부된 자기소개서의 성향(최소주의 철학, 코드 품질, UI/UX 개선 관심, 도전적 성격)을 기반으로, 면접자가 할 법한 질문을 예측해 정리해 드릴게요.

면접자가 할 수 있는 질문 예측 리스트

1. 직무 관련
- "귀사에서 클라이언트 프로그래머가 주로 다루는 기술 스택이나 개발 환경은 어떤가요?"
- "저 같은 주니어 개발자가 실제 프로젝트에 참여할 경우, 초기에는 어떤 업무부터 맡게 되나요?"
- "코드 리뷰나 협업 과정에서 회사가 가장 중요하게 생각하는 기준은 무엇인가요?"

2. 회사 문화와 개발 문화
- "자기소개서에서 본 것처럼 저는 '코드 가독성과 최소주의'에 신경을 많이 쓰는데, 회사의

개발 문화는 어떤 방향성을 갖고 있나요?"
- "팀 내에서 새로운 기술이나 도구를 도입할 때 의사결정 과정은 어떻게 이루어지나요?"
- "실패한 시도도 장려한다고 들었는데, 실제로 그런 사례가 있나요?"

3. 성장 기회와 커리어
- "제가 관심 있는 UI/UX 개선 프로젝트에 참여할 기회가 있을까요?"
- "주니어 개발자가 기술적으로 성장할 수 있도록 지원하는 제도나 멘토링 구조가 있나요?"
- "장기적으로는 백엔드나 다른 분야로 확장하고 싶을 수도 있는데, 사내에서 이런 이동이 가능한가요?"

4. 사용자 경험과 서비스 방향성
- "귀사가 제공하는 서비스 중, 현재 가장 집중적으로 개선하려는 사용자 경험 포인트는 무엇인가요?"
- "UI/UX 관련해서 사용자의 피드백을 어떻게 수집하고 반영하나요?"
- "앞으로 도전하려는 새로운 서비스나 기술이 있다면 공유해주실 수 있나요?"

5. 조직 및 선택 기준
- "자기소개서에 적은 것처럼 저는 '과감한 선택을 하는 회사'를 선호합니다. 귀사에서 최근에 과감한 도전을 한 사례가 있을까요?"
- "여러 경쟁사와 비교했을 때, 귀사가 가진 가장 큰 장점은 무엇이라고 생각하시나요?"
- "저 같은 사람이 입사 후 성과를 내기 위해 가장 먼저 준비해야 할 것은 무엇일까요?"

☞ 이 질문들은 **지원자가 자기소개서에서 강조한 포인트**(코드 철학, UI/UX, 도전적 문화, 성장 의지)에 맞춰 예상한 것들이라, 실제 면접에서 나올 확률이 높습니다.
원하시면 제가 이 예상 질문들을 "회사에 대한 질문 / 직무에 대한 질문 / 성장 기회에 대한 질문"처럼 카테고리별로 재구성해 드릴 수도 있습니다. 해드릴까요?

이처럼 AI를 활용하면 지원자가 던질 수 있는 다양한 역질문을 미리 예측하고 답변을 준비할 수 있습니다. 예를 들어 "이 직무의 성장 경로는 어떻게 되나요?" "팀 내 협업 방식은 어떤가요?" "최근 회사가 직면한 가장 큰 과제는 무엇인가요?" 같은 질문들이 나올 수 있지요. 이러한 질문에 대한 답변을 AI와 미리 정리해두면 준비된 회사라는 이미지와 업계 선배로서 고민했던 내용들을 함께 전달할 수 있기 때문에 지원자에게 큰 도움이 될 수 있습니다.

AI는 조명해주는 역할

이번 장의 핵심 메시지는, 여러분의 가치를 AI가 만드는 게 아니라는 것입니다. 저는 여기서 AI가 무대 조명과 비슷하다고 느낍니다. 여러분이 가진 경험과 역량을 '기업이 주목할 수 있도록' 비춰주는 도구 같은 것이죠.

무대 위에 주인공이 없다면 제아무리 조명이 화려해도 아무 의미가 없습니다. 여기서 주인공은 여러분이 살아온 시간과 그동안 쌓아온 노력, 여러분의 경험입니다. AI는 여러분을 좀 더 돋보이게 할 수 있지만, 스스로 빛날 '무언가'는 여러분 자신이 갖고 있습니다. AI가 아무리 여러분의 삶 속으로 깊이 들어와도 그 점을 잊지 않으시면 좋겠습니다.

> **TIP 지원자를 위한 팁!**
>
> 내가 자기소개서 작성에 AI를 활용한다면, 면접관도 AI를 사용해 채용을 준비하고 진짜와 가짜를 걸러낼 수 있다는 점을 기억하세요.
>
> 1. 면접관도 AI를 쓴다고 가정하고 준비하기
> 2. 자기소개서의 모든 숫자는 근거를 준비
> 3. 모든 성과는 과정까지 설명 가능하게
> 4. 실패 경험도 준비
> 5. 해당 회사의 경쟁사도 분석하고, 맞춤형 질문 준비

건강 관리, 중고 거래, 문서 작성, 취업 준비, 사업 준비까지
똑똑한 생활인의 AI 활용법
시켜보니 다 되는 생활밀착형 AI

PART 3

생활과 업무 효율성 극대화

CHAPTER 5　빠른 문서 작성의 비밀
CHAPTER 6　사업자를 위한 AI 매니저

CHAPTER 5
빠른 문서 작성의 비밀

AI 시대의 핵심은 복잡한 일상을 단순하게 만드는 데에도 있습니다. 창의적인 아이디어를 낼 때만 사용하는 것이 아니라, 생활 곳곳에서 마주치는 잔잔한 업무들을 정리해주는 데도 AI가 탁월합니다. 시간을 쓰고 싶지 않았던 일, 그러나 반드시 처리해야 하는 문서가 더 이상 우리에게 큰 짐이 되지 않습니다.

삶을 더 심플하게

서류 앞에서 멈칫하게 되는 순간 해결하기

지난 봄, 대학 동창이 한숨을 쉬며 전화를 했습니다.

"야, 요즘 애들 학교 서류가 왜 이렇게 복잡하냐?"

무슨 일이냐고 물었더니, 초등학교 3학년 딸아이와 있었던 이야기를 들려줬습니다.

"아빠, 우리 반 애들 다 제주도 갔다 왔대. 우리도 가면 안 돼?"

마침 연휴도 있고, 가족 여행 한번 가야지 싶어 가자고 했다더군요. 비행기표를 예약하고, 렌터카를 예약하고, 숙소도 잡고… 신나게 여행을 준비하던 아이가 말했답니다.

"아빠, 근데 학교에 체험학습 신청서 내야 해."

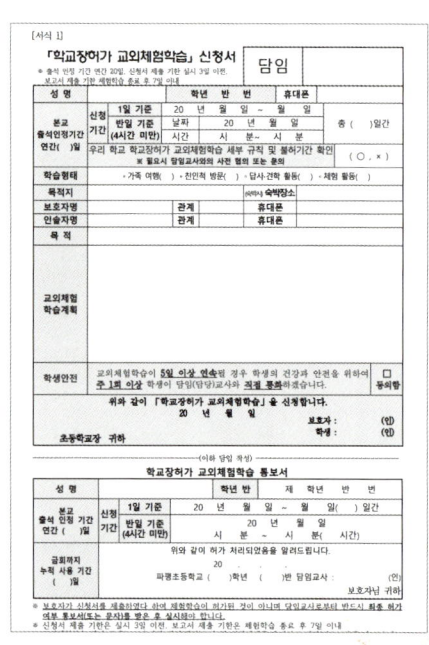

국내 한 초등학교의 교외체험학습 신청서 예시

저도 친구를 통해 처음 알게 된 사실인데요. 학기 중에 가족 여행 같은 일이 생기면 학교에 제출해야 하는 문서가 있더군요. 이 신청서는 가족과 함께 교외로 나가서 무언가를 배우고 온다는 사실을 전달하는 게 핵심인 문서였습니다. 신청서를 보더니 친구의 아내도 한숨을 쉬었다고 하더군요.

"작년에 부산 갈 때도 이거 때문에 고생했잖아. 그때 '해양 생태계 탐구'라고 썼다가 보고서에 뭘 적어 내야 할지 몰라서… 애가 조개껍데기 주워온 거 갖고 억지로 〈해양생물 관찰일지〉 만들고 그랬잖아."

살다 보면 이런 문서를 접해본 경험이 별로 없어 처음에는 당황하기 일쑤입니다. 그때 문득 생각이 났지요. 'AI한테 물어보면 어떨까?' 처음엔 반신반의했지만, 챗GPT를 열고 친구가 보내준 사진 양식을 넣은 뒤 질문을 시작했죠. 저는 생성형 AI로 다음과 같이 빠르게 문서를 정리해 전달해줄 수 있었습니다.

> 초등 3학년이랑 제주도 가족여행 가는데, 교외체험학습 신청서 어떻게 써? 양식도 함께 첨부할게.

> 좋습니다! 제주도 가족여행을 초등학교 3학년 교외체험학습 신청서에 맞게 작성하는 방법을 예시로 알려드릴게요. 첨부하신 양식을 기준으로 항목별로 채워보면 됩니다.
>
> 📋 **작성 예시 (제주도 가족여행)**
>
> **상단 기본 정보**
> - **성명**: 학생 이름
> - **학년/반/번호**: 3학년 ○반 ○번
> - **휴대폰**: 보호자 휴대폰 번호
>
> **본교 출석인정기간**
> - **신청 1일 기준**: 2025년 ○월 ○일 ~ 2025년 ○월 ○일 (총 ○일간)
>   → 여행 기간에 맞게 입력 (예: 2박 3일이면 3일간)
> - **발인 기준 날짜**: 출발일 기재 (예: 2025년 ○월 ○일)
> - **기간(4시간 미만)**: 보통 여행은 하루 이상이므로 비워둬도 무방
>
> **학습 형태**

- **가족 여행**(○) ← 이 부분에 체크

목적지
- 제주도 ○○시 일대 (숙박: ○○호텔/펜션/리조트 등)

보호자명 / 인솔자명
- 보호자명: 아버지(관계), 휴대폰 번호
- 인솔자명: 어머니(관계), 휴대폰 번호

교외체험 학습 계획

예시 문구:

제주도의 역사·자연·문화 체험을 통한 학습

- 한라산 둘레길 자연 탐방 (환경·생태 학습)
- 제주 민속촌 방문 (역사·문화 체험)
- 주상절리·용암동굴 관찰 (지질학적 체험)
- 가족과 함께 여행하며 협동심과 의사소통 능력 향상

학생 안전
- 5일 이상이 아닐 경우 체크 불필요
- 만약 5일 이상이면 '동의함'에 체크

제출
- 보호자 서명 & 학생 서명
- 담임선생님께 제출 (여행 시작 3일 전까지)

✍ 작성 팁
1. 교외체험 학습 계획 부분은 학교에 따라 간단히 "가족여행 및 문화체험" 정도로만 써도 되는 경우가 많습니다.
2. 숙박 정보는 호텔/펜션 이름까지 쓰면 좋아요.
3. 여행이 2박 3일이면 신청 기간은 '3일간'으로 표기합니다.
4. 여행 후에는 체험학습 보고서도 제출해야 출석 인정이 확정됩니다.

원하시면 제가 실제 2박 3일 제주 가족여행 예시(날짜 포함해서 미리 채워둔 완성본)를 작성해서 드릴 수도 있어요. 그렇게 해드릴까요?

AI와 대화한 내용을 전달받은 친구는 바로 신청서를 써서 학교에 보냈습니다. 덕분에 통화를 하는 몇 분 사이에 빠르게 서류를 처리할 수 있었죠. 이 예시처럼 생활에서 엄청난 중요도를 가진 건 아니지만, 분명 해결해야 하는 문서들이 존재합니다. 그럴 때 AI를 사용하면 매우 간단하게 처리할 수 있습니다.

온라인으로 주민등록등본 떼는 법

컴퓨터로 5분 안에 주민등록등본을 뗄 수 있다는 사실 알고 계신가요? 주민센터에 가면 발급 비용이 들지만, 인터넷으로 하면 심지어 무료죠.

물론 아는 분도 많으실 겁니다. 알고는 있지만 어떻게 하는지 모르는 분도 계실 거고요. 주민등록등본을 예시로, 정보에 대한 차이도를 제가 개인적으로 무지에서 숙달까지 5가지 단계로 나눠봤습니다.

단계	구분	설명
1단계	무지	"온라인으로 등본을 뗀다고? 그게 되나?"
2단계	인지	"온라인으로 된다는 건 들어봤는데…"
3단계	이해	"인터넷 홈페이지 들어가서 하는 걸로 알고 있어."
4단계	실행	"할 수 있어. 한 번 해봤거든."
5단계	숙달	"내가 그걸 얼마나 많이 해봤는데!"

여기서 인지 단계 다음으로 넘어가기 어려워하는 경우가 제일 많습니다. 알고는 있지만 직접 주민센터에 가서 대기 번호표를 받고 등본을 떼는 것이 디지털 방식을 배우는 것보다 더 빠르다고 생각하시는 거죠.

만약 급히 주민등록등본이 필요한데 주민센터가 너무 멀거나 업무 시간이 종료된 상황이라면 어떨까요? 온라인으로 빠르게 받아야 하는 경우가 생길 겁니다. 옆에서 방법을 가르쳐주는 사람이 없다면 포기해야 할 수도 있겠지만, 이제는 모두가 AI를 보조 어시스턴트로 사용할 수 있죠.

 주민등록등본을 발급받아야 돼. 인터넷으로 어떻게 해?

 주민등록등본은 **정부24** 사이트에서 인터넷으로 간편하게 발급받을 수 있어요.
절차는 다음과 같습니다:

☑ **준비물**
본인 인증 수단
공동(구 공인)인증서, 금융인증서, 또는 간편인증(카카오, 네이버 등)
프린터 (즉시 출력하려면 필요)
→ 프린터가 없으면 PDF로 저장 후 나중에 출력 가능
수수료: 무료

☐ **발급 방법**
정부24 홈페이지 접속
상단 검색창에 **"주민등록등본(초본)"** 입력
서비스 항목에서 「**주민등록표등본(초본) 교부**」 선택
신청하기 클릭 → 로그인
발급 구분에서 **등본 선택**

세부 조건(세대 전원/일부, 상세/요약) 선택 후 발급하기
인쇄하기 또는 PDF 저장으로 완료

📄 모바일 발급
정부24 앱 설치 후 동일하게 로그인 → 주민등록등본 신청 → PDF로 발급
모바일 PDF는 은행, 관공서, 회사 등에 제출 시 유효합니다.

☞ 혹시 지금 프린터가 없으세요, 아니면 바로 출력 가능한 환경이신가요?

나는 인터넷을 잘 안 해봐서 어떻게 하는지 모르겠어. 스마트폰으로 하는 방법을 알려줘.

좋습니다 👍
제가 **스마트폰(핸드폰)으로 주민등록등본 발급**하는 과정을 아주 쉽게 단계별로 알려드릴게요.

📱 스마트폰에서 주민등록등본 발급하기

1. 앱 설치
구글 플레이스토어(안드로이드)나 앱스토어(아이폰)에서 **"정부24"** 검색
정부24 앱 설치 후 실행

2. 로그인
앱 첫 화면에서 **로그인** 버튼 선택
로그인 방법 고르기:
공동(구 공인)인증서
금융인증서 (은행 앱에서 발급한 인증서)
간편인증 (카카오톡, 네이버, 통신사 PASS 등)
본인 인증 완료

3. 서비스 찾기
검색창에 **"주민등록등본"** 입력
「주민등록표등본(초본) 교부」 메뉴 선택

4. 신청하기
등본 선택 (초본 아님)
세부 옵션 선택

세대 전원 또는 일부만
상세/요약 여부
확인 후 신청하기

5. 발급 & 저장
발급 완료되면 화면에 PDF 형태로 뜹니다
휴대폰에 저장하거나 카카오톡·이메일로 전송 가능
필요 시 PDF 파일을 출력소(편의점, PC방, 집 프린터 등)에서 인쇄

- ✔ 수수료: 무료
- ✔ PDF 파일 자체도 은행, 관공서, 회사에서 공식 증빙 서류로 인정됩니다.

☞ 원하시면 제가 그림으로 된 단계별 안내를 만들어 드릴까요? (예: 앱 화면 캡처 느낌 가이드)

보시는 것처럼, AI는 어디에서 무엇을 어떻게 해야 하는지 하나씩 알려줍니다. 그래도 모르는 게 있다면? 또 물어보면 됩니다. 금융인증서 발급은 어떻게 하면 되는지 물어볼 수도 있죠. AI의 가장 좋은 점은, 이렇게 몇 번을 되물어도 짜증 한 번 내지 않고 잘 대답해준다는 겁니다. 민원 서류 중 가장 방법이 쉬운 등본 떼기를 배웠다면 토지대장 열람이나 여권 재발급, 가족관계증명서 발급도 충분히 하실 수 있습니다.

우리 동네 도로가 위험해요

여러 가지 민원 서류들은 이미 자세하게 방법이 안내되어 있어서 어느 정도 정형화되어 있다고 할 수 있습니다. 하지만 살다 보면 정형화되어 있지 않은 문제들을 만나는 경우가 종종 생기죠. 예를 들어, 자주 다니는 동네 골목길에 큰 구멍이 생겼는데 한 달 넘게 방치되어 있다고 해봅시다. 비가 오면 물이 고이고, 차가 지나가면 물이 튀어 보행자가 흠뻑 젖는 사고까지 발생할 수 있습니다. 실제 이런 상황을 겪고 나면 '구청에 민원 요청을 해야겠다'는 생각이 들죠. 하지만 막상 민원 사이트에 들어가면 뭘 누르고 무엇을 어떻게 써야 할지 막막합니다. "우리 동네 도로를 고쳐주세요"라고만 쓸 수도 없는 노릇이고요.

민원은 문제 상황을 명확하고 건설적으로 정리해야 효과적으로 전달됩니다. 기본적으로 다음 요소들을 포함하면 좋습니다.

1. 정확한 위치(담당자가 찾아갈 수 있게)
2. 구체적인 상황(크기, 깊이, 기간)
3. 위험성 근거(실제 피해 사례)
4. 시급성 설명(왜 빨리 해결해야 하나)
5. 증거 자료(사진, 동영상)

AI에게 이렇게 정리된 내용을 주면서 민원서 초안을 요청하면 체계적이고 전달력 있는 문서가 나옵니다. 그러면 담당자도 빠르게 내용을 이해하고 조치할 수 있겠지요. AI는 단순한 편의 서류뿐 아니라, 조리 있는 민원 제기 문서를 작성할 때도 든든한 파트너가 될 수 있습니다.

 구청에 도로 보수 요청 민원 넣으려고 해.

위치: 서울시 ○○구 ○○동 123-45번지 앞
문제: 도로에 큰 구멍(폭 50cm, 깊이 10cm 정도)
위험성: 비올 때 물고임, 밤에 안 보여서 사고 위험

기간: 약 한 달

정중하지만 시급성이 전달되도록 작성해줘.

 다음과 같이 정중하면서도 긴급성이 잘 전달되는 민원문을 작성해 보았습니다.

도로 보수 요청 민원서

서울시 ○○구청 담당자님께
안녕하십니까.
저는 ○○구 ○○동 주민입니다. 다름 아니라, 아래 위치의 도로 파손으로 인해 보행자와 차량 모두에게 큰 위험이 발생하고 있어 조속한 보수를 요청드리고자 합니다.

- **위치**: 서울시 ○○구 ○○동 123-45번지 앞
- **문제 내용**: 도로에 폭 약 50cm, 깊이 약 10cm 크기의 큰 구멍이 발생
- **위험성**:
    - 비가 올 경우 물이 고여 보행자의 안전사고 및 차량 타이어 손상 위험
    - 야간에는 시야 확보가 어렵고, 보행자·자전거·오토바이 등의 사고 가능성 매우 높음
- **발생 기간**: 약 한 달 이상 지속

현재 상태로 방치될 경우 추가적인 도로 파손과 인명·재산 피해가 우려됩니다. 따라서 주민의 안전을 위해 신속한 점검 및 보수를 부탁드립니다.
항상 구민의 안전과 생활 편의를 위해 애써주시는 점 깊이 감사드리며, 본 민원이 조속히 검토·처리되기를 부탁드립니다.
감사합니다.

○○구 ○○동 주민 올림

☞ 필요하다면 제가 이 문구를 공식 민원 접수 형식(예: 국민신문고 양식이나 구청 민원 서식)에 맞게 조정해드릴 수도 있어요. 원하실까요?

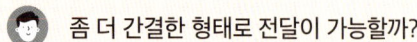 좀 더 간결한 형태로 전달이 가능할까?

 네, 불필요한 설명을 줄이고 요지만 전달하는 간결한 형태로 정리해드릴게요.

🤖 도로 보수 요청

서울시 ○○구청 담당자님께
안녕하세요.
아래 위치 도로 파손으로 인한 안전사고 위험이 커 신속한 보수를 요청드립니다.

- 위치: 서울시 ○○구 ○○동 123-45번지 앞
- 내용: 폭 약 50cm, 깊이 약 10cm의 구멍 발생 (약 한 달 이상 지속)
- 위험: 비 시 물 고임, 야간 시 시야 불량으로 보행·차량 사고 우려

주민 안전을 위해 빠른 조치 부탁드립니다.
감사합니다.
○○구 ○○동 주민 드림

☞ 원하시면 제가 이걸 국민신문고 접수용 500자 이내 버전으로도 다듬어드릴 수 있어요. 줄여드릴까요?

이렇게 보니 참 간단한 일이죠. 원하는 목적을 제대로 입력하고, 정중함과 시급성을 함께 요청하면 쉽게 민원 문서가 만들어집니다. 결국 이런 건의용 문서는 상대방을 설득해서 원하는 바를 요청하기 위한 글이니, AI에게 조리 있게 글을 써달라고 요청하면 됩니다.

슬기로운 업무 생활

AI는 개인 생활뿐 아니라 직장에서도 도움이 됩니다. 특히 반복적이지만 반드시 필요한 업무에서 활용의 폭이 넓지요.

보고서 작성하는 법

보고서는 조직에서 가장 기초적이고 핵심적인 템플릿입니다. 업계별로 조직별로 중요하게 생각하는 부분이 따로 있고, 보고서는 그 내용을 담고 있지요. 그래서 조직에 속한 사람들은 해당 조

직에 맞는 보고 양식을 가장 먼저 학습합니다. 또 효과적인 측정을 위해 일간, 주간, 월간으로 보고하는 경우가 많기 때문에 직장인은 언제나 보고서와 함께한다고 봐도 무방하죠. 그만큼 직장인은 보고서 작성에 많은 시간을 할애하는데요. 이런 보고서에도 생성형 AI를 적용할 수 있다면 어떨까요?

AI는 방대한 기록을 요약하는 데 탁월합니다. 주간업무일지, 프로젝트 진행 상황, 데이터 분석 결과 등을 간략히 입력하면 보고서 형식에 맞게 정리된 초안을 바로 받을 수 있습니다. 보고자는 초안에 디테일을 보완하기만 하면 됩니다.

외부에 보낼 이메일 다듬기

외부와의 커뮤니케이션에서 가장 많이 활용되는 문서는 이메일일 겁니다. 요즘은 별도의 메신저나 슬랙(Slack) 등을 이용해 전달하는 경우도 있지만, 여전히 기록을 남겨야 하고 무게가 있는 제안을 할 때는 이메일을 사용하죠.

이메일의 경우, 영업 목적 또는 기업의 목표 달성을 위해 같은 내용을 전달해야 하는 경우도 종종 생기는데요. 예를 들어 자사 제품의 홍보 및 시장 점유율을 올리는 전략으로 우리 회사 제품을 협찬으로 제공한다는 내용의 이메일을 보내는 상황이라고 해봅시다.

기업 맞춤형 협찬 안내 메일

제목: [○○기업 행사명/프로젝트명] 디스플레이 협찬 제안드립니다

[수신자 성명/직책] 귀하
안녕하세요. 저는 [회사명]의 [직책/이름]입니다.
최근 귀사가 준비 중인 [행사명/프로젝트명] 소식을 접했습니다.
행사의 성격상 전시 및 발표, 홍보 영상 송출 등에서 대형 디스플레이 장비가 필요하실 수 있다고 생각되어 이렇게 연락드립니다.
저희 [회사명]은 기업용 디스플레이 제작·공급 전문 기업으로, 귀사의 행사에 활용 가능한 디스플레이 협찬을 제공드릴 수 있습니다.

협찬 제안 개요

- 협찬 품목: 기업용 대형 디스플레이 [사이즈/스펙]
- 활용 가능 분야: 전시 부스, 안내 화면, 발표 자료 송출, 홍보 영상 운영 등
- 추가 지원: 설치 및 철거 지원 (필요 시 협의 가능)

협찬 시 기대 효과

- 행사 현장에서의 원활한 진행 및 고품질 영상 제공
- 귀사 브랜드 이미지 제고 및 방문객 만족도 향상

이번 행사가 성공적으로 진행될 수 있도록 저희도 함께 협력하고 싶습니다.

필요하시다면 구체적인 협찬 방안을 협의드리고자 하오니, 편하신 시간에 연락 부탁드립니다.

감사합니다.

이 템플릿을 많은 기업에게 보내야 하니 각 기업별 담당자에게 이메일을 보내겠죠. 대부분 기업 명칭과 담당자 명칭 정도만 변경해서 이메일을 보냅니다. 그런데 모든 기업과 담당자가 똑같은 배경과 문화를 가진 것은 아니라서 천편일률적인 메일은 자칫 무성의하게 느껴질 수 있습니다.

반대로 말하면, 기업의 상황이나 담당자의 관심사에 맞춰 문장을 조율하면 훨씬 큰 호응을 이끌어낼 수 있다는 것이죠. 바로 이런 부분에서 AI는 탁월한 능력을 선보입니다.

 이제부터 이메일 카피라이터의 역할을 해줘.
전달할 기업명 : [당근 마켓]

기업 맞춤형 협찬 안내 메일을 만들고 싶은데,
아래 메일이 우리가 전달하고 싶은 주요 베이스야.

[앞의 템플릿 메일 입력]

내가 특정 기업명을 입력하면, 그 기업의 역사, 비전, 주요 가치, 최근 활동 등을 간략하게 조사해서 메일의 도입부와 중간 설명 부분에 자연스럽게 반영해줘. 민감한 이슈는 피하는 쪽으로 워딩 디자인 진행해줘.

출력 조건:
- 스팸메일처럼 보이지 않도록 맞춤형 어휘 사용
- 기업의 정체성(역사·비전·가치)에 맞는 2~3문장 추가
- 전체 메일 톤은 정중하고 신뢰감 있게 유지
- 불필요하게 길게 쓰지 말고 1페이지 이내로 마무리

 알겠습니다. 이제부터 이메일 카피라이터로서, 당근(당근마켓)의 기업 역사·비전·가치·최근 활동을 자연스럽게 녹여낸 협찬 제안 이메일을 작성해드릴게요.
아래는 당근을 위한 맞춤형 예시입니다.

제목
[당근 x ○○기업 행사명/프로젝트명] 디스플레이 협찬 제안드립니다

[수신자 성명/직책] 귀하
안녕하십니까. [회사명]의 [직책/이름]입니다.
귀사가 준비 중이신 [행사명/프로젝트명] 소식을 듣고 깊은 감명을 받았습니다. 특히 귀사의 행사 방향과 당근이 추구하는 "로컬의 모든 것을 연결하여, 동네의 숨은 가치를 깨운다"라는 2025년 새 비전이 매우 조화롭게 느껴졌습니다(한국경제). 당근은 2015년 '판교장터'에서 출발해, 이웃 간 신뢰와 연결을 기반으로 전국적인 지역생활 커뮤니티로 성장했으며(한국경제), 중고거래 뿐 아니라 동네정보 공유, 모임, 지역 가게 홍보, 구인구직, 부동산·중고차 직거래 등 다양한 로컬 서비스를 제공하며 진정한 '하이퍼로컬' 플랫폼으로 자리매김해 왔습니다(한국경제).
이처럼 '동네를 여는 문'이 되어 지역의 기회와 관계를 만드는 당근의 정체성과 귀사의 행사 취지가 어우러져, 이번 협찬이 더욱 의미 있고 긍정적인 시너지를 낼 수 있으리라 확신합니다.

협찬 제안 개요
- 협찬 품목: 기업용 대형 디스플레이 [사이즈/스펙]
- 활용 가능 분야: 전시 부스, 안내 화면, 발표 자료 송출, 홍보 영상 운영 등
- 추가 지원: 설치 및 철거 지원 (필요시 협의 가능)

협찬 시 기대 효과
- 행사 현장의 원활한 운영과 고품질 영상 제공
- 귀사의 브랜드 이미지 제고 및 방문객 만족도 향상
- 당근의 "지역 연결" 철학과 귀사의 행사 컨셉이 만나 더욱 깊은 공감을 이끌며 참석자의 몰입도를 높일 기회

귀사의 행사가 더욱 성공적으로 진행되길 진심으로 바라며, 저희도 함께 협력하고 싶습니다.

구체적인 협찬 방안에 대해 논의하고자 하오니, 편하신 시간에 연락 주시면 감사하겠습니다.
감사합니다.
[회사명]
[직책/이름]
[연락처/이메일]

요약 포인트

- **도입부**: 당근의 비전과 히스토리를 2~3문장 자연스럽게 녹여, 맞춤형 인상을 강화
- **문체**: 정중하고 신뢰감 있는 톤 유지, 스팸메일처럼 보이지 않도록 간결하게 구성
- **페이지 길이**: 1페이지 이내로 간결하게 정리

이렇게 작성하시면 어떨까요? 특정 기업명을 넣거나, 행사 성격을 좀 더 반영하고 싶으시면 언제든 말씀 주세요!

 기업명 : 유한양행

 다음은 **유한양행**의 역사와 최근 활동을 자연스럽게 녹여낸, **맞춤형 협찬 안내 이메일 예시입니다**. 정중하고 신뢰감 있는 톤으로 구성되었으며, 스팸처럼 보이지 않도록 주의했습니다.

제목
[유한양행 × ○○기업 행사명/프로젝트명] 디스플레이 협찬 제안드립니다

[수신자 성명/직책] 귀하

안녕하십니까. [회사명]의 [직책/이름]입니다.
귀사가 준비 중이신 [행사명/프로젝트명] 소식을 접하고 깊은 감명을 받았습니다. 한국 제약 산업의 선두주자로, 1926년 창립 이후 '가장 좋은 상품을 만들어 국가와 이웃에 공헌하자'는 창업 이념을 실천해 온 유한양행의 정체성이 이번 행사에 매우 잘 어울린다고 느꼈습니다. 또한 유한양행은 'Great & Global' 비전을 기반으로 글로벌 50대 제약사 도약을 준비 중이며, 2024년에는 국내 전통 제약사 최초로 연 매출 2조 원을 돌파했다는 점에서 협업 시 긍정적 시너지를 기대합니다 (todayeconomic.com).

협찬 제안 개요

- 협찬 품목: 기업용 대형 디스플레이 [사이즈/스펙]
- 활용 가능 분야: 전시 부스, 안내 화면, 발표 자료 송출, 홍보 영상 운영 등
- 추가 지원: 설치 및 철거 지원 (필요 시 협의 가능)

협찬 시 기대 효과
- 행사 진행의 효율성과 영상 품질을 획기적으로 향상
- 디스플레이를 통한 귀사의 행사 브랜드 가치 상승 및 방문객 만족도 제고
- 유한양행과 귀사의 협업 이미지를 통해 깊은 신뢰와 사회적 가치를 함께 전달할 기회

귀사의 행사가 보다 성공적으로 진행될 수 있도록 저희도 함께 최선을 다하고 싶습니다. 구체적인 협찬 방안에 대해 논의할 수 있는 시간을 주시면 감사하겠습니다.
감사합니다.
[회사명]
[직책/이름]
[연락처/이메일]

요약 포인트
- **도입부**: 유한양행의 창업 철학과 성장, 그리고 비전(매출·글로벌 목표 등)을 2~3문장으로 자연스럽게 삽입
- **문체**: 정중하고 신뢰를 주되, 간결하게 구성하여 스팸처럼 보이지 않도록 주의
- **길이**: 1페이지 이내로 간결하게 정리

필요하시면 행사 성격에 맞춘 추가 조정이나 다른 기업 사례도 도와드릴 수 있습니다. 언제든 말씀 주세요!

이렇게 기본 템플릿의 의도와 목적은 유지하면서 각 기업에 맞춘 메일을 작성할 수 있고, 작은 노력으로 많은 효과를 거둘 수 있게 되죠. "말 한마디에 천 냥 빚을 갚는다"는 속담이 지금도 유효한 이유입니다.

서류도 대화처럼

우리가 살아가면서 마주하는 문서들은 중요한 계약서부터 사소하지만 꼭 필요한 신청서까지 다양합니다. 번거롭고 귀찮아도 꼭 해야 하는 일이 많죠. 이제 AI 덕분에 훨씬 빠르고 간단하게 해결할 수 있는 방법을 알게 되었습니다.

이번 장에서 보신 것처럼, AI는 단순히 글을 대신 써주는 도구가 아니라 생각을 정리해주고 표

현을 다양하게 만들어주는 조력자입니다. 덕분에 우리는 불필요한 부담을 줄이고, 더 중요한 곳에 에너지를 집중할 수 있게 되었죠.

빠른 문서 작성의 비밀은 AI 활용에 달렸다는 단순한 이야기가 아닙니다. 방법에 따라 몇십 배로 효율을 증가시켜 줄 수 있는 방법에 관한 이야기입니다. 이것이 앞으로 저희의 일상과 업무에서 효율적으로 문제를 해결해줄 새로운 습관이 될 것입니다.

다음 장에서는 사업하는 분들을 위한 AI 활용법을 알아보겠습니다. 상권 분석부터 고객 응대까지, 작은 가게도 스마트하게 운영하는 방법을 소개할게요.

TIP 문서 작성에서 자주 발생하는 실수!

사례 1: 개인 정보 그대로 넣기

잘못된 예	올바른 예
내 계좌 내역이야. 650-1XXX-2OOOO, 보다시피 작년 매출이 135,820,000원인데, 세금계산서 쓰는 방식 알려줘.	나는 개인 카페 운영자야. 연 매출 1~1.5억 구간, 세금 계산 방법 알려줘.

개인 정보는 AI에게 묻는 것 자체가 하나의 리스크가 될 수 있습니다. 따라서 개인 정보는 항상 제외하면서 입력하는 습관을 들여야 합니다.

사례 2: AI가 만든 내용을 그대로 전달

가장 흔하게 발생하는 실수가 아닐까 싶습니다. AI에게 수정을 요청한 뒤, 그 내용을 그대로 복사해서 가져오는 경우 흔히 발생하는 실수인데요. 예를 들어, 11월에 모이는 동창회 안내 문구를 단체 메시지로 보내기 위해 AI를 사용했다고 가정해보겠습니다.
그에 대한 답으로 "제30회 ○○고등학교 동창회에 초대합니다. 푸르른 5월의 정취와 함께…" 이런 답이 나올 수 있죠. 그런데 이 내용을 그대로 복사해서 사용하면 11월이 아니라 5월의 내용으로 잘못 읽힐 수 있겠죠. 그러니 항상 AI가 만든 내용을 꼼꼼히 읽으면서 한 번 더 수정을 거쳐야 합니다.

서류 작성 시 주의사항 체크리스트

☐ 개인정보(주민번호, 계좌번호) 제거했는지 Check!   ☐ 날짜와 숫자 다시 Check!
☐ 받는 사람 이름과 직책과 일정 Check!   ☐ 첨부파일에 엉뚱한 게 들어가 있지 않나 Check!
☐ 한 번 더 읽어보면서 마무리 Check!

이 다섯 가지만 확인해도 실수의 90%는 예방할 수 있습니다!

CHAPTER 6 사업자를 위한 AI 매니저

작은 가게도 스마트해지는 AI 활용법

언젠가부터 음식점에 키오스크가 등장하기 시작했습니다. 처음에는 큰 프랜차이즈 식당들만 활용하다가, 이제는 작은 식당에서도 많이 사용하고 있죠.

인력에 드는 고정비용을 줄이고, 사업장의 동선이 줄어드는 장점이 있다 보니 키오스크는 자영업을 하는 분들에게 아주 빨리 전파되었습니다. 그리고 이제는 AI가 여러분의 인건비를 줄여줄 수 있는 역할을 하

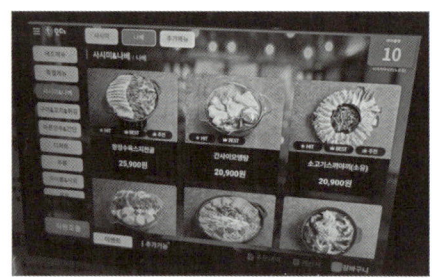

음식점 키오스크

는 시대도 왔습니다. 기존의 키오스크가 주문을 받고 결제하는 서버 역할만 가능했다면, 생성형 AI는 더 다양한 역할을 수행할 수 있습니다.

사업의 시작인 상권 분석

성공적인 자영업을 위해서는 사업장이 필요한 경우가 있습니다. 하지만 사업장이 한번 자리를 잡으면 이동이 쉽지 않기 때문에 내가 운영할 사업에 맞는 위치인가에 대한 꼼꼼한 분석이 필요하죠. 발품도 팔면서 직접 기존 상황을 알아봐야겠지만, 이때 AI에게 1차 조사를 요청할 수 있습니다.

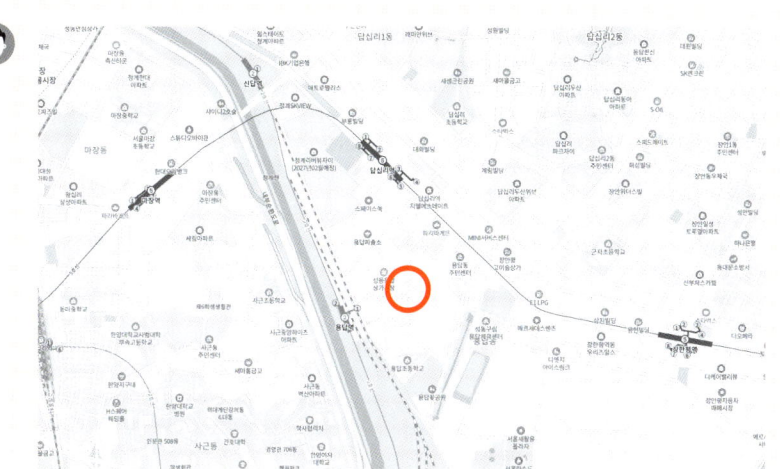

이번에 붉은색으로 표기한 곳에 가게를 얻으려고 해. 나는 케밥 음식점을 운영한 적이 있어서, 동일하게 운영을 하려고 해. 다양한 각도에서 상권 분석을 해줄 수 있어?

좋아요. 지도 기준(용답역-답십리역 사이, 용답동 로데오/성동용답상가시장 인근)의 **케밥 전문점 창업 상권**을 여러 각도로 정리했습니다.
(핵심 근거: 서울교통공사 역별 승하차 데이터셋·승하차 순위, 성동구 공식 인구통계, 장안평 자동차산업 클러스터 및 재개발 소식, 성동용답상가시장 정보 등.) (data.seoul.go.kr, Data.go.kr, sd.go.kr, Chosunbiz, c3korea.com, Visit Seoul)

한눈에 보는 결론 (TL;DR)

- **입지 성격**: 주거 밀집형 + 생활형 상권, 도보 수요와 지역 상업 수요가 중심. 2호선(용답, 분기선)과 5호선(답십리·장한평) **더블 역세권의 외곽**에 해당. 용답은 분기선이라 역 자체 유입이 크진 않지만, 5호선 두 역의 배후주거·시장·차량 관련 업종 수요가 꾸준히 발생. (Wikipedia, data.seoul.go.kr)
- **아이템 적합도(케밥)**: '빠른 한 끼+포장/배달' 중심의 **패스트-캐주얼형 케밥**과 궁합이 좋음. 주거·근린 수요, 중고차 매매단지 종사자·방문객, 전통시장 유입이 주요 타깃. 장안평 일대의 자동차 클러스터(업체 600여 곳 규모)가 인근에 있어 **평일 점심/티타임/야근 수요, 주말 방문객 수요**를 기대 가능. (Chosunbiz)
- **리스크/기회**: 장안평 중고차매매센터 현대화·재개발 사업 진행으로 중장기적으로 유입 확대 가능(브랜딩 효과·근무자/입주자 증가)을 기대할 수 있으나, 공사 단계의 **일시적 공사 소음·동선 변경** 등 단기 변동성 리스크는 체크 필요. (c3korea.com, 조선일보)

→ 종합: "배달·포장 비중이 높은, 회전 빠른 케밥집"으로 접근하면 **가능성 '보통 이상~양호'**.

다만 현장 동선(차량·보행), 점심 수요 밀도, 배달 반경 내 아파트 동수를 실측으로 반드시 검증.

1) 입지/배후 요약

- **1차 생활권**(도보 5-10분): 성동용답상가시장·주민센터·소규모 근린업종·저층 주거. 낮 시간 **생활형 수요**(시장·심부름·학부모 동선)이 꾸준함. (sd.go.kr)
- **2차 생활권**(도보 10-15분/자전거 5-8분): 5호선 **답십리·장한평역** 배후 주거지와 자동차 관련 상권(정비/부품/매매). **직장인+상인 점심 수요, 차량 방문객의 간편식 수요 포착 가능**. (Seoul City News)
- **3차 유입**(배달 1.5~2.0km): 답십리/장안동·용답·일부 군자/장안배후. **저녁·주말 배달 탄력**이 크며, 역세권 오피스보다 **주거밀도/가구** 수가 성패 좌우.

참고 데이터: 성동구는 매월 동별 주민등록 인구·세대 현황을 공개. 창업 직전 용답동·인접 동의 최신 인구/세대수/연령대를 체크해 메뉴·가격대를 결정하세요. (sd.go.kr)

2) 교통·유동 동선

- **지하철 노선성**: 용답은 2호선 성수지선(분기선)으로 본선 대비 유입이 작고, **답십리/장한평**은 5호선 주력역. 역별 유동은 서울교통공사 공개데이터(역별 월/일/시간대 승하차)로 시계열 비교 가능. 일반적으로 **장한평·답십리 > 용답** 순의 체감 유동이 나옵니다. (Wikipedia, data.seoul.go.kr)
- **차량 동선**: 인근 **장안평 자동차 매매·부품 타운** 종사자·방문객의 **점심·간식·야근식** 수요를 노릴 수 있고, 차량 이동 고객의 **픽업/단기 정차** 니즈가 큼. **주정차 환경·골목 폭·회차 루트**는 후보 점포 앞/옆 3면 실측 권장. (Chosunbiz)
- **보행 동선**: 전통시장·주민센터·편의시설 축에 따라 **골목 단부보단 교차로/횡단보도** 인접이 유리. 외부로 향·불빛·시각 노출(쇼윈도 로티서리)을 확보하면 유입에 도움이 큼.

(중략)

11) 리스크 & 대응

- **유입의 요일·시간 편차**: 평일 점심 몰림/야간 완만 → **점심 집중형 메뉴·인력**, 저녁은 배달·세트로 보완.
- **차량 유입 의존도**: 픽업·회차 불편 시 이탈 → 근처 공영/민영 주차장 제휴 10분 무료 또는 노상 단기 픽업존 협의.
- **상권 분산**(역과 거리): 온라인 유입(지도/리뷰/배달앱)로 상쇄.
- **원가/환율 변동**(육류·향신료): **치킨 중심 표준 레시피 + 프리미엄 양·비프 업셀링**으로 마진 방어.

12) 간단 점수(체감 지표, 5점 만점)
- 보행가시성 3.5 / 대중교통접근 3.5(더블역 배후) / 차량 픽업 3.0(골목 여건 따라 편차)
- 수요 안정성 3.5(주거+시장+자동차타운) / 경쟁강도 3.5~4.0(전문 케밥 과밀 아님)
- 중장기 성장 3.5~4.0(장안평 현대화 수혜 기대) (c3korea.com)

실점수는 현장 보행/차량/배달 데이터 수집 후 재보정 권장.

참고/근거 링크
- 역 이용데이터: 서울교통공사 역별 월별/시간대별 승하차(2000~2023)·일평균 승하차 순위 (2024) - 상권 유동의 기초 지표로 활용. (Data.go.kr, data.seoul.go.kr)
- 인구/세대: 성동구 월간 동별 주민등록 인구·세대 현황(최신). (sd.go.kr)
- 장안평 자동차상권: 중고차매매시장 규모·연혁 및 현대화/재개발 소식. (Chosunbiz, c3korea.com)
- 지역 전통시장: 성동용답상가시장(공식). (sd.go.kr)

다음 액션 제안(바로 실행 가능)

1. 점포 후보 2~3곳 선정 → 점심 90분/퇴근 90분 보행·차량·픽업 실측.
2. 샘플 메뉴 6종(치킨 2, 소/양 2, 라이스/샐러드 2)로 팝업 2일 운영(시장 앞/점포 전면) → 전환율·재구매 의향 체크.
3. 배달앱 셋업 + 플레이스 선점: 사진·검색 키워드/'장안평 점심·픽업' 노출 문구 정비.
4. 근처 자동차업체·시장 상인 제휴: 명함·쿠폰 교환, 점심단체/야근픽업 계약.

원하시면, 위 체크리스트용 현장 실측 시트(보행/차량/배달 경쟁 지도)를 바로 만들어 드릴게요. 데이터만 채우면 1시간 내 의사결정이 가능하도록 구성해 드립니다.

상권 같은 요소는 중요한 부분이고, 한번 결정하면 한동안 묶이는 부분이다 보니 여기서는 최고의 분석을 할 수 있는 AI 모델로 분석을 시도했습니다. 여기서 중요한 점은 AI에게만 분석을 맡기는 것이 아니라 기존에 만들어진 다양한 도구들을 활용해야 한다는 것입니다.

소상공인들을 위해 중소벤처기업부와 소상공인24에서 운영하는 '소상공인365(https://bigdata.sbiz.or.kr)'라는 도구가 있는데요.

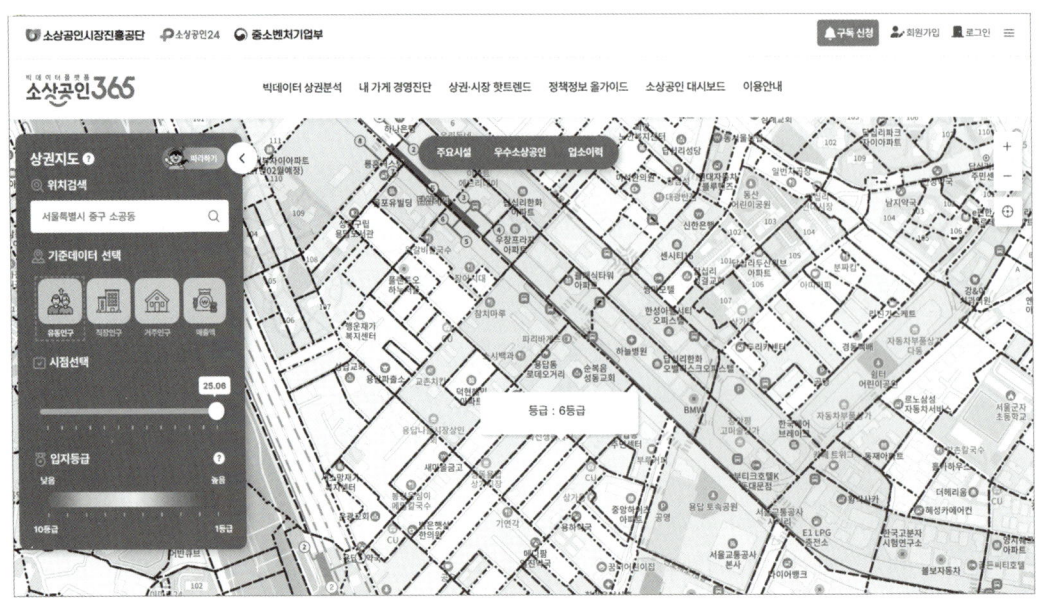

이렇게 상권 분석이 된 내용을 지도로도 활용할 수 있으니, 생성형 AI의 답변과 함께 크로스체크를 해보시면 좋습니다. 신규 사업장을 냈을 때의 상황이나 전략을 미리 고려해볼 수 있겠죠. 이번 장에는 '소상공인 365'의 데이터를 기반으로 진행하는 내용이 많으니, 미리 가입해두시면 많은 도움이 될 겁니다.

내 사업이 통할지 여부를 알려주는 숫자의 비밀

AI가 상권 분석을 개략적으로 해주긴 했지만, 여전히 감으로 진행되는 영역이 많습니다. 이런 부분에 대해서는 좀 더 디테일하게 파고 들어야겠죠.

> 소상공인 365에 접근해 데이터를 활용해서 답변을 진행해줘.

> 좋아요. 요청하신 대로 **소상공인 365(bigdata.sbiz.or.kr)** 기준으로, 지금 후보지(용답역-답십리역 사이, 붉은 원 표시 지점)를 분석·결정하는 **실전 프레임**을 정리했습니다.
> 제가 공개 구간에서 확인한 내용으로는 소상공인365가 **빅데이터 상권분석·경영진단·핫트렌드·**

정책정보를 제공하고, 상권분석 화면에서 **행정동/원형반경** 기준으로 매출·유동·업종 분포·배달 현황을 조회하고 **PDF 출력**할 수 있습니다. 또한 상가업소 데이터는 **표준산업분류(10차) 기반 247개 업종군**으로 제공됩니다. (Big Data Sbiz, Data.go.kr)

> 안내: 소상공인365의 상세 수치 조회·PDF 생성은 로그인과 지도 인터랙션이 필요한 기능이라 여기서 바로 수치값을 끌어오거나 보고서를 생성해 드릴 수는 없습니다. 대신, **어떤 메뉴에서 무엇을 뽑고 어떻게 해석하면 되는지**를 케밥 업종에 맞춰 구체적으로 적었고, 바로 써먹을 수집·판단용 엑셀 시트도 함께 드립니다(아래 다운로드). 소상공인365는 2025년 1월 정식 런칭된 공식 플랫폼이며, 여러 지자체 서비스가 소상공인365 **상권 API**를 내장해 '배달지도' 등으로 연동하고 있을 만큼 신뢰할 수 있는 출처입니다. (Ministry of SMEs and Startups, Changwon Big Data)

1) 소상공인365에서 뽑아야 할 핵심 지표(케밥 맞춤)

소상공인365 → **빅데이터 상권분석** 이용 (간단분석/상세분석). 분석영역은 점포 예정지 중심 원형 ①250~300m(1차), ②500m(2차) 권장.

A. 업종·경쟁 강도
- **동종업종 점포 수**: 케밥은 분류상 '**기타 외국식/서양식**'(표준산업분류 기반 247군 분류)으로 조회하는 것이 일반적. 존재 시 **터키·지중해/케밥** 키워드 매장도 수기 체크.
- **대체재 경쟁**: 버거/샌드·랩/분식/아시안누들 등 빠른 단일끼니 카테고리 점포 수.
- **업종밀집도**: 50대 업종 밀집지수(낮음~매우 높음).
- **12개월 업종 증감**: 개·폐업 추이.
  → 메뉴 경량화·가격 포지션·출점 속도 판단의 기초. (Data.go.kr)

B. 매출·배달 구조
- **월평균/분위 매출**(업종), **요일/시간대 매출 비중**(점심·저녁·야식).
- **배달 현황**: 주문건수/비중/피크 시간. (소상공인365 지표에 포함)
  → 회전형 좌석·조리스테이션 수·배달/픽업 설계에 직결. (Data.go.kr)

C. 유동·인구
- **시간대별 유동인구**(11-14, 17-20)
- **상주인구**(거주/직장), **연령대 구조**
  → 점심 편중(인근 업종 종사자/시장 상인) vs 저녁·주말 편중(주거형) 판별. (Data.go.kr)

2) 지표별 판단 기준(의사결정 룰) - 케밥 전문점 관점

아래 기준으로 소상공인365에서 얻은 수치에 바로 대입해 보세요.

항목	해석 기준(현장 적용용)
동종업종 수(500m)	≤3개: **선점/양호**, 4-6개: 보통, ≥7개: 과밀 → 과밀 시 '양고기/플레이트'

	프리미엄·야간 배달 차별화 필요
대체재 밀집	분식·버거·샌드랩이 과밀이면 객단가 1.1만~1.3만 + '직화 향/육즙' 체감으로 포지셔닝
배달 비중	상권 평균 이상이면 **배달 35-45%** 구조 설계(패키징·픽업존·세트 구성 강화)
요일/시간대 매출	점심>저녁: 점심 10분 조리/픽업 최적화. 저녁·주말 강세: **패밀리 세트/라이스·샐러드** 강화
유동 피크(11-14/17-20)	더블 피크면 그릴 2화구+조립 스테이션 분리로 회전율 확보

분류·지표 체계는 소상공인365와 상가업소 개방 데이터의 표준산업분류 기반(10차, 247개 업종군)을 따릅니다. (Data.go.kr)

3) 후보지 특성에 대한 가설 (소상공인365 지표로 검증할 포인트)

- **생활·주거형 배후 + 5호선 답십리/장한평, 2호선 용답 배후의 도보·배달 중심 상권**일 가능성이 큽니다. 소상공인365에서 배달 건수/시간대·유동 피크를 우선 확인해 **포장/배달형 케밥**이 유리한지 검증하세요. (Big Data Sbiz, Data.go.kr)
- **자동차 관련 종사자/방문객 수요**(장한평 클러스터 영향권)는 평일 점심·야근 픽업 수요로 나타납니다. 배달현황이 강하면 **픽업존·10분 조리 공정**이 효과적입니다. (배달현황은 소상공인365에서 제공) (Data.go.kr)

4) 실행 순서(클릭 경로까지)

1. **소상공인365 접속·로그인** → 빅데이터 상권분석 진입. (서비스 구성 및 이용 안내는 공식 페이지·보도자료 참고) (Big Data Sbiz, Ministry of SMEs and Startups)
2. **상세분석 선택** → 영역선택: 원형(중심=후보지), 반경 **300m / 500m**.
3. **업종 선택**: 외국식/서양식(케밥 근사 업종) + 대체재(버거/샌드·랩/분식). (업종군은 표준산업분류 10차 기반) (Data.go.kr)
4. **리포트 탭 확인**
    - 업종현황/추이/밀집도 → **경쟁 강도** 파악
    - 매출분석/요일·시간대 → **피크·객단가 전략**
    - 배달현황 → **배달 비중·피크 시간**
    - 유동/상권인구 → **앵커 수요**(직장/주거) 확인 (Data.go.kr)
5. 하단 '**출력(인쇄)**' → PDF 저장'으로 1차(300m), 2차(500m) 보고서를 각각 확보. (플랫폼 안내에 명시) (Data.go.kr)
6. 아래 드린 **엑셀 시트**에 핵심 수치를 옮기고, **의사결정 룰**로 바로 판정.
    엑셀 템플릿 다운로드:
    소상공인365_케밥_상권체크시트_용답동.xlsx

- 시트 구성: 영역설정 / 업종경쟁 / 매출배달 / 유동인구 / 의사결정기준 / 운영시나리오
- 각 항목마다 소상공인365 내 클릭 경로와 해석 포인트가 들어 있습니다. (파일을 열면 바로 입력칸이 보입니다.)

5) 지표가 이렇게 나오면 추천 전략은?
- 동종 적고(≤3), 배달 강함 → "배달·픽업 특화 케밥": 점심 8-10분 조리, 저녁 세트(2인/패밀리), 로티서리 시각화.
- 대체재 과밀, 배달 보통 → "직화 차별화 + 라이트 옵션": '향(불맛)·식감' 강조, 샐러드/라이스 베이스, '매운맛 단계'로 재구매 유도.
- 유동 낮고 주거 편중 → "동네 단골형": 저녁·주말 중심, 리뷰/단지 제휴, 시즌 메뉴(수프·따뜻한 사이드)로 체감 가치↑.
- 유동/직장 비중↑, 점심 피크↑ → 직장인형 빠른 한 끼: 점심 전용 세트, 10분 픽업, 근처 업체 단체 주문 대비.

6) 왜 '소상공인365'를 써야 하나?
- 공공·민간 64개 데이터를 융합한 국가 공인 플랫폼으로 상권분석/경영진단/정책정보까지 한 번에 제공합니다. (2025.1 공식 런칭) (Ministry of SMEs and Startups, Big Data Sbiz)
- 행정동/반경 기반의 매출·유동·배달·업종 분포를 한 화면에서 보고 PDF 출력까지 지원합니다. 실무에 바로 쓰기 좋습니다. (Data.go.kr)
- 지자체들도 소상공인365 상권 API를 임베드해 서비스를 만들 정도로 데이터 접근성이 높습니다. (Changwon Big Data)

마지막으로
- 지금 파일(엑셀)에 수치만 채우면 바로 '출점 적합/보통/과밀' 판정과 운영 시나리오를 만들 수 있게 구성해 두었습니다.
- 원하시면, 소상공인365에서 PDF 2종(300m/500m)을 생성해 주시면, 그걸 바탕으로 손익분기(일매출 목표·좌석/회전·배달비중)까지 바로 계산해 드리겠습니다.

참고 출처
소상공인 365 공식 페이지(서비스 구성) · 소상공인365 상권분석 설명(매출·배달·유동·업종/출력) · 상가업소 오픈API(표준산업분류 10차/247업종) · 서비스 런칭 보도자료 · 지자체 상권API 임베드 예시. (Big Data Sbiz, Data.go.kr, Ministry of SMEs and Startups, Changwon Big Data)
원하실 경우, 업종 세부(치킨/양·소/라이스/샐러드)별 객단가·원가 시뮬레이터도 같은 파일에 탭으로 추가해 드릴게요.

AI에게 물어보니 소상공인 365에서 상세분석을 통해 보고서를 받아볼 수 있다고 알려줍니다. 보고서가 있으면 훨씬 자세한 데이터를 확인할 수 있겠죠.

AI가 알려준 대로 소상공인 365에 들어가 '상권분석 → 상세분석'을 선택하면 이렇게 내가 원하는 지역을 선택해 PDF를 받아줍니다. 저는 케밥으로 시작했으니까 기타 서양식 음식점으로 분류해서 약 500m 정도의 반경으로 설정했습니다.

자, 이제 받은 PDF 파일을 AI에 첨부하고 다음과 같이 입력합니다.
(제가 사용한 상권 분석 리포트 예시는 자료실에서 다운로드할 수 있습니다.)

🧑 내가 입력한 곳의 상권을 분석한 PDF 파일이야. 이 PDF를 확인해서 케밥 가게를 운영하는 데 필요한 데이터를 분석하고 싶어. 그런데 이렇게 데이터를 운영해보는 게 처음이다 보니, 어떤 걸 중점적으로 봐야할지 모르겠어. 차근차근 알려주면서 진행해줘.

🤖 좋아요! 보고서(PDF)를 같이 읽으면서 **케밥 가게 운영에 바로 쓰는 핵심**만 뽑아볼게요. 페이지 번호를 붙여서 무엇을 봐야 할지 → 어떻게 해석할지 → 운영에 어떻게 연결할지 순서대로 안내합니다. (이 답변은 사용하신 상권분석 PDF를 기준으로 작성했어요.)

---

1) 한눈에 보는 '핵심 숫자 5개'—p.3
- **업소 수(분석영역): 1곳**
- **배후지(성동구) 동종 업소 수: 12곳**
- **업소당 월평균 매출액: 5,390,000원**
- **업소당 월평균 매출건수: 710건**
- **전년 대비 증감률: 매출액 -19.3%, 건수 -25.7%**

→ 추정 객단가 = 5,390,000 ÷ 710
- 710×7,000=4,970,000 (잔액 420,000)
- 710×500=355,000 (잔액 65,000)
- 710×90=63,900 (잔액 1,100)
- 710×1=710 (잔액 390)

⇒ **약 7,591원/건 (대략 7.6천원)**

해석
- 동종 경쟁은 매우 낮음(1곳) → 아이템 선점 기회.
- 그러나 **거래 수·매출이 전년 대비 감소** → 수요가 약하거나 대체재(분식/버거/샌드)로 분산 가능성.
- 객단가가 낮은 상권 → 케밥 가격(보통 9.5~11.5천원)을 잡을 때 **세트/라이트 옵션**으로 체감가를 낮추고, 품질(직화 향/육즙)로 프리미엄을 설득하는 전략이 필요.

---

2) 페이지별로 '무엇을' 보고 '어떻게' 결정하나

p.5-6 매출 추이(업소당 월평균 매출액/건수)
- **무엇을 보나**: 분석영역 선(녹/주황)과 성동구 비교선의 격차와 **계절성**(겨울 하락, 봄·초여름 회복).
- **어떻게 쓰나**:
  ◦ 지역선이 **항상 하회**하면 '상권 구조적으로 약함' → **배달·픽업 비중**을 높이고 고정비를 보수적으로.

◦ **계절 성수/비수**가 뚜렷하면 **인력·원재료 발주**를 그 주기(예: 3-6월 상향, 11-1월 절감)에 맞춰 세팅.

p.7 매출특성(요일/시간대)

- **무엇을 보나: 주중 vs 주말 비중, 11-14시/18-21시 비중.**
- **어떻게 쓰나:**

◦ 점심>저녁이면 **"10분 픽업 케밥"** 운영(그릴 2화구+조립 스테이션 분리).

◦ 저녁·주말 강하면 **패밀리/2인 세트, 라이스/샐러드 베이스** 확대.

p.8-9 유동인구

- **무엇을 보나: 시간대별(11-14, 18-21), 성·연령 분포.**
- **어떻게 쓰나:**

◦ 20-30대 비중↑ → **맵기 단계/라이트 옵션**·SNS 사진 잘 받는 비주얼.

◦ 40대↑·학부모↑ → **부드러운 소스·덜 매운맛, 키즈 메뉴.**

p.10-15 주거·직장 인구 & 소득·소비

- **무엇을 보나: 거주 vs 직장 인구 비중**, 소득·소비 수준.
- **어떻게 쓰나:**

◦ **직장 인구가 많다** → 평일 **런치 세트**(8-10분 내 수령), **제휴(자동차·부품 상권).**

◦ **거주 인구가 많다 → 저녁 배달**·주말 **패밀리 세트** 중심.

p.16-17 세대 수/아파트

- **무엇을 보나:** 세대 수 추이, 아파트 단지 수·규모, 500-1,000세대 이상 단지 유무.
- **어떻게 쓰나:** 단지 밀집 방향으로 **배달 반경 1.5-2.0km**를 설계하고 단지별 **전단/쿠폰/단체 주문** 채널화.

p.18-19 주변시설/교통

- **무엇을 보나:** 대형마트·시장·학교·운동시설, **지하철 이용 증가 추세.**
- **어떻게 쓰나:**

◦ **시장/마트 근처** → 주말 오프라인 유입 이벤트(시식/포장 할인).

◦ **지하철 유입↑ → 퇴근 시간 픽업** 노출(지도·플레이스 키워드) 강화.

p.20-21 '고객특성'은 이번 리포트에서 빈칸이므로(개인정보 이슈로 미제공 케이스), 위 지표들로 충분히 의사결정 가능합니다.

---

3) 손익 목표를 '역산'해 보기 (운영 목표치 세우기)

가정: 목표 평균객단가 9,900원, 변동비율(식재+포장+배달수수료 등) 45%, 월 고정비 6,000,000원(임대+인건비+기타).

- 공헌이익률 = 1 - 0.45 = **0.55**
- **손익분기 월매출** = 6,000,000 ÷ 0.55 = **10,909,091원**
- **일매출 필요**(30일 기준) = 10,909,091 ÷ 30 = **363,636원**

- 필요 일주문수 = 363,636 ÷ 9,900 ≈ **36.7건 → 37건/일**

즉, 하루 37건이 현재 가정의 최소선입니다. (보고서의 업종 평균은 월 539만원·710건→일 24건 수준이므로, 평균보다 확실히 '상위 성과'를 내도록 메뉴·회전·배달 설계를 해야 합니다.)

4) 지금 당장 따라 하는 체크리스트

1. p.7의 요일·시간대 비중을 숫자로 적기 → 점심형/저녁형 판정.
2. p.8-9의 11-14/18-21 유동 합계 → 피크 인력·그릴 운영표 작성.
3. p.10-15의 거주/직장 인구 비율 → 런치 세트 vs 저녁 세트 비중 결정.
4. p.16-17의 대단지 방향 → 배달 반경·썸네일·키워드("장안평/답십리 픽업") 설정.
5. p.3 수치로 객단가/주문수 목표 확정 → 손익표에 입력.

5) 작업용 파일(요약 + 손익 계산기)

PDF에서 뽑을 칸과 페이지 번호를 다 적어둔 시트와, 손익 시뮬레이터를 만들어 두었습니다. 필요한 곳만 채우면 자동으로 계산됩니다.

케밥_상권분석_요약+손익시트.xlsx 다운로드

- 요약체크 시트: p.3의 숫자(업소수/매출/건수/증감)와 p.7~19에서 확인할 포인트가 미리 칸으로 준비되어 있어요.
- 손익시뮬 시트: 고정비(500/600/700만) × 변동비율(40/45/50%) 조합별로 **월매출·일매출·필요 일주문수**가 자동 계산됩니다.

다음 단계(제가 바로 해드릴 수 있는 것)

- PDF p.5-9, 10-15의 구체 수치를 더 읽어 시트에 채워서 운영 시간표(점심/저녁 인력·그릴), 세트 구성, 배달 반경·키워드까지 연결해 드릴게요.
- 원하시면 **메뉴별 원가표**(치킨/소/양, 라이스/샐러드, 소스) 탭도 추가해 드립니다.

데이터 읽는 방법을 잘 몰라도 괜찮습니다. AI가 보고서를 아주 잘게 쪼개어 읽어주거든요. 각 페이지에 이런 내용이 담겼다 정리해주고, 매출 추이와 유동 인구, 주변 시설도 알려줍니다. 키오스크보다 훨씬 유용한 도구 아닌가요? 소규모 자영업자로서, 소상공인으로서 큰 기업이나 가질 수 있는 수행원을 데리고 있는 것과 비슷합니다.

내 가게 운영의 최적 시간을 알아볼까?

이렇게 데이터를 읽어주는 수행원이 있다면 최적의 가게 운영 시간을 계획할 수도 있습니다. 가게 운영 시간을 결정하는 과정은 매우 중요합니다. 오픈 시점과 종료 시점을 정하면 가장 최적화된 일정을 짤 수 있고, 인력 구성을 통한 인건비 최적화나 마케팅 활동 등을 계획하는 데도 영향을 끼치기 때문이죠. 이번에는 이렇게 물어보습니다.

> 데이터를 이용해서 운영 시간을 잡아보고 싶어. 현재 내가 계획하는 가게의 크기는 6개의 4인 테이블과 4개의 2인 테이블이야. 손님들의 회전 예상치와 함께 운영하면 좋은 최적의 시간을 표로 정리해주고, 최적의 인건비를 제안해줘.

> 좋아요. 주어진 좌석 규모(4인 6테이블 + 2인 4테이블 = 32석)을 기준으로, **주거형+근린형 상권**에 맞는 영업시간·테이블회전·인력계획을 **숫자로** 잡아드렸어요.
> (지금은 PDF의 시간대별 매출/유동 상세치를 못 읽어오므로, 업계 보수 가정을 먼저 적용했습니다. 필요하면 바로 조정해드릴게요.)
>
> **추천 영업시간 & 인력 운영안 (가정치 기반)**
> - **영업시간: 11:30-14:30, 17:00-21:00 (총 7시간 영업)**
>   - 준비 10:00-11:30 / 마감 21:00-21:30
>   - 브레이크타임 14:30-17:00 → 배달·포장 집중(홀은 슬로우)
> - **좌석 회전 가정**
>   - 점심 평균 체류 30분 → 시간당 좌석회전 2.0회
>   - 저녁 평균 체류 35분 → 시간당 좌석회전 1.7회
>   - (혼잡도 반영 평균 좌석점유율: 점심 60%, 저녁 65%)
> - **인력 구성(피크 기준)**
>   - 그릴/메인 조리 1명, 조립·플레이팅 1명, 캐셔·포장 1명 = 3명
>   - 주문 몰릴 때는 **임시 2라인**(그릴/조립 분리)로 전환(최대 4명)
>
> **표로 정리된 결과**
> 제가 만든 **영업시간/인력 계획표**를 테이블로 띄워놨어요. (이름: 영업시간/인력 계획표(가정치), 영업시간 요약).
> 여기엔 각 시간 구간별로:
> - 예상 주문 비중, 식사가게 내 vs 포장·배달 분배,

- **좌석 기반 처리 한계(건/시간), 주방 라인 처리 한계(건/시간),**
- **권장 인원(조리/라인), 구간 인건비**

가 들어 있습니다.

또한, 위 가정대로 운영 시 하루 인건비 총액(파트타임 기준)은 약 **338,750원**으로 계산되어 있습니다. (조리 14,000원/시, 라인 11,500원/시 가정. 사장님 본인 인건비는 제외 기준.)

원하시면 시급/인원/주문목표를 바꾸면 표가 바로 재계산되도록 파일로 드릴 수 있어요.

이렇게 쓰세요 — '운영시간+회전+인건비' 결정 절차

1. **목표 주문수 정하기**: 손익표 기준 예시로 **하루 50건**을 목표로 넣어 두었습니다. (필요시 40/60건으로 바꿔서 시뮬)
2. **시간대 비중**: 주거형 상권 가정으로 점심 40% / 저녁 45% / 기타 15%로 두었습니다. PDF에 있는 시간대 그래프(p.7)가 확인되면 그 비율로 바꿔드려요.
3. **좌석 회전값**:
   - 점심 **30분**, 저녁 **35분**을 기본값으로 잡음 → 테이블 회전이 자동 계산됩니다.
   - 홀 체감이 느리면 35/40분으로, 빠르면 25/30분으로 조절.
4. **주방 처리능력**: 라인당 **28건/시간**(보수)으로 설정. 로티서리+그릴 운영이 안정화되면 32~35건/시간까지 상향 가능.
5. **인건비 최적화 룰**:
   - 점심/저녁 피크=**3명**, 브레이크=**1명**(배달·소스·미스 en place), 준비/마감=**2명**.

인건비/매출 22~25% 범위가 기준선. 목표 주문수·객단가 변동 시 인원/시간대 조정.

운영시간 vs 인건비 — 결론 요약

- **권장 시간표**: 11:30-14:30, 17:00-21:00 (준비/마감 포함 10:00-21:30)
- **피크 인원**: 3명(주문몰림시 4명), 브레이크 1명
- **일 인건비(가정)**: 약 **33.9만원**
- **테이블 회전**:
  - 점심: 32석 × 점유60% × (60/30)= **38.4 커버/시간**(좌석 기준 한계)
  - 저녁: 32석 × 점유65% × (60/35)= **35.5 커버/시간**
  → 실제 주문은 주방/주문목표에 의해 더 낮게 운용하므로 **좌석은 병목이 아님**(주방 라인과 포장동선이 핵심)

다음에 바로 할 일

- PDF의 p.7(시간대/요일), p.8-9(유동 시간대) 수치만 알려주시면 현재 표의 비중(%)을 그대로 맞춰 **영업시간/인력**을 재최적화하겠습니다.
- 원하시면 위 테이블을 **엑셀/구글시트**로 드려서, 버튼만 바꾸면 자동 재계산되도록 만들어 드릴게요.

AI가 운영 시간과 인건비에 대한 결론까지 요약해서 정리해주는 모습을 보실 수 있지요. 보통 이런 사항들은 대충 가게를 운영해온 감이나 경험으로 정하는 경우가 많습니다. 그러다 보니 초기 진입에 실패하는 경우가 많죠. 하지만 데이터와 함께 생성형 AI를 이용하게 되면 처음 시작할 때부터 어떤 리스크가 있는지, 어떻게 리스크를 감수하면 되는지 미리 알아보고 들어갈 수 있다는 장점이 생깁니다.

고객 응대와 홍보도 AI가?

상황별 고객 응대 매뉴얼

식당을 운영하다 보면 필연적으로 함께 일할 직원을 뽑아야 합니다. 아시겠지만, 잘 되는 가게에는 직원 매뉴얼이 아주 잘 짜여져 있지요. 고객이 입장할 때부터 나갈 때까지 어떤 스타일로, 어떤 멘트로, 어떻게 응대하면 되는지 등이 정해져 있어요. 물론 처음부터 매뉴얼을 정하지 않을 수 있고, 진행하면서 하나씩 룰을 세워도 되지만 장사에서 중요한 것은 고객이 가게에 들어와 느끼는 모든 부분을 세심하게 케어하는 것이 아닐까 싶습니다.

아직 고객 응대를 어떻게 해야 할지 잘 몰라도 괜찮습니다. AI를 통해서 사업자가 해야 할 행동과 직원 교육용 고객 응대 매뉴얼을 만들 수 있거든요.

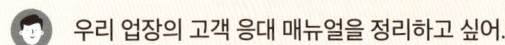 우리 업장의 고객 응대 매뉴얼을 정리하고 싶어.

 케밥 매장 고객 응대 매뉴얼 (v0.1)

본 매뉴얼은 32석(4인 6테이블 + 2인 4테이블) 규모의 케밥 전문점 기준 예시입니다. 실제 영업시간/가격/메뉴는 오픈 전 확정값으로 업데이트하세요.

0) 매장 기본 정보 요약
- 좌석/테이블: 32석 (4인×6, 2인×4)

- 권장 영업시간(예시): 11:30-14:30, 17:00-21:00
  - 준비 10:00-11:30 / 브레이크 14:30-17:00(배달·포장 집중) / 마감 21:00-21:30
- 핵심 콘셉트: "빠르고 맛있는 직화 케밥 - 점심 10분, 저녁은 배달·세트 강점"
- 대표 메뉴군: 랩/라이스/샐러드/플레이트(치킨·소고기·양고기), 감자/수프/샐러드 사이드, 탄산/차이
- 소스/옵션: 요거트·갈릭·칠리(맵기 0~3단계), 고수(선택)
- 본 매장 원칙 3S: **Smile**(밝게), **Speed**(신속), **Sincere**(진심)

---

1) 고객 동선 & 표준 시간 목표

1. 입장 → 인사(10초 이내) → 좌석 안내/대기 안내
2. 메뉴 설명(30초) → 주문·결제(카운터 선결제 권장)
3. 조리/대기 안내: 점심 6-10분, 저녁 8-12분 내 서빙/픽업
4. 식사 중 케어: 물·소스 리필, 테이블 체크(10분 간격)
5. 퇴장: 감사 인사 + 리뷰 QR 안내(5초)

KPI: 첫 인사 ≤10초, 주문 후 안내 멘트 제공률 100%, 대기시간 오버(12분↑) 알림 100%, 하루 리뷰 3건↑

---

2) 서비스 톤 & 말투 가이드

- 톤: 친근하지만 깔끔하게. 불필요한 반말 금지, 줄임말 자제.
- 금지어: "안 돼요", "몰라요", "그건 규정이라서요" → **대체 멘트** 사용(아래 스크립트 참고).
- 칭호: 손님/고객님, 부모 동반 아동은 '어린이'로 호칭.

---

3) 상황별 스크립트(그대로 써도 되는 문구)

3-1. 입장/대기
- 즉시 인사: "어서 오세요, 케밥 전문점 ○○입니다! 인원은 몇 분이세요?"
- 대기 좌석 있을 때: "잠시만요, 바로 자리 준비해 드리겠습니다."
- 웨이팅 발생: "현재 앞에 두 팀이 계시고 예상 대기는 약 10분입니다. 번호표 드릴까요?"

3-2. 좌석 안내 & 기본 설명(30초)
- "물과 포크/나이프는 오른쪽 셀프존에 있습니다."
- "처음이시면 치킨 도네르 랩(보통 매운맛)이 가장 인기예요. 소스는 세 가지 중 선택, 고수는 선택 가능해요."

3-3. 주문/결제
- **권장 업셀링**: "랩에 **감자+음료** 추가하시면 세트로 더 알뜰해요."
- **조리시간 안내**: "지금 주문하시면 **약 8분** 정도 소요돼요."

3-4. 포장/배달 픽업
- "포장 맞으시죠? 소스는 **분리컵**으로 넣어드릴까요, 랩 안에 넣어드릴까요?"

- "배달앱 주문 ○○님 맞으세요? 영수증과 주문내역 확인 후 드릴게요."

3-5. 메뉴 설명(핵심 Q&A)

- **맵기**: "0~3단계 중 선택 가능하고, 1단계가 보통 매운맛이에요."
- **알레르기**: "요거트 소스에 우유 성분, 랩에는 **글루텐**이 포함돼요. 필요하시면 라이스/샐러드 베이스로 변경해 드려요."
- **할랄 관련**: "원재료 공급처 인증 기준으로 운영합니다. 조리도구는 **육류별 분리**해 사용하고 교차 접촉을 최소화해요."

3-6. 서빙 중 케어

- "소스 더 필요하시면 말씀 주세요!"
- "맛있게 드시고 계신가요? 불편한 점 있으세요?"

3-7. 마감 안내(20분 전)

- "안내드립니다. 오늘 마감 20분 전이라 간단 메뉴 위주로 주문 가능해요."

3-8. 감사/리뷰 유도

- "방문 감사합니다! **QR로 리뷰** 남겨주시면 **다음 방문 때 소스 업그레이드** 해드릴게요."

---

4) 컴플레인(불만) 대응 - L.A.S.T. 원칙

1. Listen: 끼어들지 말고 끝까지 듣기 → "말씀해 주셔서 감사합니다."
2. Apologize: 사실 확인 전에도 불편에 대해 사과 → "불편을 드려 죄송합니다."
3. Solve: 해결안 제시(재조리/교환/환불/쿠폰) → 선택권 부여
4. Thank: 피드백에 감사 → 재방문 약속 유도

자주 발생 상황별 예시

- **지연(약속시간 초과)**: "조리가 지연돼 죄송합니다. 즉시 우선 조리하고, 음료 한 잔 서비스로 도와드릴게요."
- **맛 불만/맵기 오류**: "입맛에 맞지 않으셨군요. **맵기 다시 조절해서 신속 재조리**해 드려도 될까요?"
- **오주문/누락**: "확인 즉시 재조리 들어가고, 기다리시는 동안 사이드 제공해 드릴게요."
- **이물/안전 문제**: 매니저 호출 → 즉시 교체·환불, 사건기록 작성, 원인 차단 조치.

정책 요약: 매장 과실 확정 시 즉시 **재조리 + 환불/쿠폰** 중 선택 제공. 배달앱은 앱 규정에 따라 환불 처리.

---

5) 배달·포장 표준

- **포장 표준**: 랩은 포일+통풍홀, 소스 분리컵 권장, 라이스/샐러드 **누수 방지** 밀봉.
- **라벨링**: 메뉴명/맵기/옵션(고수/소스)/주문번호, 알레르기 경고 스티커 부착.
- **배달앱 접수 흐름**: 접수 → 예상시간 설정(피크 18-25분, 비피크 12-15분) → 조리 → 패킹 사진 첨부(가능 시) → 픽업 확인.
- **지연 시 템플릿**: "○○님 주문이 몰려 **+5분** 지연됩니다. 최대한 빨리 보내드릴게요."

6) 위생·안전·할랄 운영

- **손 위생**: 구역 이동/현금 취급/휴지통 접촉 후 즉시 **손씻기**(30초) 또는 장갑 교체.
- **온도**: 익힌 고기 보관 **60℃ 이상**, 샐러드/소스 **5℃ 이하**.
- **교차오염 방지**: 조리기구 육류별 색상구분, 생채소/조리육 **도마 분리**.
- **할랄**: 재료 보관 **전용 용기/선반**, 비할랄 재료 취급 시 동선 분리.
- **안전사고**: 화상·절상 응급키트, 화재 시 가스 차단 → 소화기 사용 → 119 → 매니저 보고.

7) 오픈/중간/마감 체크리스트

오픈(10:00-11:30)
- 로티서리 예열/테스트, 소스/야채 프렙, POS/배달앱 온라인 전환
- 화장실/홀/입구 청결, QR/리뷰 스탠드 비치

중간(14:30-17:00)
- 원재료 보충, 홀 리셋, 배달·포장 집중, 리뷰 답변(네이버/카카오/배민)

마감(21:00-21:30)
- 재고 정리, 로티서리/그릴 세척, 온도기록/청소체크, 현금/정산, 가스·전기 차단

8) 전화/메신저 스크립트

- **예약 문의**: "현재 매장은 선착순 운영입니다. 도착 10분 전 연락 주시면 자리 최대한 준비해 드릴게요."
- **단체/도시락**: "도시락은 **H-2시간 전** 예약해 주세요. 수량과 맵기, 고수 여부 확인 후 견적 드립니다."
- **분실물**: "설명해 주신 물건 확인되면 바로 연락 드릴게요. 이름/연락처 부탁드립니다."

9) 리뷰·단골 관리

- **리뷰 유도 멘트**: "QR로 간단 후기 남겨주시면 **소스 업** 또는 **탄산 제공**해 드려요."
- **부정 리뷰 대응**: 10분 내 확인 → 사과+해결제안(재방문 시 보상)
- **스탬프/멤버십**: 8회 방문 시 랩 1개 무료(가이드 카드 비치)

10) 역할·책임

- 매니저: 컴플레인 최종처리, 품질·안전 점검, 근태/정산, 발주
- 조리(그릴): 고기 굽기/컷팅, 온도관리, 라인 지원
- 라인(조립/포장·캐셔): 주문 접수, 조립, 패킹, 홀 케어, 리뷰 안내

11) 교육 로드맵

- Day 1: 오리엔테이션, 위생/안전, 메뉴/소스 테이스팅, POS·배달앱
- Day 3: 점심 피크 섀도잉 → 단독 포지션 운영(라인)

- Day 7: 컴플레인 롤플레잉, 속도 측정(랩 1개 ≤ 90초 조립)
- 월간: KPI 리뷰(리뷰수, 컴플레인 1%↓, 대기알림 100%)

12) 서식(붙여쓰기)
- 컴플레인 기록지: 날짜/시간/주문번호/이슈/조치/재발방지
- 온도기록표: 오픈·중간·마감(핫/콜드 스테이션)
- 청소체크리스트: 구역별 담당·완료시간

부록 A. 대체 멘트 모음
- "그건 안 됩니다" → "가능한 다른 방법을 찾아보겠습니다."
- "원래 규정이에요" → "이렇게 운영하는 이유는 안전/품질 때문이며, 대신 ○○는 도와드릴게요."
- "늦어요" → "현재 주문이 많아 약 +○분 소요됩니다. 최대한 서두르겠습니다."

v0.1 초안입니다. 실제 영업시간·메뉴·환불/재조리 정책 확정 시 0.2로 업데이트하세요.

보시는 것처럼, AI가 고객 응대용 직원 매뉴얼까지 전부 정리를 해줍니다. 이제는 AI가 제가 원하는 방향을 잘 파악해서 답변을 해주고 있다는 게 느껴지죠. 대화를 통해 어느 정도 방향이 확립되면, AI가 알아서 필요한 부분들을 보완해 가져다주는 시점이 오게 됩니다.

작은 가게를 운영하는 사업자나 소상공인이라고 해서 자본이 있는 큰 기업에 비해 전략적인 부분이 부족한 시대는 더 이상 아님을 체감할 수 있죠.

모객을 위한 프로모션 준비하기

드디어 가게를 오픈하게 됐을 때 손님들이 많이 와주면 정말 좋겠죠. 그러려면 바로 여기 우리 가게가 있다는 사실을 대대적으로 알릴 필요가 있습니다. 이제 AI에게 홍보 담당자가 되어달라고 주문해보겠습니다.

이번에는 AI에게 제약 조건을 좀 달아볼게요. 엄청나게 유능한 홍보 담당자를 데려오다 보니 마케팅 비용이 부족해서 가능하면 최소 비용 최대 효과를 누릴 수 있는 방법을 알려달라고 해보겠습니다.

🧑 너는 지금부터 우리 가게의 홍보 담당자야. 너를 데려오느라 거금을 들여서 마케팅 비용이 넉넉하게 책정되어 있지는 않은 상황이야. 비용 대비해서 효과적으로 우리 가게의 홍보를 위해서 할 수 있는 전략들을 알려줘.

🟠 좋아요, 홍보담당 모드 ON. 목표는 **적은 돈으로 빠르게 체감되는 결과**를 내는 것.
핵심은 **하이퍼로컬(동네 장악) + 증거(리뷰·영상) + 재방문 루프**예요. 아래 그대로 실행하면 됩니다.

0) 북극성 지표(첫 4주 목표)
- 네이버 플레이스 저장 200+ / 리뷰 80+
- 일평균 주문 35~40건(점심 40%, 저녁 45%)
- 재방문율 25%+(스탬프/리뷰 쿠폰으로)

1) 48시간 안에 끝낼 "기초체력 6가지"(비용 거의 無)
1. **지도 3종 완성**: 네이버·카카오·구글 플레이스 등록 → 상호/영업시간/메뉴/가격/할랄·픽업10분/주차안내까지 꽉 채우기.
2. **썸네일 5장**: (1) 랩 단면(치즈 늘어짐), (2) 불향 나는 그릴, (3) 라이스 플레이트, (4) 샐러드 라이트, (5) 세트 구성.
3. **키워드 세팅**: "용답/답십리/장안평 + 케밥/픽업/점심/포장/할랄/라이스/샐러드".
4. **QR 리뷰 루프**: 테이블·포장에 QR(네이버 리뷰) 부착 → "리뷰 인증 = 소스 업그레이드/탄산 제공".
5. **스토리 포맷 3종**: 10초 세로 영상 템플릿 - '굽기→컷팅→소스샷', '10분 픽업 타이머', '오늘의 맵기/고수 옵션'.
6. **리뷰 답변 템플릿**: 감사+추천메뉴+재방문 혜택 문장 고정.

카피 예시(플레이스 소개):
"장안평 점심 10분 픽업 케밥집. 불향 나는 치킨·비프·램, 라이스/샐러드 **선택**, **할랄 옵션** 가능. 주차·픽업 동선 안내 드려요."

2) 상권 맞춤 "하이퍼로컬" 전술
- **장안평 자동차클러스터 제휴**: 인근 매매/정비/부품 10곳에 직원 10% 상시할인 스티커·명함 배포 → 주중 점심 고정수요 확보.
- **성동용답상가시장·주민센터 동선 공략**: 토·일 낮 한입 샘플+리뷰 QR로 유입, 시장 상인 전용 점심 세트 안내.
- **픽업 간판(입구 A-stand)**: "치킨 케밥 랩 8분 픽업 / 점심 6,900 테이크아웃(예시)" → 지나가는 발길을 포장 고객으로 전환.
- **당근마켓 '동네생활'/아파트 커뮤니티**: 광고처럼 보이지 않게 운영일지/신메뉴 테스트 모집

글 주 2회. (선착순 시식권 10개)

3) 배달앱은 "썸네일+첫구매 전환"이 전부
- **대표 썸네일**: 랩 단면 + "고수 선택/맵기 단계" 문구(이미지 내 텍스트 최소).
- **검색어 문구**: "장안평 점심·픽업", "답십리 야식 케밥", "라이스/샐러드 가능".
- **첫구매 쿠폰**: 2천원/3천원 2단계로 소량(예: 100매)만 집행 → 효율 확인 후 확대.
- **브레이크타임**(14:30-17:00)엔 **배달만 ON** + 앱 상단에 "준비중이지만 배달은 가능" 고지.

4) 오프라인 구전 엔진
- **촬영포인트 설치**: 입구에 미니 보드 "#용답케밥 #장안평점심 #10분픽업" → 손님 사진이 자동 UGC.
- **스탬프 카드(8+1)**: 종이든 앱이든 단골 루프. 첫 달은 **점심 11:30~12:00 얼리버드** 500원 할인으로 초반 흐름 만들기.
- **리뷰 이벤트 주간**: 평일 5-6시 사이 방문+리뷰 = 사이드 무료(원가 낮은 메뉴로 설계).

5) 콘텐츠 캘린더(첫 4주)
- **월/목**: 네이버 플레이스 '소식' 업로드(신메뉴/원산지/할랄/픽업 루트).
- **화/금**: 10초 숏폼 업(인스타/틱톡/유튜브 쇼츠 동시 업로드).
- **수**: 당근 '동네생활' 운영일지(재고소진/한정메뉴/시식모집).
- **토**: 시장 앞 샘플링(1~2시간) + 스토리 라이브.
- **일**: 주간 리뷰 하이라이트 리그램, 다음 주 예약/단체도시락 공지.

6) 카피 & 스크립트(바로 쓰는 문장)
- **배너**: "장안평 점심 10분 픽업 / 케밥 랩·라이스·샐러드 / 할랄 옵션 가능"
- **첫 게시글**: "불향 제대로, 치킨 도네르가 베이스. 고수/맵기 선택, 라이스도 됩니다. 오늘 픽업 8분."
- **DM 자동응대**: "픽업은 전화/DM 선주문 환영! 준비 8~10분, 포장 뚜껑에 맵기·고수 표시해 드려요."

7) 돈 드는 것만 골라 최소예산(예시 35~50만 원)
- 입간판 A-stand 2개: 7만
- 테이블/포장 QR 스티커·테이블텐트: 3만
- 포장스티커(메뉴/맵기/고수 체크): 4만
- 샘플링 원가 150인분(작게 컷): 15만
- 첫구매 쿠폰 예산(선착순 100명 × 1천원 원가): 10만
  = **약 39만** (+쿠폰/샘플은 변동)

8) 측정과 개선(매일 5분)

- KPI: (1) 리뷰 수/별점, (2) 저장/전화/길찾기 수, (3) 점심/저녁 주문수, (4) 재방문 비율(스탬프), (5) 쿠폰 사용률.
- 액션 룰:
  - 리뷰↓ → 샘플+리뷰 쿠폰 강화, 답댓글 100%
  - 점심 약함 → **자동차상권 제휴 확대**, 얼리버드/픽업 라인 강조
  - 저녁 약함 → 패밀리 세트 사진 교체, 배달앱 첫구매 쿠폰 일시 증액

바로 다음 액션(오늘~내일)

1. 지도 3종 등록/최적화 + 썸네일 촬영 5장.
2. QR 리뷰 루프 제작(테이블·포장) & 스탬프 카드 인쇄.
3. A-stand 문구 출력 후 입구 설치("10분 픽업").
4. 장안평·시장 상인 10곳 제휴 연락 → 직원상시할인 스티커 배포.
5. 첫 4주 콘텐츠 캘린더 실행 시작.

원하시면 위 계획을 체크리스트+콘텐츠 캘린더 파일로 만들어 드리고,
네이버 플레이스 소개문/소식 4주치 초안, 배달앱 썸네일 문구 3안까지 한 번에 드릴게요.

대전략을 세워주는 모습을 보실 수 있습니다. 지역을 장악하는 전략을 쓰고, 사진이나 영상 리뷰를 통해 사람들에게 신뢰를 줄 만한 리뷰를 만들 거라고 합니다. 비용이 부족하다고 하니, 그 부분도 함께 정리해주는군요.

자, 이제 프랜차이즈 기업에 비해 마케터가 부족하다고 아쉬워하지 않으셔도 됩니다. 제대로 지시만 내려주면 이렇게 전략까지 만들어내는 담당자를 만들 수 있으니까요.

AI를 이용해 홍보용 콘텐츠 만들기

전략을 만들었으니 이제 실행할 차례입니다. AI에게 실제로 할 수 있는 작업을 요청해보겠습니다.

 우리 가게 이름은 'K-BoB'이야. 이름을 이용해서 홍보 콘텐츠를 기획해줘.
우리 고객에게 도달하기 위해 어떤 게시물을 어떻게 보여주면 좋을지도 알려주면 좋겠어.

좋아, **K-BoB(케이밥)** 이름을 전면에 세운 **저비용·고효율 로컬 마케팅** 설계를 줄게.
핵심은 [하이퍼로컬 노출 → 저장/리뷰 증거 → 재방문 루프]야. 그대로 실행하면 돼.

---

1) 콘셉트·카피 핵심
네이밍 활용 슬로건(상황별 6종)
- 점심/픽업: "K-BoB 10분 픽업 - 바쁜 점심을 불향으로 채우다"
- 브랜드 아이덴티티: "K-BoB = K-ebab + Bob(밥), 한 손에 잡히는 '우리 밥'"
- 선택권 강조: "K-Level 0-3 매운맛 / 고수 선택 / 라이스·샐러드 가능"
- 지역성: "장안평·답십리·용답 직장인 점심 성지"
- 할랄 신뢰: "K-BoB 할랄 옵션 운영 - 재료/도구 분리"
- 가성비 세트: "랩 + 감자 + 탄산 = K-Set"

비주얼/톤 가이드
- 첫 1초 Hook: 불꽃/지글 소리, 소스 떨어지는 슬로모션.
- 색/타입: 고기(따뜻함) + 신선 채소 대비, 텍스트는 2줄 이내("10분 픽업 | K-Level 1-3").
- 톤: 밝고 똑부러지게. "가능/선택/지금" 같은 적극 동사 사용.

2) 채널별 운영 전략(무조건 실행 요약)
A. 네이버 플레이스(핵심 채널)
- 목표: 저장 200+, 리뷰 80+ (첫 4주)
- 콘텐츠:
    1. 대표 사진 5장(랩 단면·그릴·라이스·샐러드·세트)
    2. 소식 주 2회: (a) 10분 픽업 루트 지도, (b) K-Level/고수 선택 안내, (c) 직원할인(장안평 클러스터)
- CTA: "길찾기 → 픽업 10분 / 점심 11:30~12:30"

B. 인스타그램 & 틱톡 & 유튜브 쇼츠(세로 숏폼)
- 빈도: 주 3-4개 Reels/Shorts + 스토리 3~5개
- 영상 유형 6종
    1. ASMR 7초: 굽기→컷팅→소스 떨어짐
    2. 타이머: "주문~픽업까지 00:10"(실측 타임랩스)
    3. How-to 주문: K-Level/고수/베이스 선택 3컷
    4. 세트 언박싱: K-Set 상차림
    5. 램·비프·치킨 차이: 단면 비교(텍스트 1줄)
    6. 고객 리액션: 한입샷 + 한 줄 후기(UGC)
- 태그: #KBoB #케이밥 #장안평점심 #답십리맛집 #용답맛집 #10분픽업 #할랄

C. 당근마켓 '동네생활' & 아파트 커뮤니티(하이퍼로컬)
- 주 2회: "오늘 운영일지/재고소진/시식단 10명" 느낌으로 광고처럼 보이지 않게.

- 고정 멘트: "K-BoB는 픽업 10분, 장안평·답십리 근무하시는 분 직원 10%."

D. 배달앱(대표 썸네일 + 첫구매 전환)
- 대표썸네일: 랩 단면 + "K-Level/고수 선택"
- 첫구매 프로모션: 2,000원(100매 한정) → 성과 보고 확대/축소
- 키워드: "장안평 점심 픽업 / 답십리 야식 / 라이스·샐러드 가능"

3) "K-BoB 포맷" 즉시 올릴 수 있는 게시물 10종

1. 오프닝 포스트(네이버 소식/인스타 피드)
   - 사진: 랩 단면 + 불향.
   - 카피: "K-BoB = K-ebab + Bob(밥). 장안평·답십리 점심 10분 픽업. 매운맛 K-Level 0-3, 고수 선택, 라이스/샐러드도 됩니다."

2. 10분 픽업 타임랩스(쇼츠/릴스)
   - 컷 시나리오: 주문 접수(0:01) → 그릴(0:03) → 조립(0:06) → 픽업(0:10).
   - 텍스트: "10분이면 충분 | K-BoB 픽업 루틴".

3. K-Level 테스트(스토리 투표)
   - 질문: "오늘은 K-Level 몇 단계? 0/1/2/3"
   - 후속: 결과 공유 + 해당 단계 추천 메뉴.

4. 세트 업셀링(피드/배달앱 배너)
   - 이미지: K-Set(랩+감자+탄산).
   - 카피: "K-Set 1인 9,900(예시). 점심 10분 픽업."

5. 고수 선택 유머(릴스)
   - 훅: "고수러 vs 노고수러 당신의 선택은?"
   - 댓글 유도: "친구 태그해서 취향전 확인!"

6. 할랄 신뢰(소식/피드)
   - 사진: 재료 보관·도구 분리.
   - 카피: "K-BoB는 할랄 옵션으로 운영합니다. 재료/도구 분리 보관."

7. 램·비프·치킨 비교(카루셀 3컷)
   - 슬라이드 캡션: "램=풍미 진함 / 비프=밸런스 / 치킨=라이트".
   - CTA: "오늘은 K-Level 2로 가볼까?"

8. UGC 리그램(주 2회)
   - 손님 사진/후기 공유 + 감사 멘션 + 소스 업그레이드 쿠폰 DM.

9. 장안평 직원 전용 안내(소식/당근)
   - 카피: "직원 10% 상시 / 명함·사원증 제시. 점심 11:30-13:30는 픽업 라인 추천."

10. 재고소진/한정메뉴 알림(스토리/동네생활)
- 카피: "오늘 램 20인분 한정. 소진 시 스토리로 알림!"

4) 14일 런치 스프린트(샘플 캘린더)

일	오전(10~12)	점심(12~15)	저녁(17~21)	비고
1	플레이스 소개 +대표5장 업	스토리: K-Level 투표	릴스: 10분 픽업	리뷰 QR 비치
2	릴스: 그릴 ASMR	당근 운영일지	스토리: 재고소진	장안평 업체 5곳 제휴
3	카루셀: 램/비프/치킨	소식: 픽업 루트 지도	스토리 Q&A	
4	배달앱 썸네일 교체	첫구매 쿠폰 ON	후기 리그램	
5	릴스: 세트 언박싱	스토리: 얼리버드	당근 시식단 10명	
6	소식: 할랄 안내	스토리: 고수 선택	후기가이드 리그램	
7	주간 리포트	베스트 리뷰 고정	다음주 예고	휴무 권장
8~14	위 1~6 패턴 반복, 베스트 포맷 집중			하루 1-2콘텐츠 유지

5) 캡션/댓글 템플릿(바로 복붙)

- 기본 캡션:

  "K-BoB 10분 픽업. K-Level 0-3 / 고수 선택 / 라이스·샐러드 가능. 장안평·답십리·용답에서 점심은 케이밥으로. #KBoB #케이밥 #10분픽업"
- 댓글 유도 문구: "당신의 K-Level은 몇 단계? 댓글에 0/1/2/3!"
- 리뷰 요청: "방문 감사해요☺ 리뷰 남기면 소스 업그레이드 DM 드릴게요."

6) 로컬 노출 세팅(체크리스트)

- 네이버·카카오 지도 키워드: "K-BoB 케밥", "장안평 케밥", "답십리 라이스/샐러드", "용답 포장/픽업".
- A-stand 간판: "K-BoB 10분 픽업 / 점심 성지(11:30-14:30)"
- QR 텐트: 테이블·포장 모두 부착(리뷰→소스 업/탄산)

7) 측정·개선 루프(매주)

- 지표: 저장/리뷰/길찾기/전화, 숏폼 완주율·클릭률, 배달앱 첫구매 전환, 재방문(스탬프).
- 의사결정: 영상 3개 중 완주율 최상위 1개를 다음 주 '스핀오프'로 재촬영(메뉴만 변경).
- 창구 통합: 모든 게시물 CTA는 "길찾기/전화/픽업 10분" 한 문장으로 통일.

마지막 한 줄 플랜

- 오늘 대표 5장 촬영 → 플레이스/배달앱 반영.
- 내일 10초 릴스 2개(타이머·ASMR) 업로드 + K-Level 투표.

- 당근 '동네생활'에 운영일지 올리고 시식단 10명(원가 낮게).

원하면 위 콘텐츠를 주간 캘린더(엑셀/구글시트)와 **썸네일/영상 자막 템플릿**으로 바로 만들어 줄게.

그럼 실제로 실행을 해봐야겠죠. 저는 일단 케밥 이미지를 하나 만들어달라고 요청하겠습니다. 실제 가게를 운영하는 분이라면 실제 사진을 사용하면 되고, 혹시 필요한 이미지가 있다면 AI에게 요청해도 됩니다.

저는 이미지를 요청했고, 그중에서 하나를 선택해 캔바(Canva)와 미리캔버스(MiriCanvas)를 이용해 인스타그램 콘텐츠를 만들었습니다. (최종적으로 만들어진 콘텐츠 이미지는 오른쪽 QR을 따라가면 볼 수 있습니다.) 이런 식으로 AI를 활용해 프로모션 전략과 콘텐츠까지 간단하게 만들 수 있는 시대가 되었습니다.

하나의 AI지만 자영업자에겐 큰 도약입니다

"이것은 한 명의 인간에게는 작은 발걸음이지만, 인류에게는 위대한 도약이다."

달에 최초로 발을 딛은 닐 암스트롱의 말이죠. 저는 AI가 각각의 자영업자들에게 기존의 격차를 단숨에 좁힐 수 있는 엄청난 도약이라고 생각합니다. 규모가 있는 기업이나 특별한 지식이 있어야만 가능했던 분석, 전략 입안, 마케팅 등을 이제는 생성형 AI를 이용해 누구나 쉽게 익힐 수 있게 되었으니까요. 심지어 자신의 상황에 딱 맞게 말이죠.

또 개인 사업자에게도 긍정적이라고 생각하는 이유는, 최소 비용으로 스케일이 증가된 시도를 여러 번 시뮬레이션해 볼 수 있기 때문입니다. 이전보다 더 많은 도전을 해볼 수 있다는 뜻이죠.

이번 장에서 보셨다시피, 이제는 작은 가게도 데이터로 말하고, AI로 생각하고, 스마트하게 운영할 수 있습니다. 하나부터 열까지 모든 걸 배우느라 지치기 전에 AI라는 파트너를 활용할 수 있다는 사실을 알게 되셨을 겁니다.

다음 장에서는 교육과 강의를 하시는 분들을 위한 AI 활용법을 다루겠습니다. 내 경험과 지식을 더 효과적으로 전달하는 방법, 함께 알아보시죠.

건강 관리, 중고 거래, 문서 작성, 취업 준비, 사업 준비까지
똑똑한 생활인의 AI 활용법
시켜보니 다 되는 생활밀착형 AI

PART 4

교육과 소통

CHAPTER 7 교육자를 위한 AI 어시스턴트 완벽 가이드
CHAPTER 8 모임 운영의 달인 되기
CHAPTER 9 중고 거래의 신
CHAPTER 10 AI로 이런 것도 할 수 있다고요?
CHAPTER 11 다가오는 미래를 준비하는 스마트한 방법

CHAPTER 7

교육자를 위한 AI 어시스턴트 완벽 가이드

AI로 강의를 스케치하기

목표에 맞춘 커리큘럼 설계도

"실무에서 수년간 쌓아온 경험을 어떻게 체계적으로 정리해 가르칠 수 있을까?"

아마 많은 강사님의 고민일 겁니다. 내 머릿속에 있는 수많은 경험과 노하우를 학습자들이 단계적으로 이해할 수 있게 정리하는 건 정말 쉬운 일이 아니죠.

전달하고자 하는 지식을 단계적으로 정리한 것을 '커리큘럼'이라고 부르는데, 모든 일에 단계가 있듯, 배우는 사람들도 체계적으로 성장할 수 있도록 도와야 하죠. 그래야 가르치는 입장에서도 무엇을 어떤 순서로 가르칠지 더 명확해지기 때문입니다. 그래서 저는 아래와 같이 네 가지로 정리를 해봤는데요.

- 학습자가 체계적으로 성장할 수 있는 로드맵 제공
- 강사 자신도 무엇을 어떤 순서로 가르칠지 명확해짐
- 학습 목표와 성과를 측정할 수 있는 기준 마련
- 시간 배분과 강의 준비의 효율성 확보

이 기준에 따라서 AI와 사전 스케치를 진행해보죠. 다음과 같이 AI에게 조건을 입력하고 내가 진행할 강의 주제를 제공하면 커리큘럼을 받을 수 있습니다.

내 경험을 바탕으로 체계적인 커리큘럼을 설계해줘.

강의 기본 정보:
- 강의 주제: 비즈니스 전략 수립에 대한 기초 지식
- 강사 경력: 10년
- 대상 학습자: 사업을 막 시작한 스타트업 및 청년창업가

커리큘럼 필수 포인트
- 학습자가 체계적으로 성장할 수 있는 로드맵 제공
- 강사 자신도 무엇을 어떤 순서로 가르칠지 명확해짐
- 학습 목표와 성과를 측정할 수 있는 기준 마련
- 시간 배분과 강의 준비의 효율성 확보

 좋습니다! 말씀해주신 **강의 기본 정보와 필수 포인트**를 반영해서, 학습자가 단계적으로 성장할 수 있는 **체계적인 비즈니스 전략 기초 커리큘럼**을 설계해드리겠습니다.

비즈니스 전략 수립 기초 커리큘럼

1. 전체 로드맵 개요
- 총 시간: 7~8회차, 회차당 50분
- 대상자 수준: 사업 초기 단계, 전략적 사고 경험이 부족한 청년 창업가
- 목표: 학습자가 자신의 사업 아이디어를 전략적으로 분석·정리하고, 실행 가능한 비즈니스 전략 초안을 직접 설계하도록 돕기

---

2. 세부 커리큘럼 (회차별)

1회차: 비즈니스 전략의 기초
- **학습 목표**: 전략이란 무엇이며, 스타트업에게 왜 필요한지 이해한다.
- **주요 내용**:
  - 전략과 전술의 차이
  - 스타트업이 흔히 빠지는 전략 부재의 함정
  - 전략 수립 프로세스 개요
- **성과 측정**: "나의 사업에 전략이 필요한 이유"를 3문장으로 정리

2회차: 시장과 고객 분석
- **학습 목표**: 시장을 구조적으로 분석하고 핵심 고객을 정의할 수 있다.
- **주요 내용**:

- TAM-SAM-SOM (시장규모 추정)
- 고객 세분화 & 페르소나 설정
- 고객 문제 정의 프레임워크
• **성과 측정**: 자신의 사업 아이템을 기반으로 고객 페르소나 작성

3회차: 경쟁 환경 분석
• **학습 목표**: 경쟁자 및 대체재를 파악하고 나의 포지션을 설정한다.
• **주요 내용**:
  - 포터의 5가지 경쟁세력 모형 (Five Forces)
  - SWOT 분석 실습
  - 차별화 포인트 찾기
• **성과 측정**: 경쟁사 분석표와 SWOT 작성

4회차: 가치 제안(Value Proposition)
• **학습 목표**: 고객에게 제공하는 가치를 명확히 정의할 수 있다.
• **주요 내용**:
  - Value Proposition Canvas 실습
  - 고객 문제와 나의 솔루션 연결하기
  - "왜 고객이 우리를 선택해야 하는가?"
• **성과 측정**: 사업의 핵심 가치 제안 1페이지 작성

5회차: 비즈니스 모델 설계
• **학습 목표**: 돈을 버는 구조를 설계할 수 있다.
• **주요 내용**:
  - 비즈니스 모델 캔버스 (BMC)
  - 수익 구조 설계 (Subscription, Freemium, Transaction 등)
  - 핵심 자원, 파트너, 활동 정의
• **성과 측정**: 자신의 사업에 맞는 BMC 완성

6회차: 실행 전략과 로드맵
• **학습 목표**: 전략을 실행 가능한 계획으로 전환한다.
• **주요 내용**:
  - 전략 목표 설정 (SMART 기법)
  - 90일 실행 계획 (OKR/Action Plan)
  - 리스크 관리 기본 개념
• **성과 측정**: 90일 실행 로드맵 초안 작성

7회차: 성과 측정과 피드백
- **학습 목표**: 전략 실행 결과를 점검하고 개선한다.
- **주요 내용**:
  - KPI 설정과 관리
  - 고객 피드백 루프 (Lean Startup, Build-Measure-Learn)
  - 피봇 vs 지속(Pivot or Persevere) 의사결정
- **성과 측정**: 본인의 사업에서 측정 가능한 KPI 3개 설정

8회차 (선택): 전략 발표 & 피드백 세션
- **학습 목표**: 자신의 전략을 발표하고 피드백을 받는다.
- **주요 내용**:
  - 발표 & 피드백 워크숍
  - 동료 학습(Peer Learning)
- **성과 측정**: 5분 피치 형태로 "나의 전략" 발표

3. 운영 방식
- 강사 준비 효율성: 각 회차별 **템플릿·워크시트**를 준비 → 학습자가 바로 실습 가능
- 학습자 성장 로드맵: 아이디어 → 시장/고객 → 경쟁 → 가치 → 비즈니스 모델 → 실행 → 측정 → 발표
- 성과 측정 기준: 각 회차별 산출물(페르소나, SWOT, BMC, KPI 등)이 누적되어 최종 "전략 설계 초안" 완성

☞ 이렇게 구성하면, 학습자가 **단순히 이론만 배우는 것이 아니라 자신의 사업 전략 초안을 완성**하면서 점진적으로 성장할 수 있습니다.
원하시면, 제가 각 회차별 워크시트 예시(템플릿)도 설계해드릴까요?

교안을 AI로 완성하는 법

커리큘럼을 정리할 수 있으면, 그에 따른 교안과 대본도 준비할 수 있습니다. 커리큘럼에서 좀 더 세부적으로, 실제 강의를 할 수 있도록 확장하는 일이 교안 정리거든요.

[2회차: 시장과 고객 분석]
이 내용에 대한 강의 교안을 만들어줘.

좋습니다! 요청하신 강의 교안(Teaching Note)은 실제 강사가 강의 현장에서 활용할 수 있도록 **강의 흐름, 주요 개념 설명, 질문·토론 포인트, 실습 가이드, 정리**까지 포함해드리겠습니다. 우선은 **2회차: 시장과 고객 분석**을 기준으로 교안을 작성해드릴게요.

📄 강의 교안 — 2회차: 시장과 고객 분석

1. 강의 개요
- 주제: 시장과 고객 분석
- 시간: 50분
- 학습 목표:
    1. 시장을 구조적으로 분석할 수 있다.
    2. 핵심 고객(타깃)을 명확히 정의할 수 있다.
    3. 고객의 실제 문제를 프레임워크로 정리할 수 있다.
- 성과 측정: 자신의 사업 아이템을 기반으로 **고객 페르소나** 작성

---

2. 강의 흐름 (50분)

도입 (5분)
- [스토리텔링]
"많은 스타트업이 망하는 이유 중 1위는 **시장과 고객을 잘못 정의했기 때문**입니다. 좋은 제품이라도 고객이 원하지 않으면 실패하죠."
- 질문 던지기:
  - "여러분의 사업 고객은 누구입니까?"
  - "그 고객이 실제로 돈을 낼 준비가 되어 있을까요?"

본론 (35분)

① 시장 규모 분석 — TAM·SAM·SOM (10분)
- 개념 설명
  - TAM (Total Addressable Market): 전체 시장
  - SAM (Serviceable Available Market): 내가 접근 가능한 시장
  - SOM (Serviceable Obtainable Market): 실제로 내가 차지할 수 있는 시장
- 시각 자료: 원형 다이어그램 (큰 원→TAM, 그 안의 중간 원→SAM, 작은 원→SOM)
- **실습 미니 퀴즈**
  - 사례: 배달앱 시장
- TAM: 전체 음식 배달 시장

- SAM: 서울 지역 모바일 배달 시장
- SOM: 내 서비스가 차지 가능한 1%
  - 질문: "여러분 사업에서 TAM, SAM, SOM을 어떻게 나눌 수 있을까요?"

② 고객 세분화 & 페르소나 (15분)
- 고객 세분화 기준
  - 인구통계(연령, 성별, 소득)
  - 심리적 요인(가치관, 라이프스타일)
  - 행동적 요인(구매 습관, 사용 패턴)
- 페르소나 작성법
  - 이름, 나이, 직업
  - 주요 목표와 문제
  - 행동 패턴
  - 내가 주는 해결책
- 실습 활동
  - 각자 자신의 사업 아이템에 맞춰 고객 페르소나 1명 작성
  - 3분간 서로 짝과 교환, 간단 피드백

③ 고객 문제 정의 (10분)
- 프레임워크:
  - "고객은 __ 상황에서 __ 문제를 겪고 있으며, 우리는 이를 __ 방법으로 해결한다."
- 예시:
  - "대학생(고객)은 과제를 하다가 참고 자료 부족(문제)을 겪고 있으며, 우리는 AI 기반 요약 서비스(해결책)로 지원한다."
- 토론 질문
  - "고객이 겪는 문제는 단순 '불편'입니까, 아니면 반드시 해결해야 하는 '고통(pain)'입니까?"

정리 (10분)
- 핵심 개념 복습
  - TAM-SAM-SOM → 시장의 크기와 범위를 현실적으로 좁히기
  - 고객 세분화 & 페르소나 → 구체적인 타깃 고객 정의하기
  - 고객 문제 정의 → "고객의 언어"로 문제를 표현하기
- 학습 성과 확인
  - 각자 작성한 페르소나 발표 (2~3명)
  - 피드백: 구체성, 실현 가능성, 문제-해결 연계

3. 강사용 메모
- 중점 포인트:
  - 학습자가 "시장 크기를 부풀리는 오류"를 줄이도록 지도
  - "모호한 고객" 대신 "구체적 인물"을 상상하도록 유도
  - 고객의 진짜 문제를 찾도록 계속 질문
- 질문 리드 예시:
  - "그 고객이 실제로 지갑을 열까요?"
  - "이 문제를 해결하지 않으면 고객은 어떤 불이익을 보나요?"
  - "이 고객 말고도 비슷한 문제가 있는 집단이 있을까요?"

4. 필요 자료
- 강의 슬라이드: TAM-SAM-SOM 다이어그램, 페르소나 양식, 고객 문제 정의 프레임워크
- 워크시트:
  - TAM-SAM-SOM 작성표
  - 페르소나 템플릿 (이름, 나이, 직업, 목표, 문제, 행동 패턴, 솔루션)
  - 고객 문제 정의 문장 틀

☞ 이렇게 하면 **교안 + 수업 운영 가이드**가 완성됩니다.

원하시면 제가 이걸 **슬라이드 자료 구조**까지 짜드려서 발표용 PPT 뼈대를 드릴 수도 있어요. 교안만으로 충분하신가요, 아니면 PPT 초안 구조까지 필요하실까요?

이렇게 교안을 정리했다면, 생성형 AI가 마지막에 제안한 것처럼 PPT를 만들기 위한 구조를 요청하면 됩니다.

PPT 제작을 진행하려고 하는데, 구조와 필요한 자료들에 대해서 정리해줘. 슬라이드별로 정리해줘야 해. 전체 분량은 10페이지 정도로 부탁해.

좋습니다 👍
앞서 만든 2회차: 시장과 고객 분석 교안을 기반으로 10페이지 분량의 PPT 구조와 각 슬라이드별 포함 자료를 정리해드리겠습니다.

📄 **PPT 구조 (2회차 강의 — 시장과 고객 분석, 총 10장)**

1. 표지 슬라이드
    - **제목**: 시장과 고객 분석
    - **부제**: 스타트업을 위한 비즈니스 전략 기초
    - **시각 요소**: 간단한 시장 그래프 아이콘 or 고객 아이콘
    - **자료 필요**: 강의 제목 / 강사 이름 / 로고

2. 학습 목표
    - **텍스트**:
        - 시장을 구조적으로 분석하기
        - 핵심 고객 정의하기
        - 고객 문제를 명확히 정리하기
    - **시각 요소**: 목표 아이콘(◎) + 3단 리스트

3. 시장 분석의 중요성
    - **텍스트**:
        - "많은 스타트업은 잘못된 고객 정의 때문에 실패한다."
        - 전략적 시장 분석의 필요성
    - **시각 요소**: 실패율 관련 간단한 인포그래픽 (예: 10개 중 7개 스타트업 실패)
    - **자료 필요**: 스타트업 실패 이유 관련 통계(간단 인용 가능)

4. TAM-SAM-SOM 개념 소개
    - **텍스트**:
        - TAM = 전체 시장
        - SAM = 접근 가능한 시장
        - SOM = 실제 점유 가능한 시장
    - **시각 요소**: 3중 원 다이어그램 (큰 원→TAM, 중간 원→SAM, 작은 원→SOM)
    - **자료 필요**: 다이어그램 기본 이미지

5. 사례 적용: 배달앱 시장
    - **텍스트 예시**:
        - TAM: 전체 음식 배달 시장
        - SAM: 서울 지역 모바일 배달 시장
        - SOM: 내 서비스가 차지 가능한 1%
    - **시각 요소**: 아이콘(음식, 배달 오토바이, 앱 UI)
    - **자료 필요**: 간단한 수치 예시 (억 원 단위)

6. 고객 세분화 기준
- **텍스트**:
  - 인구통계적 요인 (나이, 성별, 소득)
  - 심리적 요인 (가치관, 라이프스타일)
  - 행동적 요인 (구매 습관, 사용 패턴)
- **시각 요소**: 3열 표 or 아이콘 나열 (🎂 / 💡 / 🛒)
- **자료 필요**: 고객 세분화 기준 도식화

---

7. 고객 페르소나 템플릿
- **텍스트**:
  - 이름 / 나이 / 직업
  - 목표와 문제
  - 행동 패턴
  - 우리가 제공하는 해결책
- **시각 요소**: 카드형 인물 프로필 레이아웃
- **자료 필요**: 페르소나 예시 (가상의 이름과 간단한 스토리)

---

8. 고객 문제 정의 프레임워크
- **텍스트**:
  - "고객은 [상황]에서 [문제]를 겪고 있으며, 우리는 [방법]으로 해결한다."
- **시각 요소**: 문장 구조 틀 + 예시 1개
- **자료 필요**: 구체적 예시 (대학생 / 과제 / AI 요약 서비스)

---

9. 실습 안내
- **텍스트**:
  - 각자 사업 아이템으로 페르소나 1명 작성
  - 고객 문제 정의 문장 완성
- **시각 요소**: 체크리스트 아이콘 ✔
- **자료 필요**: 워크시트 양식 (간단한 표)

---

10. 정리 & 핵심 메시지
- **텍스트 요약**:
  - TAM-SAM-SOM → 시장의 크기를 현실적으로 좁히자
  - 고객 페르소나 → 고객을 구체적 인물로 상상하자
  - 고객 문제 정의 → 고객 언어로 표현하자
- **시각 요소**: 한 장짜리 개념 맵 (시장 → 고객 → 문제 → 해결책 흐름)

- **자료 필요**: 핵심 키워드 도식

★ **디자인 & 자료 준비 팁**
- 브랜드 컬러: 블루 & 화이트 (→ 사용자 회사 색상 고려 가능)
- 아이콘 활용: 시장( ), 고객( ), 문제( ), 솔루션( )
- 워크시트: 별도 배포 가능 (PPT 안에는 요약형만 넣기)
- 강의용 vs 학습자용:
  - 강의용 → 시각 자료 중심, 글자 최소화
  - 학습자용 자료집 → 교안 요약 포함

☞ 이 구조대로 제작하면 **이론→사례→실습→정리**의 흐름이 깔끔하게 유지됩니다.

원하시면 제가 슬라이드 마스터에 적용할 구체적인 레이아웃(예: 제목-본문형, 다이어그램형, 카드형)까지 제안해드릴 수도 있어요. PPT 제작 시 레이아웃 구조까지 필요하신가요?

교육 자료 만들기

쉽고 빠르게 파워포인트 만드는 법

위의 이미지는 엉성한 디자인의 PPT로 유명한, 일명 '보노보노 PPT'입니다. 강의 자료에서 중요한 게 PPT인데, 이게 생각 이상으로 어려운 경우가 많습니다. 특히 디자인 감각은 강의를 잘하는 것과는 또 다른 영역이죠.

"나는 미적 감각이 부족해서 PPT 강의 자료는 다른 사람에게 맡겼어." 이런 말은 이제 더 이상 통하지 않습니다. 생성형 AI를 통해 누구나 손쉽게 수준 있는 PPT를 만들 수 있거든요. 여기서는 챗GPT가 아니라 '젠스파크(Genspark)'라는 도구를 통해 PPT를 만들어보겠습니다.

먼저 https://www.genspark.ai/에 들어가서서 'AI 슬라이드'라는 버튼을 클릭합니다.

그리고 앞서 만든 교안을 복사해 대화창에 넣고 엔터를 입력합니다.

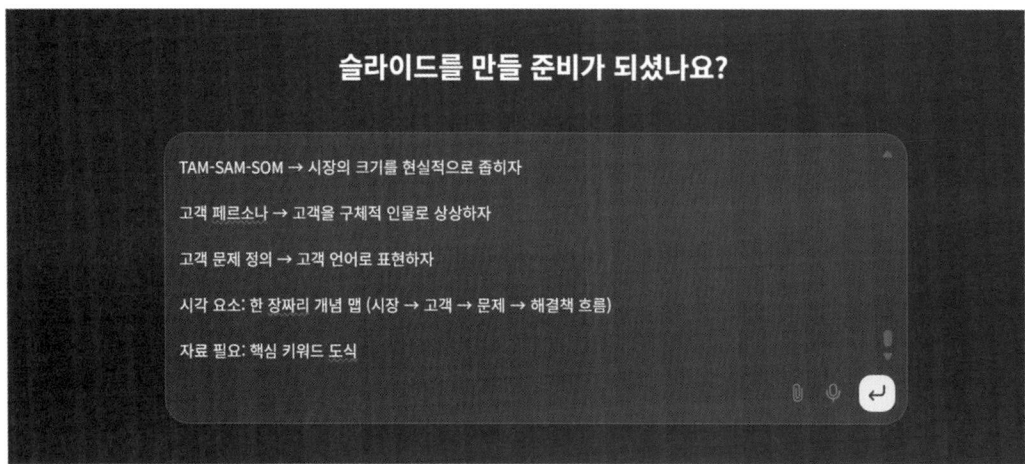

제한 횟수가 정해져 있긴 하지만, 젠스파크에서 무료로 PPT 슬라이드를 만들 수 있습니다. 직접 테스트를 해보면서 단시간 내에 PPT를 만들 수 있지요.

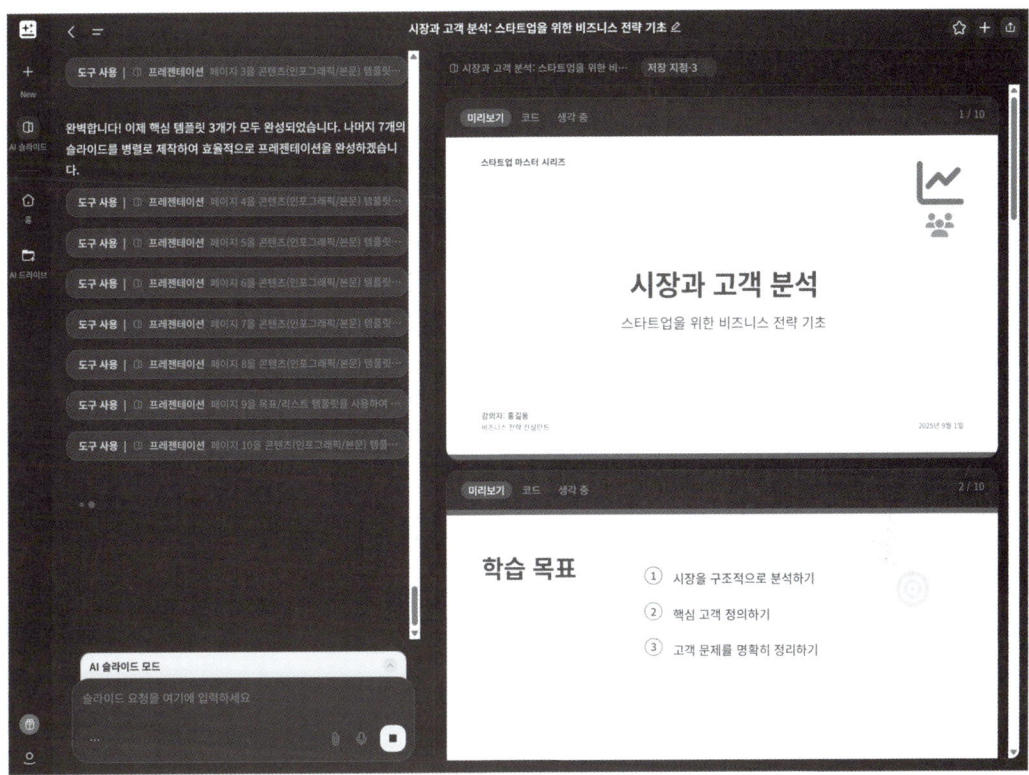

젠스파크는 제가 했던 진행 과정을 보여주는 방식으로 자료를 공유합니다. 오른쪽 QR을 따라가시면 데이터를 확인할 수 있습니다.

학습 효과를 위한 퀴즈 출제하는 법

모든 교육에서는 적절한 챌린지가 있어야 기억에 오래 남는 법입니다. 직접 문제를 만들어낼 수도 있지만, AI를 통해 문제를 만들 수도 있죠.

> 이번 강의에 대해 기억에 남기기 위해서 퀴즈를 준비하려고 해.
> 가볍게 풀 수 있을 만한 문제로 2문제 정도 정리해줘.

좋습니다 👍 학습자들이 가볍게 풀면서도 **핵심 개념**을 복습할 수 있는 퀴즈 2문제를 준비해드릴게요.

✎ 강의 복습 퀴즈 (2회차: 시장과 고객 분석)

문제 1. 객관식
TAM, SAM, SOM에 대한 설명 중 올바른 것은 무엇일까요?
1. TAM은 내가 당장 점유 가능한 시장을 의미한다.
2. SAM은 전체 시장 중 내가 접근 가능한 범위를 의미한다.
3. SOM은 전체 시장의 규모를 나타낸다.
4. TAM은 나의 핵심 고객만을 지칭한다.

☞ **정답**: 2) SAM은 전체 시장 중 내가 접근 가능한 범위를 의미한다.

문제 2. 서술형
고객 문제 정의 프레임워크에 맞춰 다음 빈칸을 채워보세요.
"고객은 ( ) 상황에서 ( ) 문제를 겪고 있으며, 우리는 이를 ( ) 방법으로 해결한다."

☞ **예시 정답**:
"대학생은 과제를 하다가 자료 부족 문제를 겪고 있으며, 우리는 AI 요약 서비스로 해결한다."

이 정도면 학습자들이 즐겁게 참여하면서 핵심 개념(TAM-SAM-SOM, 고객 문제 정의)을 다시 떠올릴 수 있을 거예요.
혹시 제가 이런 퀴즈를 슬라이드용(시각 자료 포함)으로도 정리해드릴까요, 아니면 텍스트 버전으로만 두실 건가요?

AI를 이용하면 적은 비용으로 강의를 준비할 수 있으니, 직접 사용해보면서 생성형 AI에게 제공할 지시사항을 다듬어보시면 좋을 것 같습니다.

AI 시대, 교육자의 역할 변화

AI가 대부분의 지식을 전달해주다 보니, 일부에서는 AI가 교육자를 대체할 것이라는 우려를 제기하기도 합니다. 요즘은 대학 강의를 들어도 교수님께 묻는 것이 아니라, AI에게 질문하는 것이 일상적이라고 하니, 그런 우려를 할 법도 하지요.

하지만 그렇다고 교육하는 분들이 사라지지는 않을 겁니다. 오히려 학습자들 전반의 기초 지식이 상승함으로 인해 이전보다 더 세분화되고, 더 깊이 있는 지식을 전달해야 하는 교육자로 변화했다고 볼 수 있습니다.

변화하는 환경, 진화하는 교육자

오늘날 교육 현장은 그 어느 때보다 빠르게 변화하고 있습니다. 디지털 네이티브 세대의 등장, 온·오프라인 융합 교육의 일상화, 개인 맞춤형 학습에 대한 요구 증가 등 무언가를 가르쳐야 하는 이들의 과제는 날로 복잡해지고 있습니다.

시간과 에너지의 한계

가장 큰 문제는 시간과 에너지의 한계입니다. 교육 자료를 준비하는 시간이 실제 강의 시간의 서너 배에 달하는 경우가 대부분입니다. 특히 새로운 과목을 준비하거나 기존 내용을 업데이트해야 할 때는 처음 자료를 만들 때와 비슷한 수준의 시간이 들죠. 더구나 요즘은 새로 업데이트되는 정보의 주기가 어찌나 짧은지, 연 단위로 자료를 갱신해서는 속도를 따라잡기 어렵다는 생각이 들 정도입니다.

개별화 교육의 어려움

학생이 줄어든 만큼 각각의 상황에 맞춰 세밀한 지도를 해야 하는 경우도 많아졌습니다. 그뿐인가요? '평생교육'이라는 개념이 자리 잡으면서 성인들도 익숙하지 않은 다양한 분야에 관심을 갖고 배움을 시작합니다.

따라서 각자의 배경 지식, 학습 속도, 이해 방식이 모두 다른 학습자들이 모이게 됩니다. 이런 상황에서 '평균적인' 수준에 맞춰 교육을 진행하면 이해가 빠른 학습자에게는 지루함을, 느린 학습자에게는 조급함을, 배경 지식이 다른 사람에게는 오해를 안겨주는 경우도 종종 발생합니다.

AI와 함께하는 교육의 미래

AI 시대가 되면서 교육자의 역할은 더 명확해졌습니다. 방대한 정보의 바다에서 교육 목표와 학습자 특성에 맞는 콘텐츠를 선별하고, 수정하고, 조합하는 일. 이것이야말로 교육자의 전문성이 빛나는 영역입니다.

정보 과잉 시대의 역설

생성형 AI의 등장으로 지식의 양적 팽창은 가속화되었습니다. 클릭 한 번, 프롬프트 한 줄이면 수천 자의 글이 순식간에 만들어집니다. 블로그는 물론이고, 논문 형식의 글까지 AI가 생성해내는 시대가 되었죠.

누구나 쉽게 정보를 생산할 수 있게 됐지만, 그만큼 옥석을 가리기는 어려워졌습니다. 정확한 정보와 그럴듯한 오류, 깊이 있는 통찰과 피상적인 요약이 뒤섞여 있는 정보의 홍수 속에서 학습자들은 오히려 길을 잃기 쉬워졌습니다.

교육의 본질은 변하지 않는다

이제 교육자는 단순한 지식 전달자가 아닌, 지식의 큐레이터가 되어야 합니다. 미술관 큐레이터가 수많은 작품 중에서 전시 주제에 맞는 작품을 선별하고 배치해 관람객에게 의미 있는 경험을 제공하듯, 교육자는 범람하는 정보 속에서 학습자에게 필요한 지식을 선별하고 재구성해 제공해야 하는 시대가 된 것이죠.

물론 이런 시대적 변화 속에서도 교육의 본질은 변하지 않는다고 생각합니다. 저의 은사님이 하신 말씀을 빌려 보겠습니다.

"교육은 콩나물 시루에 물 주기와 비슷하다. 부은 물이 다 빠져나가는 것처럼 보여도,
돌아보면 어느새 콩나물은 자라나 있다."

앞서 지식의 양적 팽창이 가속화되었다고 말씀드렸는데요. 이 팽창이 질적 성장으로 즉각 연결되는 것처럼 보이지 않을 수 있습니다. 과도기적 상황에서 지식이 오용되거나 잘못된 지식을 습득하는 경우도 많아지겠죠.

본래 가르치는 사람은 학습자에게 '제대로 된' 지식을 전달하는 것이 목표였습니다. 그것이 교

육의 본질이고, 교육자들의 역할이죠. 이제 좀 더 본질에 가까운 교육을 준비할 때가 되었다고 말씀드리고 싶습니다.

아무쪼록 이번 장의 AI 활용법이 교육 첨병 역할을 하시는 분들의 시간을 좀 더 아껴드리고, 그 시간이 더 나은 교육의 미래를 만들어가는 데 쓰이기를 바랍니다.

CHAPTER 8
모임 운영의 달인 되기

디지털 소통 마스터 되는 법

하나의 공간 속 다양한 세대, 다양한 언어

저는 다양한 세대가 모여 함께 책을 주제로 토론하는 커뮤니티에 참여하고 있습니다. 서로 다른 배경과 경험을 가진 사람들이 모이기 때문에 모임에서는 매번 흥미로운 견해와 이슈들이 오가곤 하지요.

한번은 누군가가 '느좋'이라는 표현을 사용해 화제가 된 적이 있습니다. '느낌 좋다'를 줄여 만든 신조어인데요. 이 단어를 알고 있던 분들은 자연스럽게 "그 책의 느낌이 좋다"라는 의미로 받아들였지만, 이 단어를 모르는 분들은 어감 때문에 부정적으로 해석하기도 했습니다. 단어 뜻을 공유하지 못해 생긴 해석의 차이였던 것이죠.

그때 커뮤니티를 만드신 분이 나서서 단어의 의미를 설명해주셨습니다. 이어 '달필(達筆)'이나 '아뢰다' 같이 세대나 배경에 따라 이해가 달라질 수 있는 단어들을 예로 들어주시며 언어 차이에서 비롯된 오해라고 중재하신 기억이 납니다. 이처럼 최근 많은 모임이 디지털 공간에서 온라인으로 진행되다 보니 세대 간, 언어 간 차이로 인해 새로운 과제가 생겨나고 있습니다.

같은 말에도 번역이 필요하다

모임 속 대화에서 가장 흔히 생기는 오해는 단어와 표현의 차이입니다. 특정 세대에서는 자연스럽게 쓰는 신조어나 줄임말이 다른 세대에게는 낯설거나 부정적으로 들리기도 하지요. 하나의 예시로 '판교 사투리'가 있습니다. 이 사투리를 직접 번역하는 AI 봇도 존재하는데요. 사례로 설명드리겠습니다.

판교 사투리(판교 슬랭) 번역봇

작성자: 슈크림마을 &

판교 사투리와는 표준어로, 표준어는 판교 슬랭으로 번역해드립니다.

Lifestyle   **60+**
카테고리   대화

대화 스타터

- 내가 판교 사투리를 말하면 표준어로 번역해줘
- 내가 문장을 말하면 판교 슬랭으로 바꿔줘
- 판교에서 자주 쓰이는 용어를 알려줘
- 판교 사투리의 문화적 배경에 대해 알려줘

판교 사투리 번역봇 페이지

🧑 내가 문장을 말하면 판교 슬랭으로 바꿔줘.

🤖 좋아요! 말씀해주신 문장을 **판교 슬랭**으로 바꿔드릴게요.
문장을 입력해주시면 바로 변환해서 알려드릴게요 ☺

예시로 이런 것도 가능해요:
- 입력: "이 제품 정말 성능 좋다"
- 판교 사투리: "이거 완전 깡패야"

자, 바꿔드릴 문장 말해주세요!

🧑 이번 제품은 가볍고 빨리 만들어서 시장 반응을 빠르게 보는 게 중요할 것 같습니다.

🤖 좋아요! 입력해주신 문장을 **판교 슬랭 스타일**로 바꿔보면 다음과 같아요:

- 판교 사투리 번역:
  ☞ "이번 건 그냥 라이트하게 MVP 뽑아서 빠르게 마켓 피드백 보는 게 핵심이에요."

> 🔍 문화적 배경 설명:
> - **"라이트하게"**: '가볍게'를 영어식으로 표현한 말로, 스타트업이나 개발 조직에서 부담 없이 빠르게 시도해본다는 의미로 자주 씁니다.
> - **"MVP"**: Minimum Viable Product(최소 기능 제품)의 약자예요. 스타트업 씬에서 기능을 최소화한 시제품을 빠르게 만들어 시장 반응을 테스트할 때 쓰는 말이죠.
> - **"마켓 피드백"**: '시장 반응'을 영어식으로 표현한 거예요. 보통 고객 반응, 사용자 피드백을 의미해요.
>
> 이 문장은 판교의 IT/스타트업 환경에서 굉장히 자주 들을 수 있는 스타일이에요.
>
> ---
>
> 다른 문장도 바꿔보고 싶으시면 얼마든지 주세요! ☺

판교에 있는 IT 기업에서 자주 쓰는 용어들을 두고 사람들은 흔히 '판교 사투리'라고 부릅니다. 같은 한국어임에도 불구하고 사용하는 단어나 표현이 완전히 다르다 보니 외부 사람에게는 낯설게 느껴지는 것이죠.

AI는 이런 차이를 이해하는 데 큰 도움을 줍니다. 특정 업계에서만 쓰는 말투를 따라 하도록 요청할 수도 있고, 낯선 표현이 나오면 곧바로 "이 말이 어떤 의미인지 설명해달라"고 물어볼 수도 있습니다. 모임에서 대화를 나누다가 이해되지 않는 단어가 등장했을 때 AI는 일종의 문화 간 통역사 역할을 해주는 셈입니다.

사용하는 단어의 차이로 생길 수 있는 오해를 줄이고, 발화자의 의도를 확인하는 것은 모임 운영에서 기본적이면서도 중요한 덕목입니다. 운영자가 이런 차이를 빠르게 중재할 수 있을 때 대화는 훨씬 원활하게 흘러갑니다.

세종대왕은 "우리나라 말소리가 중국과 달라 서로 뜻이 통하지 않는" 문제를 해결하고자 한글을 만들었습니다. 오늘날 AI가 언어와 세대, 산업의 장벽을 허물고 서로의 뜻을 이어주는 역할을 하는 것도 이와 유사합니다.

모임의 생명을 불어넣는 과정, 콘텐츠

모임이 유지되기 위해서는 단순 만남 이상의 무언가가 필요합니다. 대부분의 모임은 공통 목적을 가지고 시작됩니다. 중고 거래 커뮤니티라면 물건을 사고파는 것이 목적이고, 독서 모임이라면 책에 대한 생각을 나누는 것이 목표이며, 테니스 동호회라면 함께 운동을 즐기는 것이 중심이 됩니다.

이런 목적이 꾸준히 실현되려면 1~2회의 단발적 모임에 그치지 않도록 연속성 있는 콘텐츠 흐름을 만들어야 합니다. 모임에 생명을 불어넣는 과정이라고 할 수 있지요. 예를 들어 독서 모임에서는 매번 토론할 책의 목록, 토론 질문, 독후감 공유 같은 콘텐츠가 필요할 겁니다. 한 명의 운영자가 혼자 모든 것을 기획하기는 어렵지만, AI를 활용하면 생각보다 어려운 일이 아닐 수 있습니다.

> 나는 독서 모임을 운영하고 있어. 매주 SNS에서 책 추천 콘텐츠를 올리고, 추천한 책을 읽고 소회를 나누는 시간을 가지는데, 콘텐츠를 어떻게 만들어야 사람들이 많이 참여할 수 있을까?

> 좋은 질문이에요! 독서 모임 콘텐츠는 단순히 책을 추천하는 것 이상으로, 사람들이 **참여하고 싶게 만드는 구조와 소통 방식**이 중요해요. 아래 몇 가지 방향을 제안드릴게요.
>
> 1. 콘텐츠 형식 다양화
>   - 짧고 직관적인 카드형 포스트: 책 표지 + 핵심 메시지 한 줄 → 빠르게 소비 가능.
>   - 짧은 영상 리캡: 30초~1분짜리 릴스/숏폼 영상으로 책 소개.
>   - 밸런스 게임식 질문: "이 책 주인공이라면 ○○할까, △△할까?" 같은 투표형 콘텐츠.
>   ☞ 핵심은 '읽기 전에도 참여할 수 있는 포인트'를 만드는 것.
>
> 2. 참여 유도 장치
>   - 댓글 유도 질문: "이 책을 읽기 전, 여러분은 어떻게 생각하시나요?"
>   - 퀴즈/퀘스트: 책 속의 키워드나 명언을 퀴즈로 제시 → 정답자는 다음 모임에서 소개.
>   - 해시태그 챌린지: 예) #이번주책한줄평 #책으로여행 → 모임 밖 사람도 참여 가능.
>
> 3. 사람들의 '공유 욕구'를 자극하기
>   - 책 속 인상 깊은 구절 카드화: 공유하기 좋은 밈 같은 포맷.
>   - 개인 연결 포인트: "이 책을 ○○ 상황에 있는 사람에게 추천하고 싶다" → 사람들이 태그하도록 유도.
>
> 4. 모임 이후 확장
>   - 읽은 후 감상 공유 이벤트: SNS에 올리면 다음 책 선정 투표권 제공.

- 하이라이트 영상/글: 모임에서 나온 재밌는 한 줄 논쟁을 기록 → "다음 주는 여러분의 의견은 어떨까요?" 식으로 연결.

5. 알고리즘 친화적 운영
    - 꾸준한 요일/시간 업로드 → 팔로워에게 학습 효과.
    - 짧은 핵심 후킹 문구 + 책 표지 비주얼 강조 → SNS 알고리즘에 잘 맞음.
    - 리일스/숏폼은 첫 3초에 강렬한 질문 넣기: "이 책이 10년 후에도 읽힐까요?"

☞ 요약하면, 책을 '추천'하는 콘텐츠에서 → 책을 매개로 '참여할 거리'를 주는 콘텐츠로 전환하면 사람들이 더 모이게 돼요.
혹시 제가 이걸 실제 주간 콘텐츠 캘린더 예시로 짜드리면 도움이 될까요? (예: 월-추천, 수-퀴즈, 금-밈, 일-하이라이트)

만약 테니스 동호회라면 경기 영상이나 기술 팁, 괜찮은 테니스 라켓 브랜드, 대회 후기 같은 자료들이 회원들의 참여를 끌어올리게 될 겁니다. 중고나라의 경우에도 단순 판매용 글만 올리는 것을 넘어 안전 거래 방법, 물품 관리 요령 같은 콘텐츠를 꾸준히 만들고 있죠.

앞의 독서 토론 관련 예시처럼, AI가 아이디어와 구체화를 함께 도와줄 수 있습니다. 그렇게 모임의 정체성을 강화하고, 참여자들이 꾸준히 활동할 수 있는 동력을 제공하면 여러 사람이 함께 모여 움직이는 진정한 모임이 되겠죠.

스마트한 모임 운영 시스템

모임을 꾸준히 이끌어 가는 일은 생각보다 많은 에너지가 필요합니다. 일정을 조율하고, 의견을 모으고, 회비를 관리하고, 공지를 전달하는 일이 모두 운영자의 몫이 되곤 합니다. 또 이런 과정이 투명하고 공정하게 진행되지 않으면 참여자들의 신뢰를 잃기 쉽습니다.

이때 생성형 AI는 운영자를 도와 모임 운영의 부담을 크게 덜어줄 수 있습니다. AI를 활용해 어떻게 모임 운영을 스마트하게 만들 수 있을까요?

회비 관리 및 정산

운영에서 가장 민감한 부분은 돈 문제입니다. 회비를 제대로 관리하지 못하면 신뢰가 쉽게 깨진다는 사실을 알고 계실 겁니다. 과거에는 운영자 혼자 엑셀 파일로 정리해 관리하는 형태였으나 최근에는 구글 시트 등을 통해 누구나 접근할 수 있게 만들고, AI로부터 동호회 비용 운영에 대한 조언을 받을 수도 있습니다.

> 이번 달 회비 정산 보고서를 작성해줘. 총 납부액, 지출 항목별 내역, 잔액을 포함해서 표 형식으로 정리하고, 가장 큰 지출액이 뭔지 확인해줘.
>
> [모임 지출 예시가 기록된 구글 시트 링크]

이번 달 회비 정산 보고서를 정리했습니다.

- **총 납부액(수입)**: 210,000원
- **총 지출액**: 311,000원
- **잔액**: -101,000원 (적자 상태)

또한, 지출 항목별 내역을 표로 정리했으며, **가장 큰 지출액은 특별 강연비(작가 초청) 100,000원**입니다. 위 표에서 각 지출 항목의 합계를 확인하실 수 있습니다.
혹시 이 내용을 기반으로 **PDF 보고서로** 정리해드릴까요?

> 지금 현재 상태에서 가장 낭비되는 지출이 뭐가 있는 거 같아?

좋은 질문이에요. 지금 지출 내역을 보면 **"낭비"라는 관점**에서 몇 가지를 짚어볼 수 있습니다.

---

1. 특별 강연비(작가 초청) - 100,000원
- **특징**: 전체 지출의 가장 큰 비중을 차지합니다. (약 32% 수준)
- **평가**: 회원 수입 총액(210,000원)의 절반에 달하는 금액을 강연 한 번에 사용한 것은 재정상 부담이 큽니다.
- **낭비 가능성**: 만약 강연 참여도가 낮거나, 모임의 본래 목적(도서 구입/회원 친목)에 비해 효용이 낮았다면 가장 먼저 재검토할 지출입니다.

2. **행사 준비비(워크숍) - 90,000원**
- **특징**: 특별 강연비 다음으로 큰 지출.
- **평가**: 회원 수가 많다면 투자 가치가 있지만, 적자 상태임을 고려하면 워크숍 비용도 부담스러움.
- **낭비 가능성**: 외부 대관/식비가 많았다면 절감 여지가 있습니다.

3. **카페 모임 장소 대여 - 52,000원**
- **특징**: 정기적으로 발생할 가능성이 높은 지출.
- **평가**: 모임 장소 비용이 누적되면 상당한 부담.

대안: 카페 대신 공공 도서관 스터디룸이나 무료 모임 공간 활용을 고려할 수 있습니다.

4. **간식 및 음료 - 39,000원**
- **특징**: 상대적으로 소액이지만, 정기적/습관적 지출 가능성이 있음.
- **평가**: 꼭 필요한 항목은 아니며, 회비 적자 상황에서는 줄일 수 있는 여지 큼.

✔ 정리하면:
- "절대 금액" 기준: **특별 강연비**가 가장 큰 부담.
- "효율성" 기준: **카페 장소 대여 + 간식/음료**는 매달 누적되면 낭비 요소가 될 수 있음.

혹시 제가 항목별로 **"절대 낭비"** vs **"절감 가능"** 두 가지 관점에서 다시 정리해드릴까요?

이렇게 구글 시트와 연동해 AI로부터 보고서 형식으로 받아볼 수도 있습니다. 가장 낭비되는 내역이 뭐가 있는지, 운영은 어떻게 해야 할지에 대한 조언도 받을 수 있죠.

모임 의견 정리와 데이터 기반 운영

카카오톡 같은 오픈채팅방에서는 대화가 순식간에 쏟아져 나와 중요한 내용을 놓치기 쉽습니다. 물론 카카오톡에서 제공하는 AI 요약 기능을 활용할 수 있지만, 모임을 운영하는 입장에서는 채팅 기록 전체를 다운로드해서 활용할 수 있다는 점이 더 중요합니다. 카카오톡의 예를 보면, 이렇게 대화 내용을 다운로드할 수 있는 버튼이 있습니다.

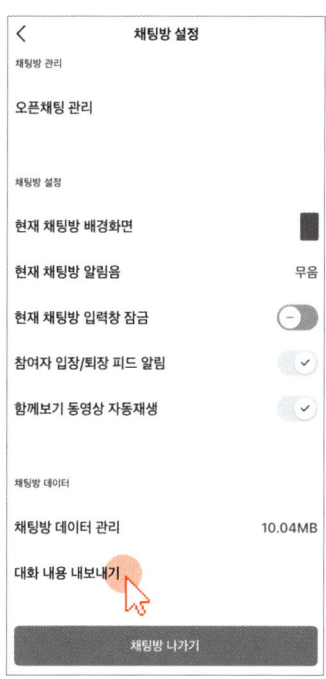

이렇게 대화 내용을 내보내면 오픈채팅방 내의 대화 내역을 전부 받아올 수 있는데요.

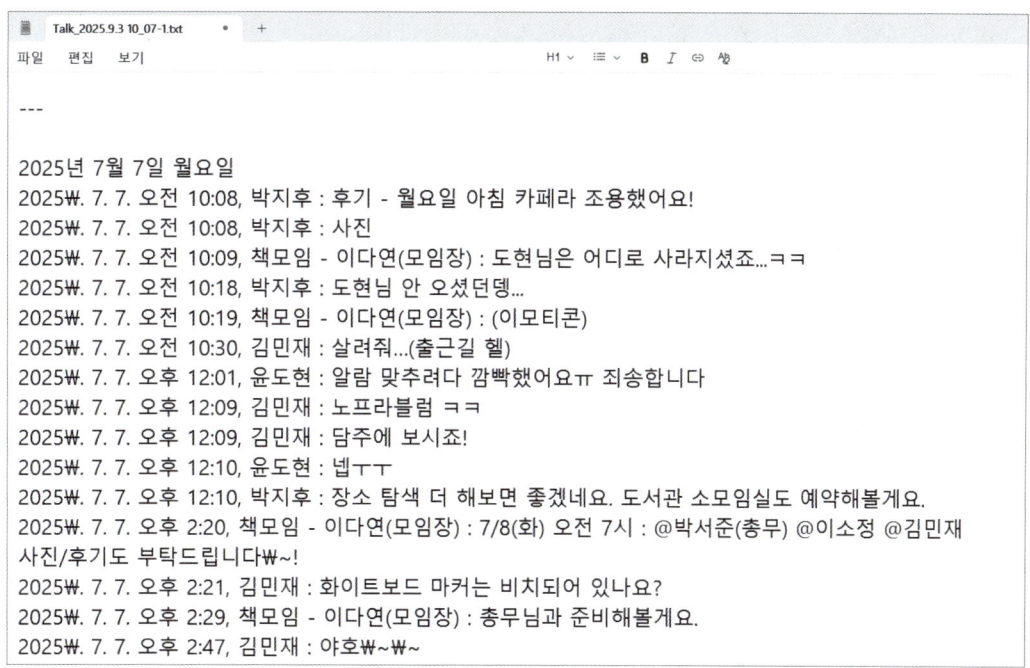

이 대화는 동호회 운영의 근거로 활용할 수 있습니다.

🧑 가장 최근에 논의되고 있는 내용에 대해서 이야기해줘.

🤖 가장 최근 대화 내용을 정리해 드리면, 책모임에서는 **9월 1주차 오프라인 모임 장소 선정**이 논의되고 있습니다.

주요 흐름
- **8월 31일**: 이다연(모임장)이 투표를 올리며 "늦어서 죄송하다"는 메시지와 함께 구성원들에게 협조를 요청했습니다.
- **9월 2일**: 장소 선정 투표가 마감되었고, 최종 결과가 공유되었습니다.
- **9월 3일**: 김민재가 최종 후보지 3곳을 비교할 수 있는 사진을 올리면서 분위기를 정리했습니다.

최근 논의의 핵심
1. 9월 첫 모임 장소 확정이 가장 중요한 주제였습니다.
2. 모임 운영 방식은 기존과 동일하게 **투표 → 현장 확인(자리·소음·콘센트 체크) → 후기 공유** 순으로 진행되고 있습니다.
3. 구성원들이 사진과 후기를 꾸준히 공유하면서, 장소 선정 과정의 객관성을 높이고 있습니다.

즉, 현재 가장 활발하게 오가는 주제는 "9월 첫 주 모임 장소를 어디로 할지 최종 확정하는 과정"이에요.

☞ 원하시면 제가 후보지들의 장단점을 정리해드릴 수도 있고, 지금까지 후기에서 자주 언급된 좋은 장소 조건(조용함, 자리 여유, 콘센트 유무 등)을 기준으로 추천도 드릴 수 있습니다. 원하실까요?

🧑 자주 모였던 장소에 대해서 이야기해줘. 그리고 가장 활발히 활동하는 사람에게 어드밴티지를 주고 싶어. 모임장은 제외하고, 모임에 자주 참여하고, 대화를 자주 하는 사람을 뽑아줘.

🤖 좋습니다 👍 지금까지의 대화를 바탕으로 두 가지 정리 드릴게요.

---

1. 책모임에서 자주 모였던 장소
대화 기록을 보면, 모임 장소는 **카페·도서관·스터디룸**을 후보로 두고 매주 투표와 답사를 반복했습니다. 그중 실제로 자주 언급되고 이용된 곳은 다음과 같아요:

- 카페
  - 평일 오전에 조용하다는 후기가 많았습니다.
  - 예: 7월 7일(월) 박지후 후기 — "월요일 아침 카페라 조용했어요"
  - 장점: 접근성, 편안한 분위기
  - 단점: 출근길에 참석이 힘들다는 의견, 소음 변동성

- 시립도서관 소모임실
  - 7월 15일 박서준이 좌석·콘센트 확인 사진을 공유
  - 7월 14일 박지후 후기 — "소음 거의 0"
  - 장점: 집중하기 좋음, 콘센트/화이트보드 같은 시설 존재
  - 단점: 예약 필요, 이용 가능 시간 제한

- 스터디룸 (예: 종로 '페이퍼')
  - 구체적인 후기보다는 "탐색해보겠다", "예약해보겠다"는 언급이 주로 있었음
  - 장점: 확실히 모임 전용 공간 확보 가능
  - 단점: 비용 발생, 위치 조율 필요

☞ 종합하면, **카페와 도서관 소모임실**이 실제 모임에서 가장 자주 활용되고, 만족도도 높았던 공간입니다.

---

2. 모임원 중 활발히 활동하는 사람

모임장을 제외하고, **참석률 + 대화 기여도**를 기준으로 살펴봤습니다.

- 박지후
  - 모임 후기를 자주 올림 (7/7, 7/14, 8/11, 8/13 등 사진+후기 다수)
  - 다른 사람 불참 시 분위기 메이커 역할 ("민재섭…" 같은 농담)
  - 모임장 요청에 성실히 응답

- 김민재
  - 모임에 꾸준히 참석 (여러 차례 명단 포함)
  - 대화 참여도 높음 (질문·농담·장소 의견 교환 활발)
  - 다만 감기, 일정 등으로 불참한 적도 있음

- 박서준(총무)
  - 장소 답사 및 사진 공유, 운영 협력 (모임장 보조 역할)
  - 그러나 모임장이 직접 지정한 총무이므로, "모임장 제외" 규칙에 준해서는 **활동 포인트는**

크지만 약간 특별 케이스라고 볼 수 있음.

☞ 따라서, 활발한 기여도 기준 '어드밴티지' 대상은
① 박지후, ② 김민재 두 명이 가장 적합합니다.

제안
- 박지후: 꾸준히 후기·사진으로 기록을 남기는 기여도가 커서 "기록 담당 어드밴티지"
- 김민재: 참여 의지가 높고 대화가 활발해 "아이디어/토론 리더 어드밴티지"

이렇게 역할을 분리해서 어드밴티지를 주면, 두 사람 모두 동기부여를 얻고 모임 분위기도 좋아질 것 같습니다.

원하시면 제가 두 사람의 활동 빈도와 패턴을 수치화(참여 횟수/사진/후기 언급 횟수) 해서 더 객관적인 근거로 정리해드릴 수도 있는데, 그렇게 해드릴까요?

모임 운영에서 중요한 것은 단순히 일정을 잡고 회비 걷는 것을 넘어, 참여자들의 실제 활동을 공정하게 반영하는 것입니다. AI를 활용하면 대화 기록이나 모임 데이터를 바탕으로 최근에 어떤 일이 있었는지, 주로 어디에서 모임이 이루어졌는지, 누가 꾸준히 참여하고 있는지를 손쉽게 파악할 수 있습니다. 이렇게 확보한 기록을 AI로 정리하면, 그동안 나눈 대화를 그냥 흘려보내는 것이 아니라 모임 운영에 필요한 자산으로 바꿀 수 있지요.

데이터 기반의 운영은 운영자의 주관적 판단이 아니라 객관적인 근거를 토대로 이뤄지기 때문에 구성원에게도 신뢰를 줍니다. '누가 더 많이 기여했는가'를 감으로 판단하는 것이 아니라, 실제 기록된 활동 데이터를 기반으로 공정하게 운영할 수 있습니다.

AI와 함께하는 모임의 미래

모임 운영의 본질은 회비를 걷고 일정을 맞추는 데 있지 않습니다. 다 같이 모여 교류하고, 함께 의미 있는 활동을 만들어가는 데 있죠. AI는 반복적인 행정 업무를 자동화하고, 데이터를 기반으로 객관적인 결과를 도출하는 데 도움을 줄 겁니다. 덕분에 운영자는 잡무에 시간을 쏟는 대신, 모임의 본질적 가치인 '사람들과의 교류'에 집중할 수 있고, 모임이 운영되는 데 드는 인적 비용을 크게 줄일 수 있지요.

하나의 모임을 이끈다는 건 단순한 관리가 아닙니다. 사람과 사람을 연결하고, 함께 성장하는 기회를 만드는 일이죠. 사람을 이끄는 일에 AI라는 도구가 더해지면, 훨씬 더 원활한 모임을 만드는 데 도움이 됩니다. 다음 장에서는 중고 거래를 할 때 AI를 활용하는 방법에 대해 이야기해보겠습니다.

CHAPTER 9
중고 거래의 신

당근마켓에서도 AI를 써요?

저는 1년에 두세 번씩 대대적인 집 정리를 합니다. 그때마다 오랫동안 사용하지 않은 물건들이 나와 마음 한구석을 불편하게 만듭니다. 분명히 필요해서 샀는데 바빠서, 잊어버려서, 사용할 시기가 지나서 사용하지 못한 물건들이 매번 많이 나옵니다. 이런 물건들은 당근마켓 같은 중고 장터에 올려 판매하죠. 그러다 보니 이런 플랫폼을 꽤 자주 이용하는 편입니다. 요즘은 중고장터를 이용할 때도 AI를 활용할 수 있다는 사실, 알고 계신가요? 중고마켓의 대표격인 당근마켓은 AI 큐레이팅 서비스를 하고 있습니다.

당근마켓은 AI를 이용해서 물품을 추천해주는 기능을 제공 중인데요. 내가 원하는 내용을 입력하면 그에 맞춰 물건을 찾아주죠. 이 기능이 굉장히 유용합니다.

　최근 업무 공간에 변화가 있어 사무실에서 사용할 데스크테리어 제품을 찾아봤는데요. 생각보다 검색에 너무 많은 시간이 들더라고요. 그럴 때 '추천받기' 기능을 이용하면 관련된 용품을 잘 정리해서 알려주죠.

상품을 매력적으로 소개하는 법

앞의 당근마켓 AI 검색 기능을 보시면 아시겠지만, 이제는 중고마켓도 큐레이팅된 상품을 전달하는 방식으로 바뀌고 있습니다. 물건 구매야 생각보다 쉽게 할 수 있지만, 내가 가진 물건은 어떻게 팔아야 할까요? 판매용 글을 어떻게 써야 할지 막막한 경우에도 AI를 활용할 수 있습니다. 저는 예전에 충동적으로 구매했던 전기자전거를 판매하고 싶어 다음과 같이 내용을 정리했는데요.

 퀄리스포츠 Q 투어 2021 제품 당근마켓 판매글 작성해줘.

- 상태: 구매 후, 870km 정도 탔어.
- 구성품: 충전기 / 자전거용 블랙박스

이미지를 참조해서 내용을 적어주고, 이모티콘 적절히 사용해줘.
내용은 3줄 요약 + 상세 설명 형식으로 작성해줘.

 알겠습니다! 요청하신 조건에 맞춰 당근마켓 판매글을 작성해드렸습니다. ☺

퀄리스포츠 Q 투어 2021 전기자전거 판매합니다!
- ✓ 주행거리: 약 870km
- ✓ 구성품: 충전기 + 자전거용 블랙박스
- ✓ 상태: 양호 / 실사용 제품

상세 설명
안녕하세요!
출퇴근 및 근거리 주행 위주로 사용한 퀄리스포츠 Q 투어 2021 모델 전기자전거 판매합니다.

- 주행거리: 약 873km (사진 참고)
- 구성품: 전용 충전기 + 자전거용 블랙박스 포함 🎁
- 상태: 외관은 생활기스 정도 있으며, 라이트 및 주행 관련 기능 정상 작동합니다.
- 접이식 디자인이라 보관 및 이동이 편리합니다. 🚴‍♂️
- 뒷 rack이 장착되어 있어 짐 싣기에도 좋아요.

☞ 관심 있으신 분은 연락 주세요!
빠른 거래 원합니다. 🙏

혹시 제가 판매글에 가격도 포함해서 작성해드릴까요?

 인터넷 검색을 통해서 동종 모델의 적정 가격을 찾아줘.

 좋아요! 최근 시세를 빠르게 훑어보고 "합리적인 당근마켓 가격대"를 계산해봤어요.

동종 모델 시세 스냅샷
- **중고 시세(국내 마켓)**
  - 중고나라: 2021~2024 Q 투어/퍼포먼스가 52만~110만원에 다수 등록. 2021년형 표기 매물은 80만원 사례가 확인됩니다. (중고나라)
  - 번개장터(글로벌/국내): Q 투어 매물 약 50만(USD1,028) 범위. (Bunjang Global, 번개장터)
- **신품/가까운 대체 모델 가격 참고**
  - 2023 Q 투어 퍼포먼스 신품가 149만원. (바이크셀링)
  - 2022 Q 투어(36V 20Ah) 스펙 레퍼런스(동일계열 최신년식)
  - 최고속도 25km/h, PAS 150km 등. (비교하고 잘 사는, 다나와: 가격비교 사이트)

우리 매물 조건
- 연식/모델: 퀄리스포츠 Q 투어 2021
- 주행거리: 약 870km (사진 확인)
- 구성품: 충전기 + 자전거용 블랙박스 포함
- 상태: 생활기스 수준, 라이트·주행 정상(사진)

적정가 제안(당근마켓)
- 권장 게시가(협상 여지 포함): 79만 원
- 협상 하한 가이드: 65만~75만 원

- 근거: 국내 중고 실거래 하단(52만~110만) 사이에서, 연식이 2021년이고 주행 870km로 짧은 편, 블랙박스 포함(가치 +3~5만 추정)을 감안해 초기가 79만으로 시작 → 문의 상황에 따라 72만 전후 타결을 노리는 전략이 효율적입니다. (중고나라, Bunjang Global)

글 올릴 때 가격 문구 예시
79만원(네고 가능) - 충전기/블랙박스 포함, 실사용 870km, 상태 양호. 근거리 직거래 환영.

원하시면 이 가격에 맞춰 판매글을 바로 다듬어 드릴게요.

이런 식으로 적정 가격까지 인터넷 검색을 통해 잡아봤습니다. 상태가 괜찮다고 해도 동일 모델의 신품이 많이 나왔기 때문에 이 가격은 좀 비싼 것 같네요. 가격을 낮춰야 할 것 같습니다. 가격을 제외하고 그대로 복사를 해서 넣어도 좋습니다. 저는 다음과 같이 AI의 답변을 복사해 넣었습니다.

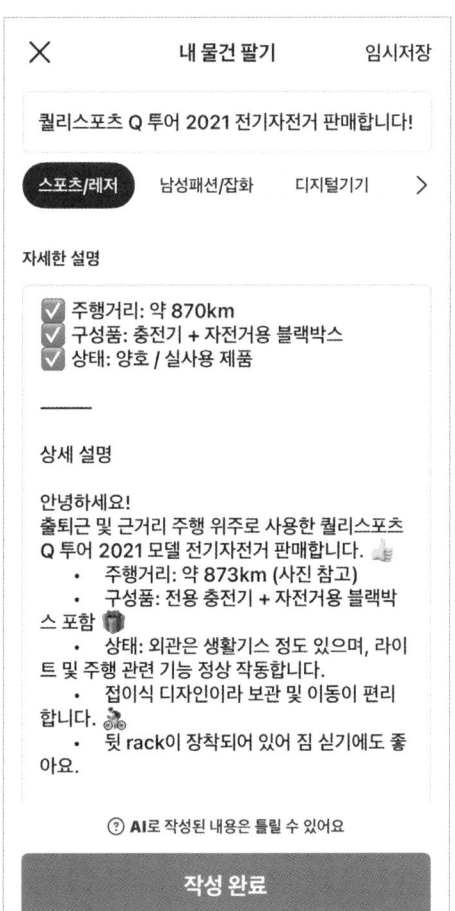

이모티콘을 함께 넣은 이유는 당근마켓 앱이 이런 이모티콘을 지원하기 때문인데요. 생성형 AI가 만들 수 있는 많은 이모티콘이 지원되기 때문에 바로 복사해서 붙여 넣으면 매우 유용하게 사용할 수 있습니다. 사용한 프롬프트를 템플릿으로 드리면 다음과 같이 드릴 수 있을 것 같네요.

[상품명] 당근마켓 판매글 작성해줘.
- 제품: [구체적 정보]
- 상태: [사용 기간, 현재 상태]
- 구성품: [포함된 것들]

이모티콘 적절히 사용하고,
3줄 요약 + 상세 설명 형식으로 작성해줘.

내 물건의 구매 확률을 높이는 팁

하지만 이렇게 판매글을 올려도 제대로 된 판매가 일어나지 않을 수 있습니다. AI 시대 이전에는 가격을 낮추는 방법을 쓰거나, 다른 중고마켓의 유사한 상품 페이지를 보고 어떻게 글을 쓰는지 참고했죠. 하지만 이제는 AI에게 구매 확률을 더 높일 수 있는 방법을 요청할 수 있습니다.

> 알려준 대로 판매글을 작성했는데 판매가 잘 안 되고 있어. 가격은 55만 원으로 했는데 판매가 잘 안 되네. 내 물건의 구매 확률을 높이는 방법들 좀 알려줘.

> 좋은 가격(55만 원)임에도 불구하고 판매가 안 된다면, 단순히 가격 문제보다는 **노출/신뢰/차별화** 부분에서 개선할 여지가 있을 가능성이 큽니다. 아래 방법들을 시도해 보시면 구매 확률이 올라갈 수 있어요.
>
> 🔍 **1. 노출을 늘리는 방법**
> - 제목 수정하기:
>   "전기자전거" 키워드를 꼭 넣고, 장점 강조 →
>   예:
>   ◦ 퀄리스포츠 Q 투어 2021 전기자전거, 블랙박스 포함!
>   ◦ 접이식 전기자전거 판매합니다 (주행 870km, 블랙박스/충전기 포함)
> - 시간대에 재등록: 당근마켓은 최근 게시물이 상단 노출되므로, 저녁 8~10시(활동량 많은 시간)에 올리면 문의가 더 들어옵니다.
> - 지역 확장: '동네 범위'를 넓혀보세요. 자전거는 직거래지만, 조금 먼 곳이라도 구매 의사가 있는 사람들이 접근할 수 있습니다.

✦ 2. 사진 퀄리티 개선
- 깨끗하게 세척 후 촬영: 먼지, 생활기스 최소화.
- 다양한 각도: 전체 샷, 접은 상태, 핸들/기어/배터리/계기판 근접 샷.
- 강점 강조샷: 블랙박스 장착 모습, 라이트 정상작동(켜진 상태), 접었을 때 부피 작아지는 모습.
- 밝은 낮 시간대 촬영: 조명/햇빛 아래에서 찍으면 훨씬 신뢰도가 높습니다.

📋 3. 설명 보강
- 배터리 성능 강조: "배터리 충전 효율 양호, 주행 거리 문제 없음" 같은 멘트 추가.
- 장점 구체화: "870km 주행으로 배터리 수명 여유 충분", "블랙박스 장착으로 안전성↑" 같은 포인트.
- 구매 후 관리: 정기 점검, 체인/브레이크 관리 여부 언급 → 신뢰 상승.

💬 4. 신뢰와 차별화
- 사유 언급: "차량 구입으로 사용 빈도가 줄어 판매합니다" → 불필요한 의심 방지.
- 거래 편의: "근처까지 직접 가져다 드려요" 같은 문구는 구매자 부담을 줄여줍니다.

빠른 의사결정 유도: "이번 주 내 판매 시 추가 네고 가능" → 긴급성 부여.

🚩 5. 최종 전략
1. 제목과 사진을 새롭게 준비 → 저녁 시간대 재등록.
2. "55만 원 (빠른 거래 시 소폭 네고 가능)"으로 표기.
3. 구매자에게 실질적 메리트(블랙박스, 충전기, 운송 도움)를 반복 강조.

☞ 원하시면 제가 실제 당근마켓 스타일로 개선된 버전 판매글을 다시 써드릴까요? (사진 강조 포인트 + 긴급성 있는 문구 포함해서요)

개선된 버전으로 판매글을 다시 써줘.

좋습니다 👍
이번엔 노출, 신뢰, 차별화를 살려서 실제 당근마켓에 올리기 좋은 버전으로 다듬어 드릴게요.

퀄리스포츠 Q 투어 2021 전기자전거 판매 (블랙박스 포함)

✔ 주행거리: 약 870km (사진 참고)
✔ 구성품: 전용 충전기 + 자전거용 블랙박스
✔ 가격: 55만 원 (빠른 거래 시 네고 가능)

상세 설명
안녕하세요!

접이식 전기자전거 '퀄리스포츠 Q 투어 2021' 판매합니다.
이동 & 보관 편리하고, 블랙박스까지 장착되어 있어 안전성과 실용성 모두 갖춘 자전거예요.
- **주행거리**: 약 870km → 배터리 수명 여유 충분
- **상태**: 생활기스 외 주행/라이트/기능 모두 정상 작동
- **구성품**: 전용 충전기 + 블랙박스(안전 업그레이드) 포함
- **특징**: 접이식 구조라 아파트 베란다/차량 트렁크 보관 편리

판매 사유는 차량 구입 후 사용 빈도가 줄어서예요.
빠른 거래 원합니다. **이번 주 내 거래 시 소폭 네고 가능합니다** ☒

↙ 직거래 선호 (거래 지역: [동네명 기재])

↙ 원하시면 근처까지 직접 가져다드릴 수도 있어요

☞ "상태 좋은 접이식 전기자전거" 찾으셨다면 지금이 기회입니다!

혹시 이 글을 "사진 강조 버전(사진 캡션에 포인트 문구 추가)"으로도 작성해드릴까요?
예: 사진 밑에 → **접은 상태 /** → **블랙박스 장착 모습** 같은 식으로요.

전반적으로 좀 더 상세한 설명과 판매 제목이 변경된 것을 볼 수 있습니다. '(블랙박스 포함)'이라는 문구를 통해 제목만 보고도 뭔가 추가적으로 더 주는 것 같은 느낌을 주기도 하고요.

당근마켓의 제 게시글에도 이렇게 수정된 내용을 적용시켜 판매를 진행하면 됩니다. 원하지 않는 내용이 입력되어 있거나 세부적인 정보 수정이 필요하다면 직접 수정도 할 수 있고요.

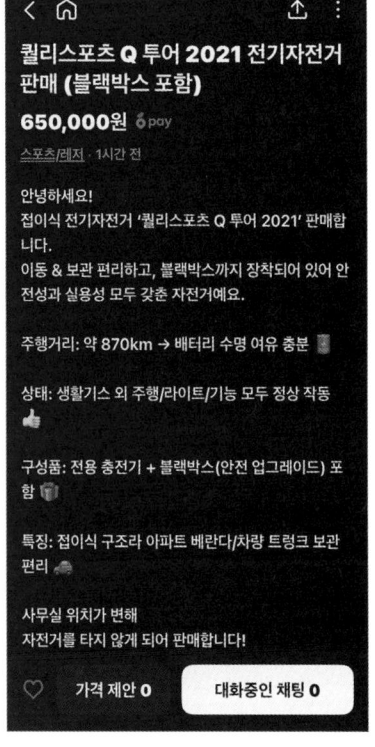

안전하게 거래하기

시세 분석하는 법, 물품의 적정 가격을 한 번에

당근마켓이 좋은 플랫폼이긴 하지만, 여러 사람들이 모이다 보니 같은 물품이라도 가격대가 다양하게 올라옵니다. 제대로 알아보지 않으면 신품보다 비싼 중고를 구매하는 일도 생기죠. 그 얘기는 물건 가격이 괜찮은지를 알아보는 게 쉽지 않다는 뜻인데요. AI 검색 기능을 이용하면 스크린샷 하나로 바로 웹 탐색(크롤링)이 가능합니다.

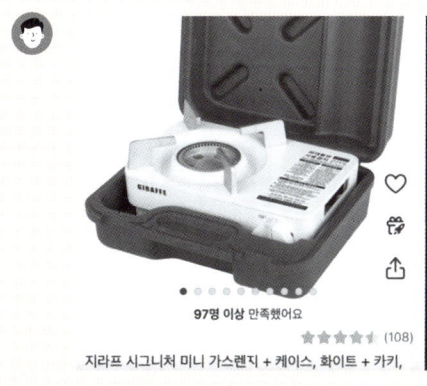 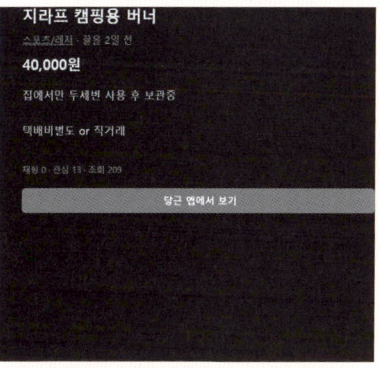

시세를 좀 알려줘. 비슷한 제품들이 어떤 가격에 팔리고 있는지 궁금해.

 다양한 온라인 쇼핑 플랫폼에서 확인된 정보를 바탕으로, 현재 전반적인 시세를 정리해 드릴게요.

지라프 시그니처 미니 가스렌지 - 현재 판매 가격
- **다나와(가격 비교 기준)**
  최저가: **54,280원** 정도 (이마트몰, 비교하고 잘 사는, 다나와 : 가격비교 사이트)
- **G마켓**
  판매가: **77,290원** (신세계몰, 무료배송) (Gmarket)
  - 다른 판매처에서는 원가 83,000원, 현재가 77,290원 등으로 다양한 가격 확인 (Gmarket)
- **11번가**
  할인 모음가: **75,900원** (11번가)
- **SSG (이마트몰 등)**

≈**77,000원대** (정확히 77,290원) (쇼핑하우, Gmarket)
- **코스트코 (공식몰)**
  해당 미니 가스레인지&쿠킹 그릴: **44,990원** (화이트 모델) (Costco)
  (특정 세트 상품일 수 있으니 내부 구성 확인 필요)

비슷한 지라프 제품과 가격 비교
- **지라프 시그니처 라지 사이즈 가스렌지 (케이스 포함)**
  판매가: 약 **86,950원** (Gmarket)
- **지라프 구이바다 M 가스버너**
  약 **109,990원** (원가 119,990원, 할인 포함) (Gmarket)
- **지라프 프리미엄 가스렌지**
  판매가: ≈**62,210원** (Gmarket)
- **지라프 헤코 미니 휴대용 가스렌지**
  가격: ≈**44,060원** (Gmarket)
- **구이바다 L 풀세트**
  판매가: **192,770원** (홈쇼핑, G마켓) (G마켓)

가격 요약 표

모델/유형	가격 범위
시그니처 미니	44,990원 ~ 77,290원
프리미엄 미니 / 헤코 미니	≈44,000원 ~ 62,000원
시그니처 라지 (케이스 포함)	≈86,000 ~ 87,000원
구이바다 M	≈110,000원
구이바다 L 풀세트	≈170,000 ~ 193,000원

시세 요약 및 팁
- **미니형**(시그니처 미니)은 일반적으로 **5만 원대 초중반**, 코스트코 특가나 헤코 미니 등은 **4만 원대 초반**에 구매 가능.
- **라지 또는 풀세트형**은 그보다 가격이 훨씬 높으며, 구성과 포함된 액세서리에 따라 약 9만 원에서 19만 원 이상까지 다양.
- 중고 거래 게시글(당근마켓)에서는 사진 속 제품이 **40,000원**에 올라온 상태였죠—이는 **매우 저렴한 편**이며, 새 제품 기준으로도 가장 저렴한 범위입니다.

예산이나 원하는 구성(케이스 포함 여부 등)에 따라 추천할 수 있는 최적의 구매 옵션이 달라질 수 있어요. 특정 쇼핑몰, 컬러, 구성 등 자세히 원하시면 말씀해 주세요. 더 구체적으로 도와드릴게요!

당근마켓의 스크린샷 하나만 가지고도 원하는 정보를 찾아서 정리해주니까 하나씩 검색할 필요가 없어요. 덕분에 시간을 많이 아낄 수 있지요.

중고 거래 사기 패턴 바로 알기

괜찮은 물건을 찾고 적정 가격은 알았는데, 다음으로 걱정되는 건 이 물건을 구매 또는 판매하는 사람이 믿을 만한 사람일까 하는 것이죠. 대부분 매너 있게 거래하는 분들이지만, 아주 드물게 나쁜 일을 겪는 경우도 있으니까요.

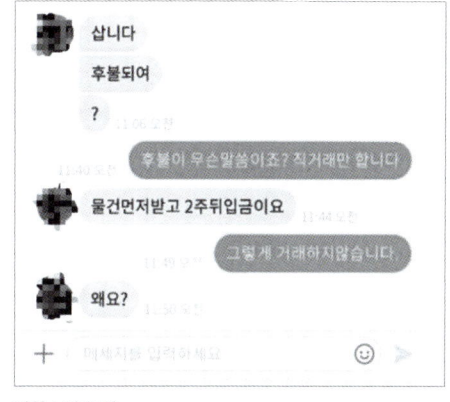

다행히 그런 사람들의 행동 패턴은 어느 정도 정리가 되어 있기 때문에 중고 물품 거래 전에는 미리 AI를 통해서 최신 중고 물품 거래 시 자주 등장하는 사기 패턴 및 예방법 등을 검색해보세요.

당황스러운 예

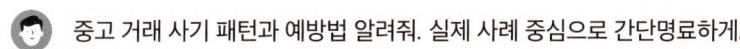
중고 거래 사기 패턴과 예방법 알려줘. 실제 사례 중심으로 간단명료하게.

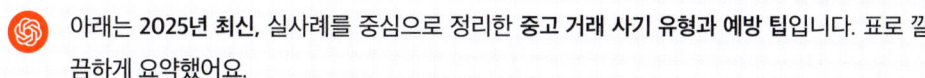
아래는 2025년 최신, 실사례를 중심으로 정리한 **중고 거래 사기 유형과 예방 팁**입니다. 표로 깔끔하게 요약했어요.

사기 유형	실제 사례 요약	예방 수칙
가짜 결제 사이트 유도 사기	구매자가 "결제 완료됐다" 안내 후, 가짜 사이트 → 계좌 동결까지 이야기하며 입금 유도 (유팜필라 UPAMPILA)	공식 플랫폼이나 앱 내 '안전결제' 이용, URL 꼭 확인
허위 카페·외부 링크 사기	허위 카페로 유도 → 카톡 메시지, 결제 링크 유발 후 추가 입금 요구 (유팜필라 UPAMPILA, wdu.ac.kr)	플랫폼 내 채팅과 결제만 사용, 외부 링크 클릭 금지

선입금 후 잠적 (추가 요구형)	티켓 거래 중 "안전결제 사용" → 입금 후 "잘못됐다"며 재입금 유도, 잠적 (wdu.ac.kr, 더시사법률)	선입금 주의, 의심되면 입금 전 연락처·이력 조회
도용 이미지· 허위 정보 사기	사진 도용하거나, 정품이라 속여 가품 발송 (Brunch Story)	이미지 검색·사기 조회 ('더치트' 등) 활용, 정품 증빙 요청
3자 중개형 사기	중개인 가장 → 양측 속이고 물건과 돈 모두 챙김 (Brunch Story)	직접 거래 상대 확인, 3자 개입 시 거래 자체를 피함
프로필 감성 기반 사기	친근한 프로필(가족, 커플 사진)으로 신뢰 유도 후 사기 진행 (Junsungki)	프로필만 보고 믿지 말고 이력 조회, 더치트 등으로 확인
택배 유도 사기	직거래 대신 "너무 머니까 택배 OK" → 깡통배송(벽돌 등) (Junsungki, 유팜필라 UPAMPILA)	가능하면 직거래, 택배 시 안전거래 시스템 사용
신분증·계좌 도용형 사기	도용한 신분증으로 인증 유도 후 잠적 (중고나라, Brunch Story)	인증 요구 시 거부, 플랫폼 외 인증 금지, 공식 시스템 이용
추가 세금· 수수료 요구 사기	안전결제 사칭 후 수수료 추가 요구 반복, 여럿 피해 발생 (더시사법률)	정식 안전결제 외 추가 비용 요구 시 거래 중단, 확인 필수

요약 & 실천 팁

- 공식 플랫폼과 안전결제는 필수! 외부 링크·카톡 거래는 위험합니다.
- 입금 전 조회: '더치트', '사이버캅' 같은 사기 조회 서비스는 필수 활용!
- 사진 판단만으로 믿지 않기: 이미지 도용 여부 반드시 확인, 정품 여부 증빙 요청.
- 직거래 우선, 택배 시 안전거래 이용: 깡통배송 피해 예방.
- 추가 입금 또는 수수료 요청에 경계: "정상 거래에서 추가 세금/수수료는 없습니다".
- 입금 완료 사진만 믿지 말고 직접 확인: 문자나 캡처는 조작 가능.
- 피해 시 즉시 신고: 경찰청 사이버수사대, 더치트, 플랫폼 고객센터에 신고 및 분쟁 신청 가능.

필요하시면, 특정 플랫폼별(예: 당근마켓, 중고나라 등) 대응법도 더 정리해드릴 수 있어요!

이런 내용들은 언제나 '최신 정보'를 검색하는 것이 중요합니다. AI에게 미리 체크해달라고 한 뒤 숙지하고 진행하시면 대부분의 문제를 미연에 방지할 수 있습니다. 그 외에도 당근마켓의 판매 페이지를 찍어서 AI에게 입력할 수도 있으니 활용해보세요.

> **TIP** **중고 거래 안전 체크리스트**
> ☐ 상대방 프로필과 매너온도 확인　☐ 공공장소에서 직거래　☐ 물건 상태 꼼꼼히 확인
> ☐ 적정 가격인지 시세 확인　　　　☐ 거래 내역 스크린샷 보관　☐ 택배는 안전결제 이용
> ☐ 의심스러우면 거래 중단

AI에게 중고 거래를 맡긴다는 의미는?

AI에게 중고 거래를 맡긴다는 의미는 단순히 '거래를 대신한다'는 차원을 넘어섭니다. 중고 거래 자체가 만만한 일은 아니죠. 구매자 입장에서는 쿠팡이나 네이버 스마트스토어처럼 검증된 플랫폼을 통해 사는 것이 아니므로 직접 판매자의 신뢰도를 확인해야 하고, 물건 상태를 꼼꼼히 살펴야 하며, 경우에 따라 직접 만나서 거래까지 해야 합니다.

판매자도 마찬가지입니다. 내가 올린 가격이 적정한지, 왜 판매가 더디게 진행되는지, 상품 설명은 충분한지, 혹은 구매자가 보낸 메시지에 어떻게 대응해야 하는지 등 신경 쓸 부분이 많습니다.

하지만 중고 거래를 생업으로 하는 분이 아닌 이상, 대부분의 이용자들에게 중고 거래는 우선순위가 높은 영역이 아닙니다. 이런 일에 많은 시간을 들이는 건 비효율적일 수 있죠. 그러니 AI에게 맡겨 시간과 비용을 확보하고, 자신이 에너지를 투자해야 하는 영역에 좀 더 시간을 쓰세요.

> **TIP** **중고 거래 세금과 법률**
>
> 당근마켓 같은 플랫폼에서 중고 물품을 한두 번 파는 경우에는 세금 문제가 생기지 않습니다. 일반적인 중고 거래라면 과세 대상이 아니에요. 하지만 계속적·반복적으로 물건을 팔아 수익을 얻는 경우에는 과세가 될 수 있다고 하니 참고하세요.

CHAPTER 10
AI로 이런 것도 할 수 있다고요?

이번 장에서는 앞에서 설명드리지 못했거나 조금 더 복합적인 방법이 필요한 경우에 대해 개별 사례들을 말씀드리고자 합니다.

재무제표로 적정 투자가치를 분석한다

요즘 재테크는 필수죠. 그중에서 주식 투자가 가장 대표적인 재테크 방법 중 하나일 겁니다. 하지만 어떻게 투자를 해야 하는지 몰라 주식 호가창만 바라보다가 투자를 시작하는 경우도 흔합니다. 인터넷에서 여러 관련 자료들을 보고, 매일 뉴스를 봐도 제대로 이해하기 어려운 경우도 많고, 어떤 근거로 이런 이야기를 하는지 의아하기도 하죠.

특히 유튜브나 블로그에 떠도는 자료들은 정리된 형태라 보기 편하다는 장점은 있지만, 누군가 가공한 2차 정보에 해당하기 때문에 정보의 작성 시점이나 작성자의 의도에 따라 왜곡될 위험도 있습니다. 이런 위험을 피하는 가장 좋은 방법은 공식적인 정보를 찾아보는 것입니다. 국내에는 '금융감독원 전자공시시스템(DART)'이 있는데요.

이곳에는 상장기업들이 법적·의무적으로 제출하는 사업보고서, 분기보고서, 감사보고서 등이 모여 있습니다. 말하자면 회사의 '공식 원본 데이터' 창고라고 할 수 있습니다. 특히 연간 재무제표를 보면 회사의 자금 흐름이나 회사가 주력하는 산업, 안전성, 매출 등을 확인할 수 있죠.

그러나 재무제표를 보면 숫자가 빽빽하게 들어 있어 겁부터 나는 경우가 많습니다. 하지만 이제 우리에겐 생성형 AI라는 좋은 도구가 있죠. 생성형 AI에게 공시 자료에서 제공하는 재무제표 PDF를 주고 분석을 요청할 수 있습니다. 한번 따라 해보시죠.

1. 공시 통합 검색에 원하는 기업의 이름을 넣습니다. (저는 예시로 '현대로템'을 입력했습니다.) 기간은 '3년'으로 설정하고, '정기 공시'를 체크해 검색합니다. 기간을 3년으로 한 이유는 흐름을 분석하기 위해서이고, 데이터가 있다면 5년, 10년 등 원하는 대로 설정하시면 됩니다.

PART 4 교육과 소통 | 179

2. 검색 결과 중에서 '각 연도별 연간 사업보고서'를 열고, 우측 상단에 있는 다운로드 버튼을 눌러 PDF로 다운로드합니다. (각 회사별로 '사업보고서'라는 명칭이 아니라 '감사보고서' 같은 명칭으로 나와 있는 경우도 있습니다. 별도의 회계 법인이 재무제표에 대한 감사를 한 것이므로 감사보고서를 활용하셔도 됩니다.)

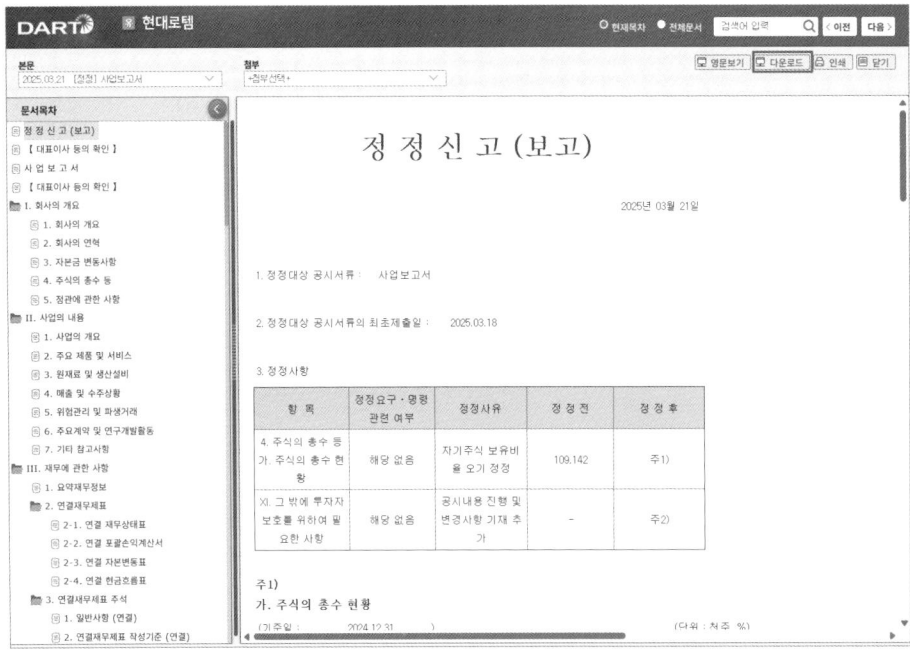

이렇게 다운로드한 파일을 생성형 AI에 첨부하고 프롬프트를 입력합니다. 대화 내역은 다음과 같습니다.

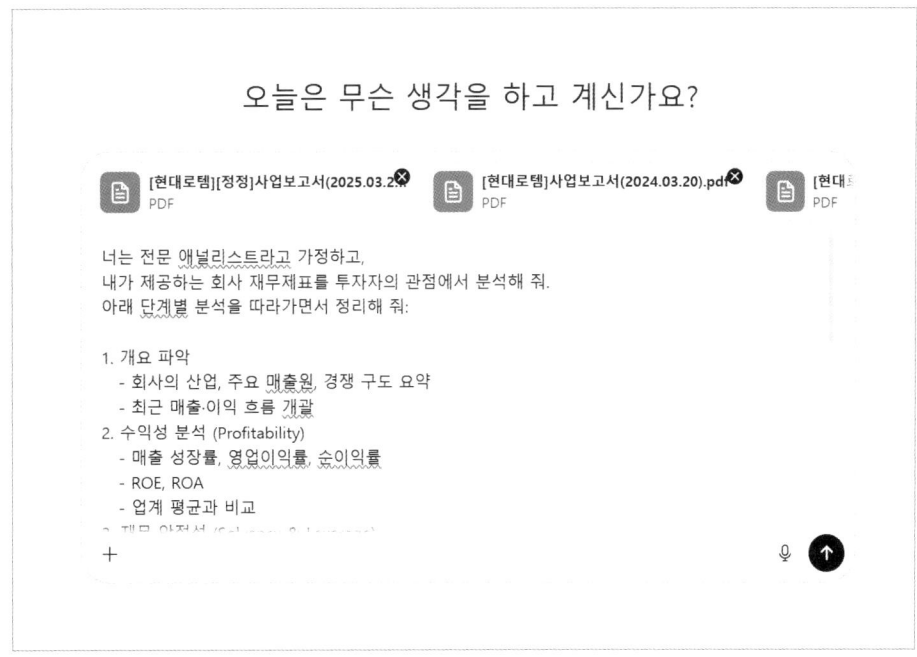

너를 전문 애널리스트라고 가정하고 내가 제공하는 회사 재무제표를 투자자의 관점에서 분석해줘. 아래 단계별 분석을 따라가면서 정리해줘.

1. 개요 파악
    - 회사의 산업, 주요 매출원, 경쟁 구도 요약
    - 최근 매출·이익 흐름 개괄

2. 수익성 분석 (Profitability)
    - 매출 성장률, 영업이익률, 순이익률
    - ROE, ROA
    - 업계 평균과 비교

3. 재무 안정성 (Solvency & Leverage)
    - 부채비율, 유동비율
    - 이자보상배율
    - 자본구조(부채 vs 자기자본)

4. 현금흐름 분석 (Cash Flow)
    - 영업활동 현금흐름의 안정성
    - 투자활동·재무활동 현금흐름 해석
    - 자유현금흐름(FCF) 추정

5. 효율성 (Efficiency)
    - 총자산회전율, 재고회전율, 매출채권회전율
    - 운전자본 관리 상태

6. 시장가치 평가 (Valuation)
    - PER, PBR, EV/EBITDA
    - 동종 업계/경쟁사와 비교
    - 현재 주가가 고평가인지 저평가인지 판단

7. 종합 평가
    - 강점과 약점 요약
    - 주요 리스크 요인
    - 장기 투자 매력도 평가 (예: "매수/보유/매도 의견")

[입력 데이터]
– 첨부한 사업보고서를 참조해줘.

 좋습니다. 첨부해주신 3개년 사업보고서(2023·2024·2025)를 토대로 현대로템을 투자자 관점에서 분석했습니다. 아래는 요청하신 단계별 분석입니다.

---

1. 개요 파악
- 산업·사업구조: 현대로템은 철도차량(레일솔루션), 방위사업(디펜스솔루션), 플랜트/스마트물류·수소인프라(에코플랜트) 3개 부문으로 구성.
  - 2023년 매출 비중: 레일솔루션 43%, 디펜스솔루션 44%, 에코플랜트 13%.
- 경쟁 구도:
  - 철도: 글로벌 Big3(알스톰, 지멘스, CRRC)와 경쟁, 세계 시장 점유율 약 2% 유지.
  - 방산: 국내 전차·장갑차는 사실상 독점 공급. 해외 수출은 폴란드, 터키 등으로 확대 중.
  - 플랜트: 글로벌 EPC 업체와 경쟁, 그러나 그룹(현대차·현대제철) 수요 기반으로 안정성 보유.
- 최근 흐름:
  - 매출은 '21년 2.87조 → '22년 3.16조 → '23년 3.59조로 3년 연속 증가.
  - 순이익은 '22년 세무효과로 일시 급등(1,945억) 후, '23년 정상화(1,568억).

---

2. 수익성 분석 (Profitability)
- 매출 성장률:
  - '22년 +10.1%, '23년 +13.4%.
- 영업이익률:
  - '21년 2.8%, '22년 4.7%, '23년 5.9%.
- 순이익률:
  - '21년 1.8%, '22년 6.2%(일회성), '23년 4.4%.
- ROE/ROA:
  - '23년 순이익 1,568억 / 자기자본 1.65조 = **ROE 9.5%**.
  - '23년 총자산 5.24조 기준 **ROA 3.0%**.
- 업계 비교: 국내 조선·방산업 평균 영업이익률 55%. → 현대로템은 평균 수준 이상.

---

3. 재무 안정성 (Solvency & Leverage)
- **부채비율**: '23년 218%로 여전히 높음('22년 223%).
- **유동비율**: 유동자산 3.69조 / 유동부채 3.20조 = 약 115% → 단기 유동성은 간신히 안정적.
- **이자보상배율**: '23년 영업이익 2,100억 / 금융비용 472억 = 4.4배 → 이자 지급능력 양호.

- **자본구조**: 부채 3.6조 vs 자기자본 1.65조 → 부채 의존도가 여전히 높은 편.

4. 현금흐름 분석 (Cash Flow)
- 영업활동CF: '23년 7,342억 → 안정적이며 영업이익보다 훨씬 큰 규모.
- 투자활동CF: '23년 -2,704억 → 유형자산 투자, 수소·방산 설비 투자 반영.
- 재무활동CF: '23년 -5,763억 → 차입금 상환, 신종자본증권 상환 영향.
- FCF: 영업CF 7,342억 - 투자CF 2,704억 ≈ **4,638억** → 잉여현금 창출 긍정적.

5. 효율성 (Efficiency)
- 총자산회전율: 매출 3.59조 / 자산 5.24조 = 0.68회 → 자산활용도 보통.
- 재고회전율: 매출원가 3.12조 / 평균재고 2,520억 = 약 12.4회 → 효율적.
- 매출채권회전율: 매출 3.59조 / 평균매출채권 3,030억 = 11.8회 (회수기간 약 31일) → 우수.
- 운전자본 관리: 계약자산·부채 비중이 크지만, 현금흐름은 안정적.

6. 시장가치 평가 (Valuation)
- 주가 지표(2025.03 기준 추정):
  - 시가총액 약 3.3조원(주가 30,000원, 주식수 1.09억 기준 가정).
  - '23년 순이익 1,568억 → **PER 21배**.
  - 자본총계 1.65조 → **PBR 약 2.0배**.
  - EV/EBITDA 추정 약 10~11배.
- 비교: 글로벌 철도업체(알스톰, 지멘스 모빌리티) PER 15~25배.
- → 현대로템은 **방산 성장 기대를 반영해 국내 철도업체 대비 프리미엄**, 다만 PBR 2배는 다소 부담.

7. 종합 평가
- 강점:
  - 철도·방산·플랜트의 다각화 포트폴리오.
  - K2 전차 해외수출 본격화 → 성장동력 확보.
  - 영업현금흐름 안정, FCF 플러스.
- 약점/리스크:
  - 높은 부채비율(>200%) → 자본확충 필요 가능성.
  - 정부 정책·국방예산에 수익성 좌우.
  - 글로벌 금리·환율 변동성 영향.
- 투자 의견:
  - 중장기적으로 방산 수출 확대와 수소인프라 진출은 긍정적.

- 다만 재무구조 개선이 동반되지 않으면 성장 모멘텀 제약.
  ◦ 장기투자 관점: "보유(중립)" 의견.
    → 추가 모멘텀(방산 대형 수출 계약 실현, 부채비율 개선)이 확인되면 "매수"로 상향 가능.

☞ 원하시면 제가 주가 민감도 분석(PER 시나리오별 목표주가) 또는 경쟁사 비교 표를 만들어 드릴 수 있습니다. 관심 있으신가요?

이렇게 프롬프트를 입력해 마치 증권사 애널리스트가 쓴 리포트를 받아보는 것처럼 깔끔하게 정리된 분석을 얻을 수 있습니다. 여기서 좀 더 들어가고자 한다면 반기별/분기별 자료를 받아 반기별/분기별 리포트를 받아보세요. 그러면 단기적으로 어떻게 기업이 움직이고 있는지를 추적할 수 있죠.

대답(리포트)이 너무 어렵다고 느껴지면, 더 쉽게 풀어서 이야기해달라고 AI에게 지시할 수 있습니다. 이런 분석을 통해 재테크 감각을 차근차근 키워볼 수 있습니다.

AI 팀원으로 대기업 심층분석팀 만들기

지금까지 우리는 AI에게 단순히 하나씩의 역할을 지정했죠. 하지만 다양한 역할을 지정해 하나의 팀으로 구성시켜 움직이게 할 수도 있습니다. 마치 기업 대표가 된 것처럼 역할 놀이를 설정하는 방식인데요. 이러면 AI가 단순 조언용 도구를 넘어 전략 수립 파트너로 작용합니다. 이 과정은 실제 기업 내 의사결정 구조를 모사하면서, 각 부서의 리서치와 분석 결과를 종합하는 방식으로 진행됩니다. 사용 방법은 다음과 같습니다.

1. 생성형 AI에게 동일한 주제로, 담당 업무를 다르게 만들어 지시를 진행합니다. 프롬프트는 다음과 같이 입력할 수 있습니다. 괄호친 부분에 원하는 분야의 프로젝트와 담당 업무를 입력합니다.

> 너는 (원하는 분야의 프로젝트) 사업의 (담당 업무)를 맡는 사람이야.
> 이 사업에서 너의 담당 분야에 대해 리서치를 진행해서 보고서를 만들어줘.

저는 전체 밸류 체인을 위해 크게 다음과 같이 분야별 지시를 하는데요.

① 고객 니즈 조사 담당
② 자원 및 유통 구조 분석 담당
③ 경쟁사 및 전략 분석 담당
④ 정책·법률 검토 담당
⑤ 글로벌 수요·공급 조사 담당

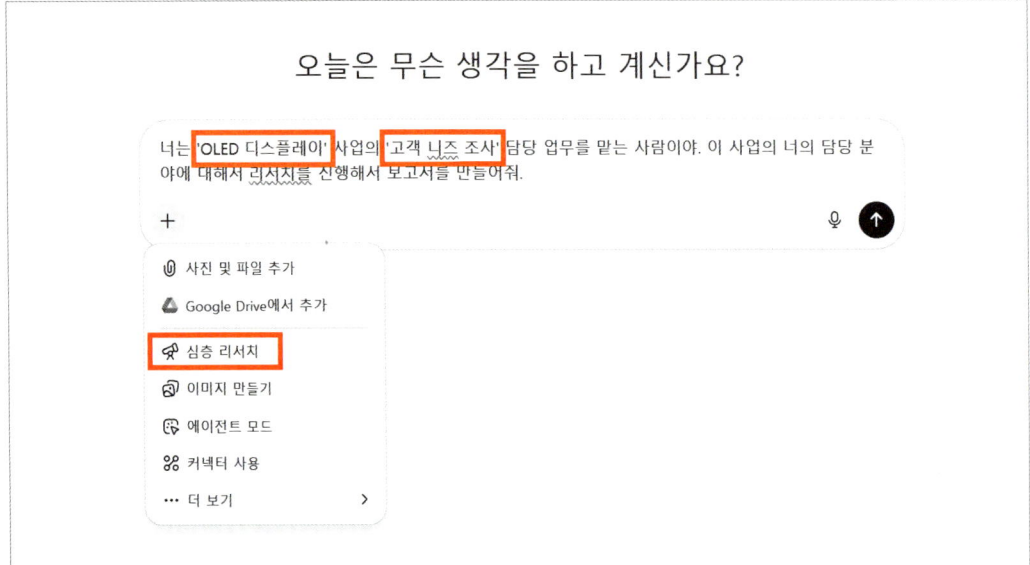

5개의 채팅을 통해 각자 관련 업무를 진행하도록 합니다. 심층 리서치를 하면 각각에게 최종적으로 각각의 담당 업무마다 이런 보고서가 나오게 되는데요.

AI 담당 업무	대화 결과 링크
고객 니즈 조사	[QR 코드]
자원 및 유통 구조	[QR 코드]
경쟁사 및 전략 분석	[QR 코드]
정책 및 법률 검토	[QR 코드]
글로벌 수요 및 공급 조사	[QR 코드]

여기서 PDF로 된 보고서 자료를 다운받을 수 있습니다. 만약 'PDF 다운로드'가 보이지 않으면 "캔버스 기능을 이용해서 출력해줘"라는 문장을 넣어주세요.

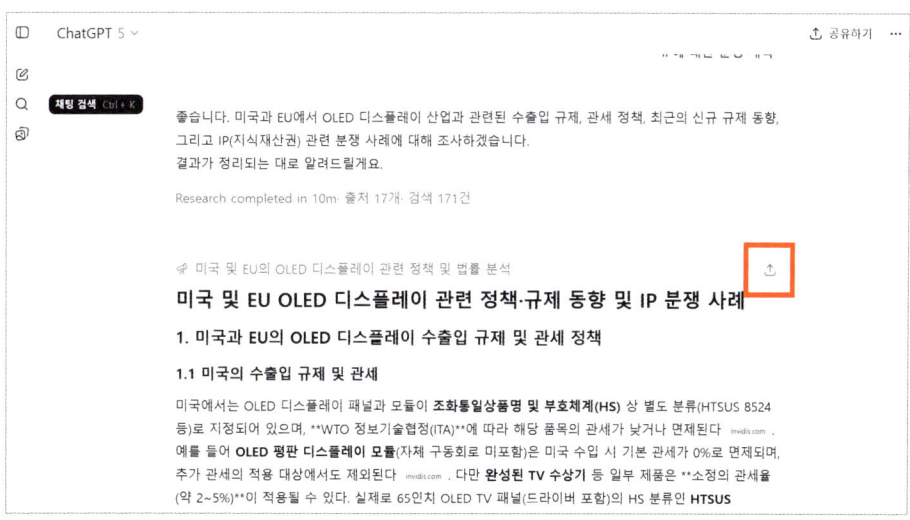

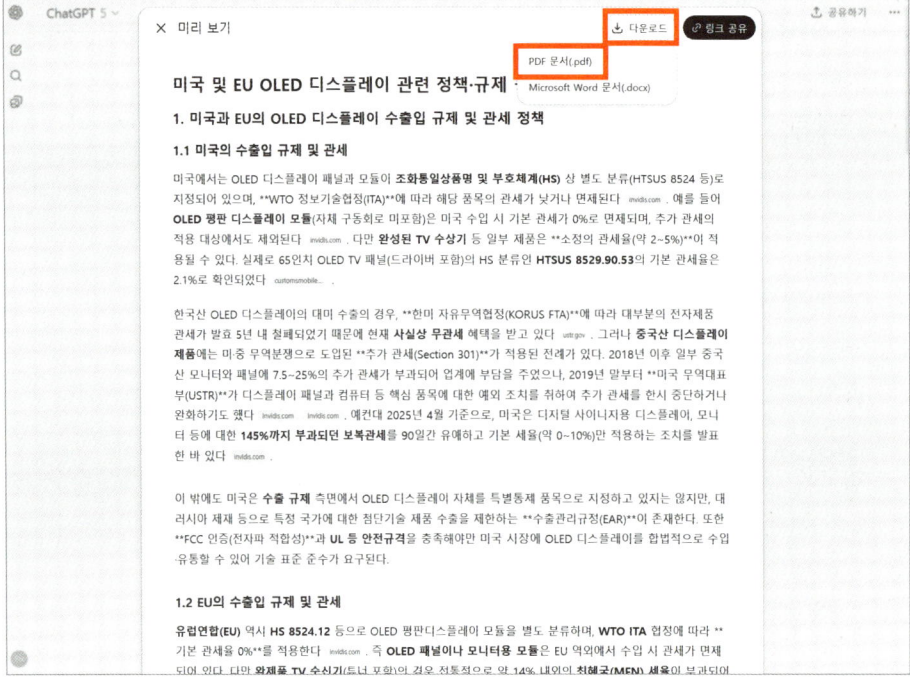

다시 새로운 채팅으로 들어와 모든 보고서를 넣은 다음, 한 번 더 심층 리서치를 진행합니다.

너는 우리 기업의 [전략실장]이야. 첨부한 PDF 파일을 전부 참조해서 전체 보고서를 정리해줘. 보고서 내의 중복되는 내용은 제거하고, 좀 더 보완이 필요한 내용은 추가 리서치를 통해서 보강하는 방식으로 진행해줘.
해당 보고서는 경영진에 보고되는 형태이니까 일목요연하고, 두괄식 구성으로 진행해줘. OLED 디스플레이 사업의 전반적인 전략 구조도 함께 전달해줘야 해.
사업성의 판단과 정량적 / 정성적 부분에 대한 종합 리포트를 만들어주는 것이 목표야.

전체 보고서를 구성할 때 포함되었으면 하는 항목이나 형식이 있다면 알려주세요.
예를 들어:

1. 보고서 분량 또는 예상 페이지 수
2. 전략 구조도는 어떤 형식으로 (예: 표, 도식, 개념도 등) 정리하길 원하는지
3. 보고서 내에 포함되었으면 하는 세부 섹션 (예: 경쟁사 비교, 기술 로드맵, 고객 니즈 분석, 규제 리스크 등)
4. 정량적 분석과 관련된 구체적 요청 (예: 시장 점유율, ASP 추세, 생산능력 추정 등)

혹시 참고하고 싶은 타사 보고서나 내부 포맷이 있다면 말씀해주세요. 최대한 그에 맞춰 작성하겠습니다.

> 대표 이사용 보고서니까, 두괄식으로 정리해줘. 결론이 가장 먼저 1개 페이지가 나오면 되고, 분량은 자유롭게 해줘. 중요한건 필수적인 내용이 누락되면 안 돼. 필수적인 내용 경쟁사 비교와 고객 니즈, 규제 리스크는 꼭 들어가야 돼. 원자재 공급 체인도 정리해주고. 표나 도식, 개념도가 필요한 부분이면 넣어줘. 정량적 분석은 관련된 내용은 전부 포함해줘.

> **OLED 디스플레이 사업 전략 종합 보고서 (2025년)**
>
> 요약 및 핵심 전략
> 2024년을 기점으로 OLED 패널은 출하량 기준 LCD를 추월하며 주요 디스플레이 기술로 부상했습니다. 스마트폰, IT 기기(태블릿·노트북), TV, 차량용 디스플레이 등 전 분야에서 OLED 채택이 빠르게 확대되어, 2025년에는 글로벌 스마트폰 디스플레이의 60% 이상이 OLED로 전환될 전망입니다. 미국·유럽 시장의 경우 프리미엄 기기 수요로 OLED 비중이 80~90%에 달해 사실상 기본 옵션으로 정착하고 있습니다. 이러한 수요 확대로 OLED 패널 출하량은 2024년 7.84억대에서 2025년 약 7.58억대로 증가하고, 2028년에는 스마트폰의 OLED 비중이 80%를 넘어 사실상 표준이 될 것으로 예상됩니다. 동시에 OLED 모니터도 2024년 143만대에서 2025년 266만대로 86% 성장하며 고급 게이밍·영상용으로 급부상 중입니다.
> (후략)

이런 방식은 단순하게 정보 검색을 일임하는 것을 넘어서 실제 기업의 의사결정 프로세스를 AI로 시뮬레이션하는 방식이라고 보면 됩니다. '각 역할 분담 → 리포트 작성 → 전략실장 종합 → 최종 요약'의 단계를 거치면 대기업에서 전략보고서를 수립하는 흐름을 그대로 경험할 수 있습니다. AI를 단순한 질의응답 도구가 아닌, 가상의 전략팀으로 활용하는 것이 핵심입니다.

공감 넘치는 만화 만들기

종이 신문을 많이 읽던 시절에는 만평을 자주 볼 수 있었습니다. '만평'이란 만화를 이용해서 시사를 풍자하는 형태의 그림을 뜻하는데요. 저는 바보 온달과 평강 공주의 이야기를 만평화해서 그려봤습니다.

만평을 그려줘. 내용은 다음과 같아.

울보 평강 공주가 계속 우니까, 바보 온달에게 시집보낸다고 혼을 내고 있는 형태의 만평이야. 고대 한국의 왕실 복식 스타일이면 좋겠어. 말풍선이나 텍스트는 없이 진행시켜줘. 신문 위에 그리는 스타일이면 좋겠어.

 요청하신 만평을 그렸습니다.

자, 이렇게 한 컷짜리 만화를 그릴 수 있다면, 좀 더 복합적인 것도 할 수 있지 않을까요? 4컷 만화는 어떨까요? 4컷 만화는 메시지를 전달하기도 좋고, 반전이나 코미디 요소를 넣는 등 다양하게 이용할 수 있어 꾸준히 인기 있는 포맷입니다. 공공기관에서도 자주 사용하지요.

출처: 국민권익위원회

다음과 같이 제미나이를 이용해 4컷 만화를 그릴 수도 있는데요.

 직장인의 일상을 주제로 재미있는 내용들을 이야기하고 싶은데, 이야기를 좀 만들어 줘. 이야기 구성은 4컷 만화가 될 수 있도록 하면 좋겠고, 마지막에 뭔가 반전이 있는 형태면 좋겠어. 인터넷에서 직장인에 관련된 밈이나 재미있는 이야기를 확인해서 이 야기를 만들어줘. 한 컷에 너무 많은 내용이 들어가려고 하면 안 되고, 직관적인 내용 들로 적어주면 좋겠어.

 4컷 만화: 직장인의 하루

1컷:
- **상황**: 월요일 아침, 텅 빈 사무실에 주인공이 들어온다.
- **대사**: "젠장… 월요일이라니… 이번 주도 무사히 버텨보자!"
- **이미지**: 축 늘어진 어깨와 좀비처럼 걷는 주인공. 배경에는 '파이팅!'이라고 쓰인 포스터가 처량하게 걸려 있다.

2컷:
- **상황**: 점심시간, 동료들과 밥을 먹으며 신나게 떠든다.

- 대사: (주인공) "어제 드라마 봤어요? 거기 주인공 진짜…" (동료) "아 맞아요! 저도 그거 보다가 밤샜어요!"
- 이미지: 활기 넘치는 대화가 오가는 테이블. 주인공의 표정은 아침과는 180도 다르다. 마치 회사 밖에서는 완벽한 인싸처럼 보인다.

3컷:
- 상황: 오후 6시, 퇴근 시간. 주인공은 자리에서 일어나 겉옷을 입는다.
- 대사: "드디어! 이제 자유다! 집에 가서 뒹굴뒹굴 해야지."
- 이미지: 홀가분한 표정으로 사무실을 나서는 주인공. 배경에는 '퇴근'이라는 글자가 빛나고 있다.

4컷:
- 상황: 퇴근 후 집에 도착한 주인공.
- 대사: (주인공의 속마음) "으아… 내일도 출근이라니…"
- 이미지: 침대에 누워 천장을 바라보는 주인공의 뒷모습. 창밖은 어둡고, 주인공의 머리 위에는 '월요병'과 '직장인'이라는 풋말이 교차되어 있다. 벽에는 '내일도 파이팅!'이라고 쓰여 있는데, 이제는 왠지 모르게 슬프게 느껴진다.

> 좋아, 이제 이걸 이용해서 4컷 만화를 만들어줘. 한국 직장인들을 위한 만화야.
> 1개의 이미지 안에 4개의 컷이 전부 들어가야 해.

> Okay, here is a 4-panel comic strip depicting the daily life of a South Korean office worker, with a twist at the end, all in one image!

한글이 깨지니까, 제목과 말풍선 전부 제거해줘.

Here is the 4-panel comic strip again, with all text removed from the title and speech bubbles.

제미나이에게 요청하면 말풍선 제거 버전을 주는데, 캔바나 미리캔버스처럼 웹에서 사용 가능한 무료 디자인 툴을 이용해 말풍선만 넣어주면 됩니다.

QR을 따라가면 완성된 4컷 만화를 보실 수 있습니다.

나와 아이만의 그림책 만들기

생성형 AI에는 동화책을 만들 수 있는 기능도 존재하는데요. 이야기를 그림책으로 만들 수 있습니다. 전래 동화 중에 유명한 '해님 달님' 이야기로 한번 만들어볼까요?

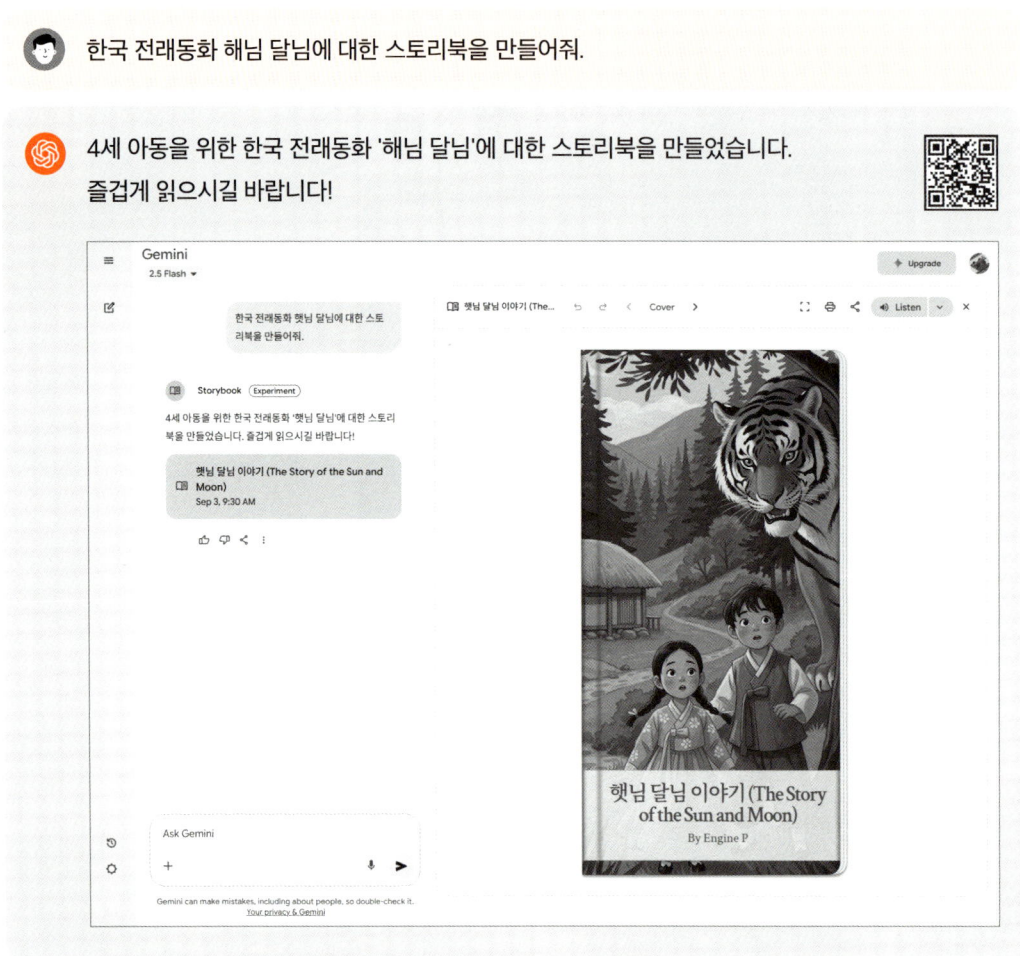

하지만 이렇게 익숙한 이야기는 시중에 이미 많이 나와 있죠. 그럼 세상에 책으로 나와 있지 않은 이야기, 우리 아이만의 동화책을 만들어보는 건 어떨까요? AI를 활용하면 아직 세상에 없는 나만의, 우리 가족만의 이야기를 만들 수 있습니다.

🙂 다음과 같은 순서의 동화책을 만들어 줘.
아빠와 딸이 바닷가에 놀러 가서 있었던 이야기야.

1. 표지
제목: 바닷가에서 씩씩한 우리 딸
그림: 아빠와 딸이 손을 잡고 바닷가를 걷는 모습

2. 첫 장면 (도입)
글: 오늘은 아빠와 함께 바닷가에 놀러 가는 날이었어요.
햇살이 반짝이고, 파도 소리가 찰싹찰싹 들렸지요.
그림: 모래성을 쌓고, 파도를 보며 즐겁게 노는 아빠와 딸

3. 갑작스러운 변화
글: 그런데 갑자기 하늘이 어두워지고, 비가 후두둑 내리기 시작했어요.
우산도 없어서 우리는 깔깔 웃으며 달렸지요.
그림: 하늘이 먹구름으로 변하고, 빗방울이 떨어지는 장면
아빠와 딸이 비를 피하려 뛰는 모습

4. 위기
글: 달리다가 나는 쿵 하고 넘어졌어요.
눈물이 날 뻔했지만, 꾹 참았어요.
그림: 모래 위에서 넘어져 울먹이는 딸
걱정스러운 표정의 아빠

5. 극복
글: 나는 울음이 나왔지만 꾹 참고 혼자서 벌떡 일어났어요.
아빠가 환하게 웃으며 말했지요.
"와, 정말 대단하다! 울지도 않고 씩씩하네!"
그림: 딸이 씩씩하게 일어나는 장면
아빠가 박수치며 칭찬하는 모습

6. 결말
글: 빗속에서도 우리는 함께 웃으며 달렸어요.
나는 이제 울지 않아도 괜찮아요.
나는 씩씩한 아빠의 딸이니까요.
그림: 빗속에서 손을 잡고 달리는 아빠와 딸의 뒷모습

아빠와 딸이 바닷가에 놀러 가서 겪는 이야기를 담은 동화책을 만들었습니다. 이 이야기는 딸이 넘어지는 위기를 씩씩하게 극복하는 과정을 보여주며, 모든 연령대의 독자들이 즐길 수 있습니다.

입력한 결과물은 다음과 같이 동화책으로 볼 수 있습니다.

이런 식으로 아이와 함께 있었던 이야기를 동화책으로 만들고 인쇄해서 아이에게 선물을 해줄 수도 있습니다. 내 아이만을 위한 책을 만들 수 있는 것이죠.

CHAPTER 11 다가오는 미래를 준비하는 스마트한 방법

생성형 AI의 흐름은 어디로 가는가?

도구에서 동료로

AI를 이야기할 때 사람들이 크게 오해하는 부분이 있습니다. "AI는 그냥 질문에 답해주는 도구 아닌가?" 이런 생각이죠. 실제로 현재 많은 분들의 AI 활용은 질문을 하고 답을 받거나, 글을 요약하고, 번역을 하는 정도에 머물고 있습니다.

하지만 지금 가장 뜨겁게 주목받는 분야는 'AI 에이전트'라고 불리는, 말 그대로 스스로 일하는 AI입니다. 좀 더 쉽게 이야기하면, 인터넷으로 '다운로드 가능한 직원'이라는 비유로 설명드릴 수 있을 것 같습니다. 노트북이나 스마트폰에 앱을 하나 설치하듯, 특정 역할을 맡아줄 AI 직원을 고용하는 것과 비슷하다는 의미입니다.

예를 들어 회사에서 신입 사원을 뽑았다고 해봅시다. 처음에는 서툰 부분이 많아서 매번 가르쳐야 하지만, 시간이 지나면 스스로 일을 처리하고 보고까지 해주죠. AI 에이전트도 비슷합니다. 한번 설정을 해두면, 그다음부터는 일일이 지시하지 않아도 스스로 계획을 세우고 실행하고 결과까지 정리합니다.

즉, 현재의 AI가 '**질문-답변**' 수준이었다면, AI 에이전트의 목적은 '**목표-실행-보고**'의 단계를 밟을 수 있는 존재로 나아가고 있는 상황입니다. AI에게 제가 영업팀의 역할을 해달라고 역할 부여만 하면 AI가 알아서 다음과 같은 일을 합니다.

1. 알아서 고객 명단 분류 및 그룹 정리
2. 각 고객에게 맞춤형 이메일을 자동으로 작성 및 발송
3. 누가 이메일을 열었는지, 답변을 했는지 추적
4. 이번 주 영업 현황 보고서 작성

이렇게 4가지 작업을 모두 실행하고, 최종적으로 제게 보고서를 넘기는 거죠. 그래서 AI 에이전트는 비서에 가깝습니다. "이번 주 회의 준비를 해줘"라고 하면 회의 일정을 확인하고, 필요한 자료를 모으고, 참석자들에게 초대장을 보내고, 심지어 회의 후에 결과까지 정리해주죠. 기존의 AI가 '손에 쥔 도구'였다면, AI 에이전트는 '옆에서 같이 일하는 동료'에 더 가까워지고 있습니다. 지금도 이 정도라면 앞으로는 어떻게 될까요?

가까운 미래에는 기업마다 AI를 팀의 업무 능력에 포함시키게 될 것으로 보입니다. 직장인 용어로 '팀의 캐파(capacity)가 늘어나는' 형태라 할 수 있지요. 예를 들어 현재 우리 팀에 영업 담당자 3명, 디자이너 2명이 있다면 이제 영업 AI 보조 요원 3명, 디자이너 보조 요원 2명이 더 늘어나는 형태가 되고, 해당 팀에 그만큼의 업무가 추가 할당될 수 있습니다.

목표는 오감, 멀티모달(Multimodal)

인간에게는 여러 가지 감각이 있습니다. 일반적으로 오감이라고 하죠. 인간처럼 다양한 감각을 느낄 수 있게 해주는 AI의 기능이 멀티모달입니다.

예를 들어, 친구 배에서 꼬르륵 소리가 나면서 친구가 동시에 배를 잡고 찡그린다고 해봅시다. 그래서 배가 고픈지 물었는데, 이 친구가 아무렇지 않아 보이려고 "아니, 괜찮아"라고 말해도 우리는 친구의 상황을 어느 정도 눈치챌 수 있습니다. 배에서 난 소리(청각)와 목소리 톤의 높낮이, 표정(시각), 제스처라는 단서를 통해 상황을 파악할 수 있으니까요.

하지만 지금까지의 생성형 AI는 이런 상황을 이해하기 어려웠습니다. 텍스트만 이해할 수 있었으니까요. 그런데 최근에는 음성과 이미지를 인식하는 기능이 좋아지면서 AI가 점차 시각과 청각을 동시에 다루는 멀티모달 형태로 진화하고 있습니다. 이제는 사진 속 감정을 읽고, 음성의 뉘앙스를 파악하며, 텍스트 맥락까지 결합하는 일이 가능해지고 있습니다.

물론 AI도 인간의 혀를 모방해 만든 기계 혀를 이용해 냄새 분자나 맛 분자, 압력 등을 입력 받을 수는 있습니다. 하지만 그걸 제대로 알고 이해하는 건 다릅니다. 같은 냄새를 맡고, 같은 음식을 먹는다고 해서 모든 사람이 같은 대답을 하지 않는 것처럼요.

최근 와인을 조금 공부하면서 '테루아(terroir)'라는 단어를 알게 됐는데요. 한국어로 말하면, 일종의 '흙냄새'라고 할 수 있습니다. 포도나무가 자라는 땅이나 기후 등 복합적인 환경 요인을 일컫는 말이지만, 포도가 자란 땅의 흙냄새로 이해할 수 있지요. 예를 들어 그 냄새를 좋다, 나쁘다로 구분할 수 있을까요? 객관적인 데이터화는 가능하고 모방은 할 수 있겠지만, 데이터 이상의 해석은 여전히 AI에게 어렵습니다. 따라서 인간의 영역으로 남을 가능성이 큽니다.

우리는 어디로 가야 하는가?

앞서 생성형 AI의 흐름에 대해 이야기드렸습니다. 저는 이 흐름에서 표류하지 않기 위해 다음과 같은 자세가 필요하다고 생각합니다.

디지털 시대, 독해력의 중요성

가장 우선되는 것은 **디지털 시대의 독해력**을 갖는 것입니다. 독해력은 단순히 컴퓨터나 스마트폰을 사용할 줄 아는 기초 능력을 넘어섭니다. 디지털 세상에서 제공되는 정보와 결과물을 비판적으로 이해하고 검증할 수 있는 능력을 의미합니다.

최근 구글이 발표한 이미지 생성 모델, 일명 '나노 바나나'라는 모델은 이미지와 영상을 매우 정교하게 만들어내고 합성합니다. 실제로 촬영된 이미지인지 생성된 이미지인지 더 이상 구분하기 어려운 경우가 많아지고 있어요.

옆의 사진은 스탈린과 아인슈타인이 함께 찍은 사진입니다. 실제로 일어난 적 없는 일이고, 그저 AI로 만든 이미지입니다만, 너무나 자연스러운 사진처럼 보이지요.

벌써 이 정도로 기술이 좋아졌고 더 나아질텐데, 누군가 이런 기술을 악용했을 때 우리가 쉽게 가짜 정보, 조작된 증거, 허위 뉴스를 걸러낼 수 있을까요? 여기에 그럴싸한 스토리까지 더해진다면 정말 많은 사람들이 깜빡 속아 넘어가고 말겠죠.

구글의 AI 모델로 만들어낸 사진

> 이오시프 스탈린이랑 아인슈타인이 만났다는 가정으로,
> 3줄 정조 짧게 당시 시대상에 맞는 그럴싸한 뉴스를 하나 만들어줘.
> 신문을 만들거니까, 러시아어로 만들어주고, 그 다음에 한국어 번역 내용도 알려줘

러시아어 (신문 기사 형식, 3줄):

📋 코드 복사

Вчера в Кремле состоялась встреча товарища Сталина с выдающимся физиком Альбертом Эйнштейном.
Обсуждались вопросы науки и мира, в особенности возможности использования атомной энергии во благо
Собеседники подчеркнули важность сотрудничества Востока и Запада в условиях напряжённого времени.

한국어 번역:

📋 코드 복사

어제 크렘린에서 스탈린 동지와 저명한 물리학자 알베르트 아인슈타인의 회담이 열렸다.
과학과 평화 문제, 특히 원자 에너지의 인류적 활용 가능성이 논의되었다.
양측은 긴장된 시대 속에서 동서 협력의 중요성을 강조했다.

💬 이 버전은 1940년대 말~1950년대 초 냉전 초기에 실렸을 법한 톤으로 맞춰져 있어 신문에 쓰기 그럴싸합니다.

쉽게 만들어지는 가짜 뉴스

이때 필요한 것이 바로 '**디지털 리터러시**'입니다. '이 사진은 어디에서 온 것일까?' '이 영상이 진짜라고 증명할 수 있는 근거는 무엇일까?'라는 질문을 던지고, 능동적인 정보 검색과 AI 도구 활용, 여러 방법을 통해 사실을 검증하는 습관이 필요합니다. 디지털 리터러시는 단순히 '정보를 소비하는 능력'뿐만 아니라 '정보를 해석하고 걸러내는 능력'까지 포함합니다.

특히 이제 AI를 이용해 누구나 쉽게 텍스트와 이미지, 영상을 만들 수 있기 때문에 위험도 그만큼 더 커졌다고 볼 수 있는 것이지요. 따라서 AI 시대의 디지털 리터러시는 '도구를 다루는 능력'과 '결과를 검증하는 능력'을 동시에 요구합니다. 내가 AI를 잘 활용하는 것만큼 AI가 만들어낸 결과물을 의심하고 확인할 수 있는 눈을 기르는 것이 진짜 리터러시입니다.

평생학습을 위한 AI 활용

'평생학습'이란 말 그대로 삶 전체에 걸쳐 지속적으로 학습하는 태도와 과정을 의미합니다. 과거에는 학교에서 배우고 → 직장에서 일하고 → 은퇴 후 쉬는 '직선적 삶의 경로'가 일반적이었습니다. 학습은 주로 어린 시절과 청년기에 집중되어 있었고, 성인이 된 이후에는 배움보다 일하는 것이 중심이 되는 시대였습니다.

그러나 오늘날의 사회는 다릅니다. 기술과 산업이 빠른 속도로 변화하고, 새로운 도구와 지식이 끊임없이 등장합니다. 한번 배운 것을 평생 써먹는 시대는 지나갔습니다. **끊임없이 배우고, 필요할 때마다 지식을 갱신하는 능력**이야말로 생존을 좌우하는 핵심 역량이 되었습니다. 이것이 바로 평생학습의 본질이자, 지금까지 인간을 살아남게 만들어준 핵심 역량입니다.

AI 시대에는 평생학습의 중요성이 더 커집니다. 앞에서 배운 것처럼 AI가 새로운 기술을 익힐 때도 도와주고, 필요한 지식을 순식간에 찾아주고, 나에게 맞는 학습 경로를 설계해 주기도 합니다. 스마트폰과 인터넷 덕분에 학습은 더 이상 특정 시기나 장소에 국한되지도 않습니다. 언제 어디서든, 필요할 때마다 가능한 활동이 됩니다.

환경적인 제약이 사라졌다는 건 학습하기에 쉬운 환경이 만들어졌다는 것이고, 뭔가를 평생 배워나가야 한다는 건 스마트폰을 사용하고 유튜브를 보는 것처럼 자연스러운 일상의 일부로 녹아들게 될 겁니다.

◆ 에필로그 ◆

　마지막으로 이 시대의 '시니어 세대'에 대해 말씀드리고 싶습니다. 지난 디지털 시대는 시니어 세대에게 불편과 소외의 시간으로 기억되는 경우가 많습니다. 클릭과 더블클릭의 차이를 몰라 당황하거나, 스마트폰에서 손가락 두 개로 화면을 확대하지 못해 답답해했던 경험은 단순히 기술을 모른다는 차원을 넘어 일상 전반에서 불편을 만들어냈죠.

　이 어려움은 단순히 기술 부족 때문만은 아니었습니다. 디지털이 일상화되면서 디지털 네이티브인 자녀 세대와의 환경적 차이가 커졌고, 서로 쌓아온 지식의 기반도 달라 무엇이 더 중요한지 서로 공유하기 어려웠습니다. 주민센터나 학원에서 제공하는 교육은 개인의 속도와 필요에 맞지 않았습니다. 시니어들은 어깨너머로 조금씩 배우는 수밖에 없었고, 그마저도 제한적이어서 정보 격차는 점점 커져갔습니다.

　그러나 생성형 AI 시대가 열리면서 아이러니하게도 시니어 세대는 오히려 새로운 기회를 맞았습니다. 디지털 네이티브 세대는 이미 많은 생활과 경험을 온라인에 기록해뒀지만, 시니어 세대는 디지털 세상과 일정한 거리를 두어 왔기에 그분들의 노하우와 독특한 경험은 아직 충분히 노출되지 않았습니다. 오히려 이 지점에서 새로운 가치를 만들어낼 가능성이 큰 것이죠.

　과거에는 디지털의 기본 기능을 배우는 것조차 장벽이었지만, 이제는 시간과 공간에 구애받지 않고 AI에게 말로 물을 수 있습니다. 그리고 친절한 설명을 들을 수 있지요. 반복해서 물어도 AI는 지치지 않고, 이해할 때까지 다시 설명해줍니다. 나아가 개인의 흥미와 지식 수준에 맞춰 답변을 제공하기 때문에, 시니어들은 마침내 자기 속도에 맞는 학습을 할 수 있게 되었습니다.

　지금의 시니어 세대는 언제든 질문할 수 있는 개인 교사를 얻게 된 셈입니다. 덕분에 시니어들은 더 이상 눈치를 보지 않고 원하는 방식으로 디지털을 익히며 자신감을 되찾을 수 있습니다. 소외된 이방인이 아니라 새로운 도구를 능동적으로 활용하는 또 다른 디지털 세대로 나아가게 된 것입니다.

여기서 더 중요한 사실은, 시니어 세대가 단순히 뒤처진 것을 따라잡는 데서 멈추지 않는다는 사실입니다. AI라는 도구는 누구에게나 열려 있지만, **삶의 경험과 맥락에 대한 이해**는 시니어 세대가 더 풍부하고 깊게 갖고 있습니다. AI로부터 같은 정보를 얻더라도 젊은 세대는 '어떻게 활용할까'에 집중하는 반면, 시니어 세대는 그 정보를 과거의 경험과 연결해 더 깊이 있는 해석을 이끌어낼 수 있습니다.

저는 이러한 흐름을 '시니어 르네상스'라 부르고 싶습니다. 중세의 르네상스가 인문학과 예술, 과학의 새로운 부흥을 가져왔듯이, 지금 시니어 세대는 AI 시대 속에서 다시 부흥을 맞이하고 있습니다. 기술 장벽에 막혀 소외되었던 세대가 이제는 AI의 도움을 받아 가장 빠르게 디지털을 익히고, 자신들의 경험을 차별화된 경쟁력으로 전환할 수 있는 기회를 얻고 있는 것입니다.

AI는 시니어들에게 언제든 질문할 수 있는 선생님이자, 곁에서 도와주는 조력자가 됩니다. 시니어 세대가 가진 풍부한 삶의 자산은 AI라는 도구와 만나 새로운 가치를 만들어냅니다. 결국 AI 시대의 진정한 수혜자는, 아이러니하게도 과거 디지털 시대에 가장 소외되었던 그 세대일지 모릅니다.

과거의 우리는 길을 모르면 멈추어 질문할 줄 아는 사람들이었습니다. 지금 우리 앞에 놓인 AI 시대도 다르지 않습니다. AI 시대가 더 본격화되고, 직업이 변하고 사회가 변하며 그보다 더 많은 것이 달라진다고 해도, 중요한 것은 언제나 **'스스로 던지는 질문'**에서 시작됩니다.

이 책을 통해 제가 전하고 싶었던 메시지는 단순합니다. 기술이 아니라 여러분이 중심이라는 사실입니다. 질문할 수 있는 용기와 태도, 그리고 맥락에서 해석하는 힘이야말로 앞으로의 시대를 살아가는 열쇠가 될 것입니다. 지도에서 내비게이션으로, 다시 AI로, 도구는 계속 변하지만 길을 찾는 주체는 언제나 사람, 바로 여러분입니다. 여러분이 다시 질문하는 사람이 되는 데 이 책이 도움이 되면 좋겠습니다.

◆ 부록 ◆

유용한 AI 도구 목록

모든 것을 요약한다 - 릴리스AI

짧은 시간에 방대한 자료를 빠르면서 또 깊이 이해할 수 있다면 생산성을 확실히 높일 수 있지 않을까요? 이럴 때 유용한 도구가 바로 릴리스 AI(Lilys AI)입니다.

유튜브 링크를 넣어 요약할 수도 있고, 수백 장의 PDF 보고서도 요약할 수 있습니다. 녹음된 회의록이 있다면 다시 들을 필요도 없이 요약이 가능하죠. 이 도구는 무엇이든 자료만 제공할 수 있다면 핵심 용어와 문장까지 정리하고, 마인드맵까지 만들어주는 아이디에이션 도구입니다.

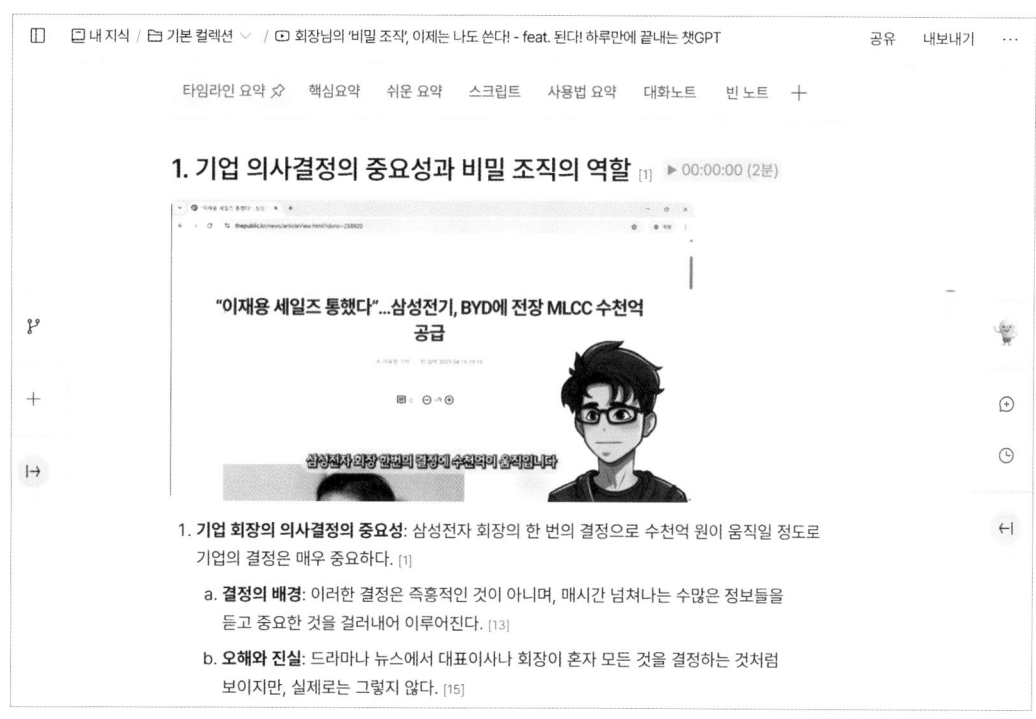

다양한 방법으로 자료를 볼 수 있게 해주기 때문에, 릴리스 AI를 잘 활용하면 이해와 사고의 과정에서 드는 에너지를 크게 줄일 수 있습니다. 또 자료를 읽고 찾는 데 드는 시간을 줄이고, 더 중요한 업무에 집중할 수 있습니다.

릴리스 AI 활용 예시

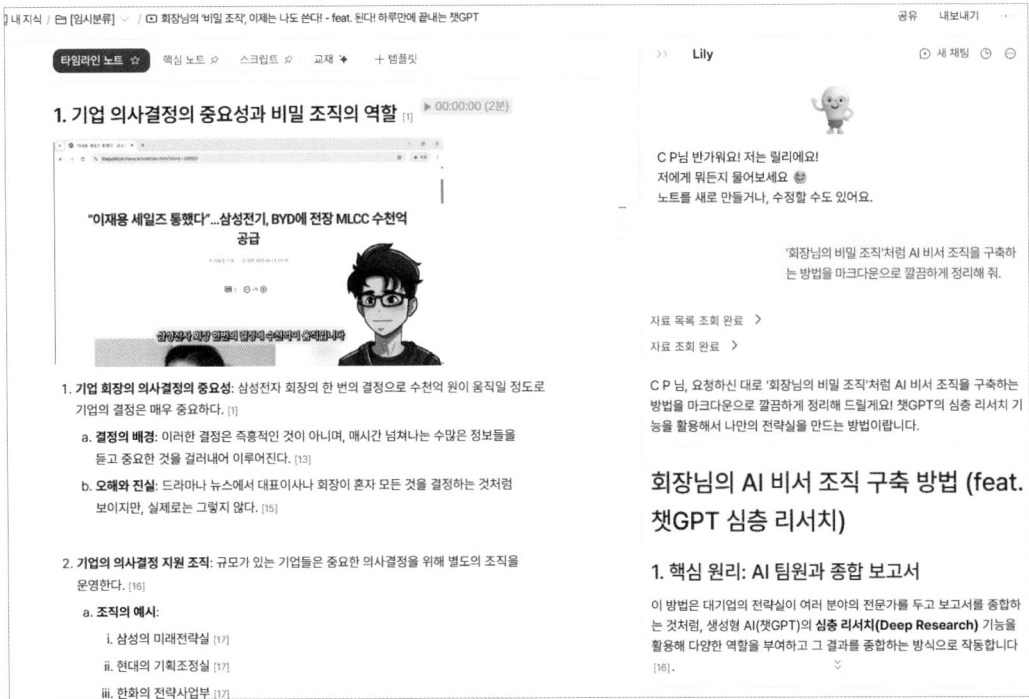

하지만 무엇보다 실용적인 기능은 AI를 통해 노트 필기를 할 수 있다는 부분이겠죠. 대부분의 정보 요약형 AI 도구들은 정보를 정리하는 수준에서 끝나는 경우가 많은데, 릴리스 AI는 챗봇으로 현재의 정보를 사용자가 원하는 대로 가공할 수 있습니다.

그리고 딥서치 기능에서 대단한 강점을 보여줍니다. 공신력 있는 자료를 표기해주기도 하고, 웹사이트와 논문까지 검색해 AI의 환각 현상으로 인한 오류도 사전에 방지할 수 있습니다.

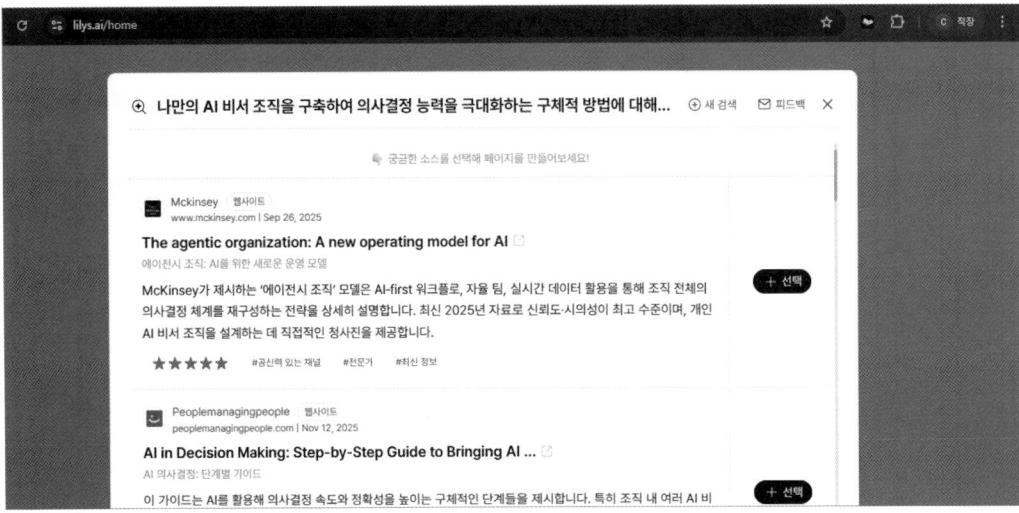

다양한 방법으로 자료를 볼 수 있게 만들어주기 때문에 릴리스 AI를 잘 활용하면 이해와 사고의 과정에서 드는 에너지를 크게 줄일 수 있습니다. 단순히 유튜브 요약 도구로 사용되는 것이 아니라, 논문 자료까지 깊이 있는 탐색을 진행할 수 있는 리서치 도구라고 할 수 있겠네요. 한마디로, 이 도구를 이용하면 자료를 읽고 찾는 데 드는 시간을 크게 줄이고, 다른 업무에 집중할 수 있는 시간을 벌 수 있습니다.

구글 검색을 대체하겠다 - 퍼플렉시티

퍼플렉시티(Perplexity)는 출처 기반 AI로, 현재 구글 검색의 대안으로 떠오르고 있는 AI 도구입니다. 어떤 질문을 했을 때 기본적으로 관련된 뉴스나 주변 자료까지 찾아서 제공해주는데요. 다시 말해서 요청한 내용에 대해 광범위한 자료조사를 함께 해준다는 뜻이죠.

챗GPT나 제미나이가 상대적으로 최신 정보 학습에 늦는 점에 비해, 퍼플렉시티는 실시간으로 최신 정보를 학습, 제공합니다. 또 여러 AI 모델을 사용할 수 있다는 장점이 있습니다. 여러분이 검색 위주의 AI를 활용하신다면 챗GPT나 제미나이보다 나은 대안이 될 수 있는 도구라고 할 수 있겠습니다.

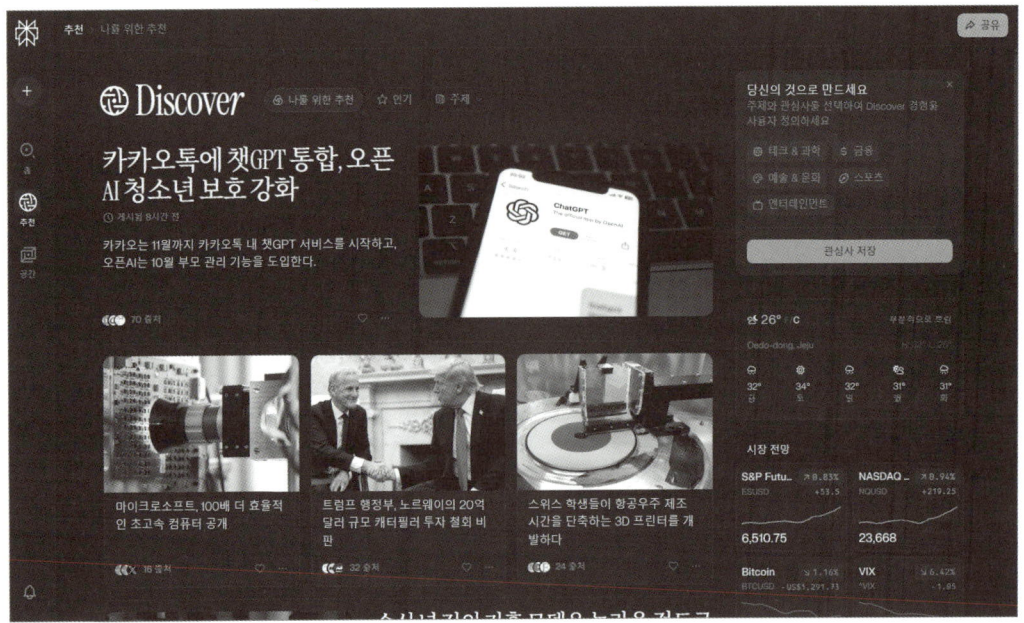

고퀄리티의 이미지와 영상을 원한다면 - 미드저니

미드저니는 챗GPT와 같은 시기에 출시되어 고퀄리티의 이미지를 만들 수 있는 도구로 꾸준히 발전해오고 있습니다. 유료 구독자만 사용할 수 있다는 점이 단점이지만, 느낌 좋은 이미지를 만들어낼 수 있는 대체제가 없는 상황이죠. 최근에는 만든 이미지를 기반으로 움직이는 영상을 만들 수 있는 기능도 업데이트되었고, 이를 통해 다양한 스케치나 다른 시도를 해볼 수 있는 시각화 도구로 거듭나게 되었습니다.

문장의 귀재 - 클로드

클로드는 인공지능 스타트업 앤트로픽(Anthropic)이 개발한 대화형 AI입니다. 오픈AI에 있던 개발진 일부가 별도로 나뉘어 만들어낸 모델이죠. 사람과 자연스럽게 대화하면서 글쓰기, 요약, 분석, 코딩 보조 등 다양한 작업을 지원합니다. 특히 한국어 문장을 쓰는 능력은 챗GPT와 제미나이, 클로드 셋을 비교했을 때 가장 뛰어난 것으로 평가받습니다.

이게 무슨 뜻이냐 하면, 내가 프롬프트를 잘 쓰지 못해도 작성자의 의도를 잘 알아듣는다는 뜻입니다. 프로그래머들 사이에서는 코딩에서 뛰어난 툴로 활용된다고 알려져 있습니다.

정리하면, 사실상 챗GPT와 제미나이, 클로드가 현재 AI 툴 시장을 크게 3등분해서 점유하고 있는 것으로 볼 수 있습니다.

추천 학습 자료

오픈 AI 프롬프트 Cookbook

https://cookbook.openai.com/examples/gpt-5/gpt-5-1_prompting_guide

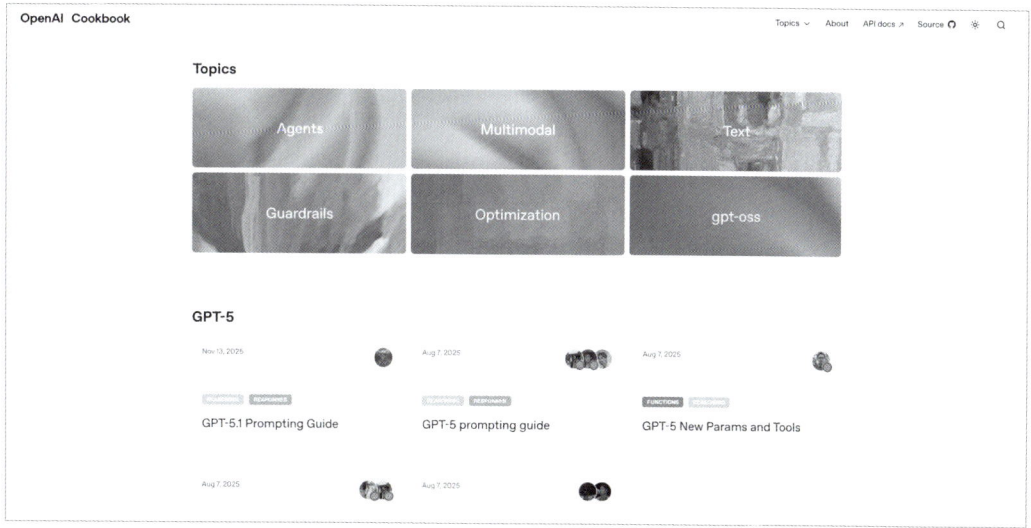

클로드 프롬프트 엔지니어링 가이드

https://docs.anthropic.com/en/docs/build-with-claude/prompt-engineering/overview

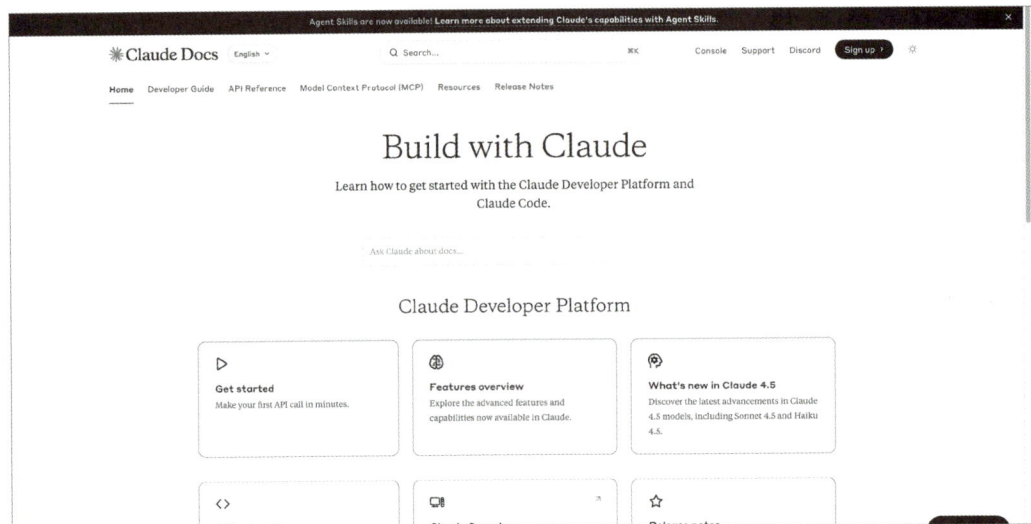

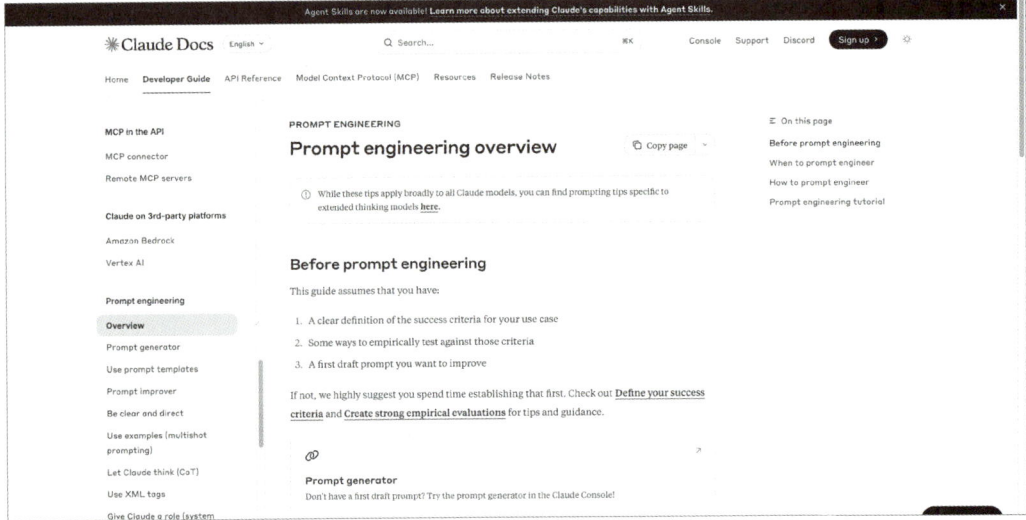

제미나이 API 가이드

https://ai.google.dev/gemini-api/docs/prompting-strategies?hl=ko

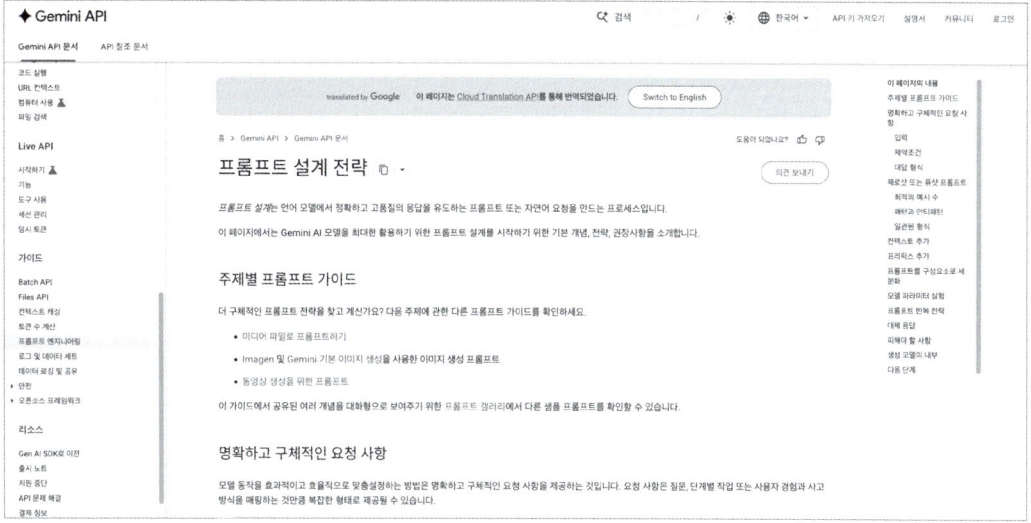

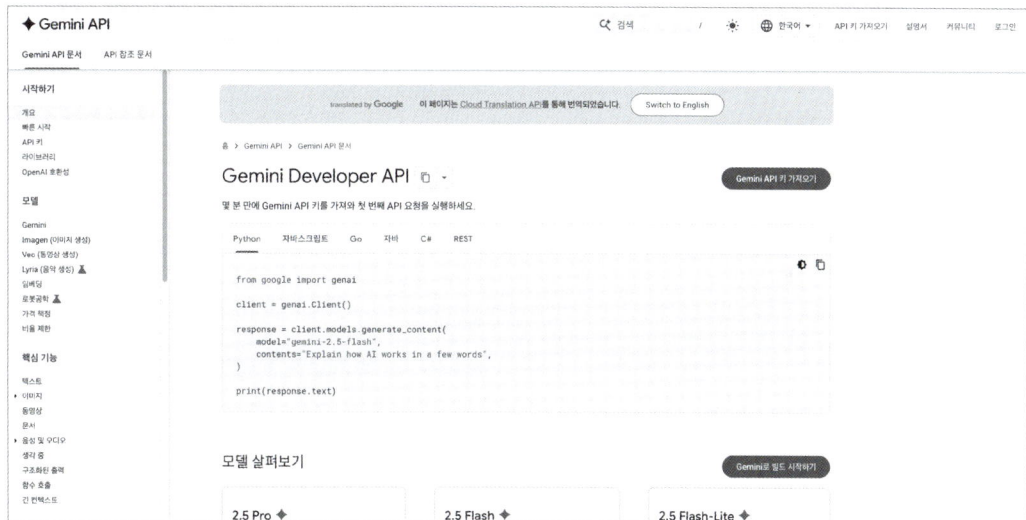

찾아보기

가게 홍보 · 129
강의 교안 · 142
건강 관리 · 38
검진 결과 해석 · 48
계절별 건강 관리 · 57
고객 응대 매뉴얼 · 124
교육 자료 · 147
그림책 · 194
네컷 만화 · 191
당근마켓 · 166
릴리스 AI · 205
마법의 문장 · 17
마음 건강 · 63
만화 만들기 · 189
멀티모달 · 198
면접 준비 · 83
모임 유지 · 156
민원서 초안 · 101
사업보고서 · 183
상권 분석 · 110
소상공인 365 · 114
시니어 르네상스 · 202
시세 분석 · 173
식단표 · 53
역할 지정 · 185

영양제 관리 · 60
이력 점검 · 77
이메일 · 104
인건비 · 122
인력 채용 · 86
자가 진단 · 41
자기소개서 · 81
재무제표 · 178
제미나이 · 30
젠스파크 · 148
주민등록등본 · 97
채용 공고 분석 · 71
챗GPT · 19
챗GPT for 카카오톡 · 27
체중감량 플랜 · 51
커리큘럼 · 139
클로드 · 209
템플릿 · 105
판매글 작성 · 167
퍼플렉시티 · 207
홍보 콘텐츠 · 131
회비 관리 · 159
AI 에이전트 · 197
PPT 제작 · 144

♦ MEMO ♦